基础外语教育理论与实践丛书

上海外国语大学基础教育重大科研项目

U0745344

现代外国语中学的价值与创建治理

—— 基于上海外国语大学闵行外国语中学的成功创建与治理

韩焱虹　吴金瑜　等著

上海外语教育出版社

外教社　SHANGHAI FOREIGN LANGUAGE EDUCATION PRESS

图书在版编目（CIP）数据

现代外国语中学的价值与创建治理：基于上海外国语大学闵行外国语中学的成功创建与治理 / 韩焱虹等著. 上海：上海外语教育出版社，2025. -- （基础外语教育理论与实践丛书）. -- ISBN 978-7-5446-8400-2

Ⅰ. G638.1

中国国家版本馆 CIP 数据核字第 2025X2Q714 号

出版发行：上海外语教育出版社

（上海外国语大学内） 邮编：200083

电　　话： 021-65425300 (总机)

电子邮箱： bookinfo@sflep.com.cn

网　　址： http://www.sflep.com

责任编辑： 窦蓉艳

印　　刷： 句容市排印厂

开　　本： 635×965　1/16　印张 23.5　字数 338 千字

版　　次： 2025 年 6 月第 1 版　2025 年 6 月第 1 次印刷

书　　号： ISBN 978-7-5446-8400-2

定　　价： 98.00 元

本版图书如有印装质量问题，可向本社调换

质量服务热线：4008-213-263

序：

一项有意义的外国语教育探索

华东师范大学　代蕊华[1]

2019年，鉴于上海外国语大学闵行外国语中学办学四年取得的优异成就，特别是在外国语中学创办过程中形成的创新性成果，上海外国语大学决定，将上海外国语大学基础教育重大研究项目《现代外国语中学的创建与治理》交给上海外国语大学闵行外国语中学（以下简称上闵外），寄希望于吴金瑜校长、韩焱虹副校长带领的团队，通过这样一个重大项目的研究实践，为上外大学基础教育，乃至中国的外国语中学提供成熟的创建治理理论与实践样本。

四年来，上闵外精心设计研究实践计划，深入研究现代外国语中学的本质以及其对当下中国基础教育的价值意义。同时，按照现代外国语中学的设计，开展了卓有成效的教育改革与实践，成就了一所具有现代外国语中学特征的外国语中学。在这样的研究实践过程中，我作为这个项目研究实践的指导者，经历了整个项目的研究实践过程，感受到了韩焱虹、吴金瑜校长团队一丝不苟的研究工作精神与务实的研究态度，也看到了一所优质现代外国语中学在上海的诞生与发展。

为了寻找当下外国语中学的特征，他们翻阅了大量资料，咨询了多位著名的基础教育与外语教育学者，努力寻找当下外国语教育规律与现代外国语中学的发展规律。

我们梳理中国外国语中学的发展史可以发现，在农耕时代，中国所谓的外国语中学（如明清时的"四夷馆"）主要目的是培养"翻译"；到了工业化时代，外国语中学主要是为了培养"外交人才"；到了21世纪前后（中国加入WTO前后），中国的外国语中学开始出现分化，更多所谓的外国语中学的办学目的走向功利。但当中国由富到

---

[1] 代蕊华博士：华东师范大学博士生导师，教育部中学校长培训中心主任。

强、中华文明走向人类文明的中心舞台、中国开始为人类文明作出更大贡献之际，习近平总书记提出了构建"人类命运共同体"，建设"一带一路"，共同推进人类的发展与进步的思想理念。在这样的背景下，当下的外国语中学承担的任务绝不仅仅是培养"翻译"与"外交人才"，更重要的应该是培养为"中华民族之复兴"、为构建"人类命运共同体"服务的具有跨文化素养的现代人才。与此同时，人工智能，特别是以 ChatGPT 为代表的人工智能技术驱动的自然语言处理工具的诞生，使外语教育进一步受到挑战。

我欣喜地看到，韩焱虹、吴金瑜团队敏锐地感受到了这种变化，他们认为在当下的中国，现代外国语中学承担的教育任务已远远超出了传统的外国语中学的教育设计。

他们的研究与实践认为，现代外国语中学不仅要培养学生的外语语言素养，更要能够用外语语言传播中华文明（跨文化素养），还要具有能适应这个时代发展、与自己的智能特长相吻合的专业素养。

为了这样的教育理想，在上闵外的创建与治理过程中，他们从办学思想、培养目标、课程设计、学校基本教育理念、课堂教学模式、德育模式、学校文化建设等方面，以现代外国语中学的基本思想，创造性地全面推进一所现代外国语中学的建设与治理。历时四年，成果累累。

本书就是记载了韩焱虹、吴金瑜团队思考、研究、实践、反思形成的研究实践成果，并很好地回答了"现代外国语中学存在的价值与意义""现代外国语中学的基本内涵""现代外国语中学如何创建""现代外国语中学的治理"等当下教育界关注的外国语教育问题，也为国内同行提供了上闵外的成功样本。

以此为序。

代蕊华

2023 年 12 月

前言：

创办与时代发展同步的现代外国语中学

由于各国、各民族人民生活与活动的背景、过程不同，各民族、国家形成的语言就不同，这给各民族、国家的交往产生了障碍，了解、理解对方的语言与文化便成为各国、各民族交往的前提。故自从人类诞生以来，就有了相互学习对方语言的行为与必要。对我们中国来说，亦是如此。而外语教学有序有目的出现在中国则始于明初，明永乐五年（1407年），为了满足对外交流的需要，明朝政府特设置了"四夷馆"，聘请国外教师为明帝国培养外交交往的外语人才。同样，这促进了明朝永乐年间中国与海外各国的交往，包括著名的郑和七下西洋的壮举。当然，从明朝嘉靖年间一直到清初，中国实行了一段时期的闭关锁国，与外国的交往大大减少。

清朝康熙年间开始部分对外交往。1644年，为了对外交往的需要，设立"四译馆"，意义与明朝的"四夷馆"相同。1727年，随着与俄国交往的增多，又特别增加了"俄罗斯文馆"。1748年改名为"会同四译馆"。鸦片战争后，中国的大门被西方列强强行彻底打开，闭关自守的国人猛然发现，泱泱中华已远远落在西方世界之后，一批仁人志士开始寻求救国之路。而要实现这个愿望，首先面临的就是语言的障碍。1862年，"京师同文馆"创立，这是中国历史上第一所外国语中学。学校创办时，只招收英语、法语和俄语三个班，每班10名学生。后来又增加了德语班和日语班。1867年增加了天文和算学两个学科。后来在以学习外语为主的基础上，又开设了数学、物理、化学、外国历史、地理、医学、生理等课程。中国对外国语的学习与应用进入了一个全新的时代。

但是，外语教学真正进入普及阶段始于1902年，那年，光绪皇帝颁布了"钦定中学课程"，其中将外国语（英语为主）定为中学的必修课程。1922年，南京政府颁布了"中学英语课程标准"，中国正式有了统一的英语课程标准。

中华人民共和国成立后，国家根据建设的需要，相继建立起上外、北外、西外、广外等外国语学院（大学）。随后，根据周恩来总理"多语种、高质量、一条龙"的精神指示，各外国语学院（大学）相继办起了附属外国语中学，而这些外国语中学的任务就是为大学培养外国语人才。

改革开放后，特别是中国加入WTO后，外国语中学的发展呈现多元化，从办学的形式来看，主要表现为三类：一是国际学校，由外国教育机构主办，以国际课程为主、国内课程为辅，为有意向出国留学的中外学生服务；二是所谓的"双语学校"，以国内课程为主，融合国际课程，大多数学生以出国留学为目的，少部分学生在国内继续学习；三是以国内课程为主，以多语种外语教育为特色，吸收国外的课程思想内容及其相关文化，融合到整个教育过程中，培养有民族情怀和跨文化素养的未来人才。

近几年来，随着中国经济文化的快速发展，中国提出的"一带一路"倡议得到积极响应，中国正在走向世界舞台中央，中华文化逐步进入世界文化主流。这样的背景下，中外交流，特别是中西方文化的交流显得尤为重要。我们认为，在当下的时代背景下，我国外国语教育的任务除了让我们的学生掌握外语交流的能力，理解包容语言背后的文化外，还要根植中华文化之中，用外语传播中华文化，让世界理解并接受中华文化。

与此同时，ChatGPT等人工智能技术的广泛运用，传统的不同语言间的日常翻译等工作被应用软件所替代，外语学习的必要性，特别是外国语中学存在的必要性受到极大的质疑。

在这样的背景下，我们在教育实践中得出结论：在当下的中国，现代外国语中学承担的教育任务已远远超出了传统的外国语中学的教育要求。

上海外国语大学闵行外国语中学创办于2015年。经过十年的探索与努力，在外显特征上，她为学生开设了多语种外国语教育，搭建了大量的中外交流的平台，营造了外国语学习的学校文化等；在教育内涵上，学校吸收了国内外的课程思想内容及其相关的文化精髓，并将其融合到整个教育过程中。其次，为了培育有民族情怀、具备跨文化能力与传播中华文化素养的未来人才，学校努力提升学生的中华文化素养与用外语传播中华文化的素养。第三，现代外国语学校在提升外语与跨文化素养的同时，必须将外语学习与其他学科结合起来，让我们的学生在具备外语及跨文化素养的同时，具备应对未来世界需要的基础素养。

在学校成长的过程中，我们根据学校办学的思想与方向，边设计、边办学、边反思、边修正，坚持学校的办学方向，不断吸收先进的办学思想、课程、方式，不断丰富和完善学校的课程、教育内涵，学校迅速成长为一所有一定影响力的、高品质的、老百姓心目中优质的现代外国语中学。

本书就是以上海外国语大学闵行外国语中学的办学历程与成果为基本蓝本，吸收上海市乃至全国优秀外国语中学的优秀办学经验，结合信息化＋AI 时代外国语中学的基本定位与特点，寻找现代外国语中学创建的价值与治理规律。

本书的写作汇聚了上闵外全体教师的智慧，也凝聚了本书作者对创办现代外国语中学的执着。本书由韩焱虹、吴金瑜负责整体设计与编辑，其中韩焱虹负责撰写了第一、二（部分）、五、七、九（部分）等章节；吴金瑜负责撰写了第二（部分）、三、四、六等章节；范玉华负责撰写了第八章主要内容；胡国欢、田欣宇、顾永申等负责撰写了第九章主要内容；徐美红、陈文涛、朱凌莉、顾蕴华、叶慧勤、宋洁、金华、黄世言、唐晔、陈丽、王嘉胤、周秀丽等参与本书撰写，并为本书提供了大量一手材料。

韩焱虹　吴金瑜

2023 年 12 月

目 录

第一章

人类语言文字的发展与学习语言的本质意义

第一节　人类语言文字的发展历程

　　语言是人类区别于其他动物的本质特征，是人类用来表达思想、情感、意图和信息的一套以语音为物质外壳、以语义为意义内容的复杂的符号系统。它使用声音、标记或其他可感知的信号来代表具体的事物或抽象的概念。这些符号，我们通常称之为"词汇"，可以通过不同的组合来表达无限的意义。当然，这些词汇的组合需要遵循一定的规则，通常包括语法、句法、语义和语用规则等，这些规则决定了词汇如何组合成短语、句子和更长的文本。

　　语言是人类交流的主要工具。通过语言，人们可以传达复杂的思想和详细的指示，因此，人类得以分享信息、表达情感、协调行动，从而进行有效的交流和互动，是人类社会互动的基础。语言是文化和知识的载体。它保存了人类的历史、传统、信仰和价值观等，并且通过故事、歌曲、诗歌和其他文学形式传承给后代。

　　语言也是人类文化和认知活动的重要工具。语言与人类的认知能力密切相关，它不仅反映了我们如何理解世界，还影响了我们如何思考和感知，使我们能够进行抽象思维、逻辑推理和创造性表达，从而发现问题并解决问题。

　　语言具有极大的可变性和多样性。世界上有着数千种不同的语言，每种语言都有其独特的词汇、语法和语音系统。语言也会随着时间的推移而发展、变化，新的词汇、表达方式和语法结构不断产生，而旧的词汇和用法可能会消失或改变。

　　语言的产生是人类进化过程中的一个重大发展，其确切起源至今仍然是科学研究和哲学探讨的热点话题。尽管我们还无法完全确定语言是如何产生的，但普遍认为语言与劳动和人类大脑的发展密切相关。通过考古学、心理学、神经科学、语言学和人类学等多个学科的研究成果，我们可以大致推测出语言产生的原因和大致过程。

人类语言的产生与早期人类社会的形成和发展密切相关。在史前时代，人类为了生存和繁衍，需要进行有效的沟通和协作。作为一种沟通工具，语言应运而生，帮助人类分享信息、协调行动、传承知识和文化。早期人类可能依赖于身体语言、面部表情和手势来进行基本的沟通，这些非言语沟通方式为后来的言语表达奠定了基础。随着时间的推移，早期人类开始使用简单的声音和符号来代表特定的事物或概念，这些声音和符号逐渐演化为更复杂的语言系统。为了更有效地传达复杂的思想和信息，人类逐渐发展出语法和句法规则，这些规则使得语言能够表达更丰富的内容，并在社会中得到传承和普及。语言的发展伴随着社会的发展，逐渐从简单的手势和声音信号演变为复杂的口头语言系统。

文字的产生则是人类文明进步的另一个重要标志，它使得信息能够跨越时间和空间进行传递。文字的起源通常与农业社会的兴起和城市化进程相关。最早的文字系统之一是苏美尔人的楔形文字，大约出现在公元前3200年。古埃及的象形文字也是早期的文字系统之一，出现在公元前3300年左右。中国的文字系统，即汉字，据考古发现，最早的形式可能出现在公元前1300年左右的商朝，但其起源可能更早。

这些文字最初用于记录行政和商业事务，后来发展成记录宗教、历史和文学作品的工具。文字系统随着社会的发展而不断演化。例如，楔形文字从最初的象形符号演化为楔形文字，汉字从甲骨文发展到金文、篆书、隶书，直至现代的简体字。这些变化反映了社会需求、技术进步和文化变迁对文字形态的影响。

文字的出现极大地扩展了人类信息传递的范围，使得知识可以跨越时间和空间进行传播，从而促进文明的积累和发展。人类语言文字的产生和发展是人类文明进步的历史，它展示了人类如何通过沟通和记录来构建和理解世界，不仅见证了人类智慧的积累和传播，也反映了社会结构和文化形态的演变。

语言是在特定的环境中，为了生活的需要而产生的，所以特定的环境必然会在语言上打上特定的烙印。随着人类社会的分化，不同的语言和文字系统在世界各地独立形成。每种语言和文字都承载着特定文化和社会的特征，反映了其使用者的历史、传统和认知方式。

汉语是使用人数最多的语言（第一语言和第二语言总和），使用人口约为16亿人，约占世界人口的21.33%。西班牙语作为第一语言的使用人数约为4.37亿人，约占世界人口的5.82%，其第一语言和第二语言总计使用者近5.7亿人，约占世界人口的7.6%。英语作为第一语言的使用人数约为3.6亿人以上，约占世界人口的4.8%。阿拉伯语作为第一语言的使用人数超过2.6亿人，约占世界人口的3.47%，而其第一语言和第二语言的总计使用者则突破4.4亿人，约占世界人口的5.87%。印地语作为第一语言的使用人数约为4.22亿人，约占世界人口的5.63%，其作为第一语言和第二语言的总计使用者则达到约7.22亿人，约占世界人口的9.62%。

世界上被最为广泛使用的是联合国的六大官方语言：英语、法语、阿拉伯语、西班牙语、俄语和中文（汉语）。近代史上大英帝国的殖民扩张运动使英语成为世界上使用最为广泛的语言，全球总共有超过100个国家使用，有70多个国家将其作为官方语言。法国和西班牙同样在大殖民时代随着殖民地的扩张把自己的语言推广到了全世界，目前有超过30个国家在使用法语，使用西班牙语的国家大约有20个，主要集中在非洲和拉丁美洲。阿拉伯语的广泛使用得益于伊斯兰教的传播，其使用者几乎都集中在西亚和北非的阿拉伯世界，使用国家在20个左右。目前使用俄语的国家超过了10个。而将中文作为官方语言的国家除了中国之外，还有新加坡和苏里南，以及缅甸的佤邦和果敢地区。另外汉语在许多东南亚国家都是被普遍使用的语言，包括印度尼西亚、马来西亚、菲律宾、泰国、越南、毛里求斯等，主要原因是这些地区有较多的华人华侨。

语言是人们交流思想的媒介，因此，它必然会对政治、经济和社会、科技，乃至文化本身产生影响。语言的多样性是人类文明的一大财富，为人类提供了丰富的文化资源和认知工具，为人类社会的复杂性和多样性奠定了基础；同时，语言的多样性也为全球交流和理解带来了挑战。语言差异可能导致沟通障碍，不同语言群体之间的交流需要借助翻译或共同语言。此外，文字的标准化和普及程度也影响着信息的传播效率和教育的普及。

第二节　语言与文化、语言与思维的关系

人类的语言、思维和文化三者之间的关系是相互依存、相互影响、密不可分的。"语言"和"思维"并非人类生而有之，而是在后天的社会环境中逐渐学习获得。"思维方式是沟通语言和文化的桥梁，思维通过语言形式表现出来，进而集中体现文化心理特征。语言、思维和文化是一个统一的整体，三者相互影响。"[1]了解语言、文化、思维三者之间的关系对外语教育的发展方向具有重要的指导意义。

一、人类语言与文化的关系

萨丕尔认为，语言不仅是人们用以交流的媒介，也是一种复杂的文化现象，与人类的思想、行为和文化交织在一起[2]。他在《语言论》中指出，语言和文化是深深地交织在一起的。语言不仅是一种交际手段，也是使用者文化背景和思维习惯的体现。语言是文化传播的工具，同时也是文化本身的一部分，两者共同构成了人类社会的复杂性和多样性。

首先，语言是文化的载体，是文化的一部分。不同的语言可以反映不同的文化特色。比如：汉语是一种"意合型"语言，人们在交流中习惯于使用婉转的语言，在汉语中有许多"只能意会，不可言传"的情况存在，即所谓的"潜台词"，需要交际双方通过共同的背景知识揣测对方的会话含义。而汉语的这种特点恰恰反映了中华民族含

---

[1] 许娟娟："浅析语言、思维和文化的关系"，《今古文创》，2022年第2期，第116页。
[2] SAPIR E. Language: An introduction to the Study of Speech [M]. New York: Dover Publications, 2004.

蓄、婉约的东方文化。相反，英语则通常被视为一种分析性语言，其特点是依赖于词序、辅助词（如介词、助动词等）以及时态和语态的标记来表达语法关系和意义。比如，英语广泛使用辅助词来构建复杂的句子和表达不同的时态、语态和语气：

助动词表示时态：I am reading a book.（现在进行时：我正在读书。）

情态动词表示可能性或能力：He can（能力）speak three languages.（他能说三种语言。）

又如，英语通过动词的形式变化来表达不同的时态和语态：

过去时：He walked to the store.（他走到了商店。）

将来时：They will travel to France.（他们将去法国旅行。）

完成时：She has finished her homework.（她已经完成了作业。）

由此可见，情景因素在英语交际中只起到了次要作用，因此，说英语的人在中国人看起来更加直接，性格更为开放。

再比如日本人的"关系"观念很强，在语言层面体现为"简体"和"敬体"之分。日语中的敬语系统非常发达，这些敬语的使用反映了日本人在社会互动中对等级和关系的尊重。例如，日本人在对上司或长辈说话时会使用更为正式和尊敬的表达方式，而对同辈或下属则可能使用较为随意的语言。日语中的授受动词（如あげる、もらう、くれる）不仅描述了给予和接受的行为，还体现了行为双方之间的社会关系和心理距离。例如，当一个人给予另一个人某物时，使用的不同授受动词可以表达出尊敬、感激或谦卑等不同的情感态度。这种细腻的语言表达是日本文化中对人际关系重视的直接体现。

其次，语言是文化表达的最直接方式，也是文化得以传承和发展的重要工具。通过语言，文化价值、习俗、信仰和传统得以在社会成员之间传播和交流。语言中的词汇、成语、谚语和故事等，都是文化特征的载体，它们反映了一个社会的文化观念和历史经验。不同语言中的独特表达方式往往深深植根于其所属的文化土壤中，不仅反映了该文化的思维方式和价值观念，还体现了该民族的历史、地理和社会特点。比如汉语中存在大量的成语、俗语和典故，这些表达方式通常源于古代的历史故事、文学作品或是民间传说。例如，"塞翁失马，焉知非福"这个成语源自古代的一个寓言故事，表达了事物的利弊往往难以预料，需要从长远的角度来看待问题，反映了中国文化中对于命运和机遇的哲学思考。再举一个例子，"夜郎自大"这个成语源自中国古代西南地区的一个历史典故，最早见于《史记·西南夷列传》。故事发生在西汉时期，当时的汉朝已经非常强大，汉武帝派遣使者张骞出使西域，开辟了丝绸之路。在张骞的使命完成后，他返回长安（今天的西安）时，途经夜郎国。夜郎国国王从未见过如此华丽的车队和使者，他好奇地询问张骞："汉与我夜郎，孰大？"意思是：汉朝和夜郎国哪个更大、更强？张骞回答说："汉朝广大无边，人口众多，文化发达，是天下的中心。而夜郎国只是边疆的一个小国，无法与汉朝相比。"夜郎国国王听后非常惊讶，他从未意识到自己的国家在世界上的地位如此渺小。这个故事后来被用来形容那些自以为是、目空一切，但实际上见识短浅、不知天高地厚的人。"夜郎自大"这个成语也成为警示人们不要自我膨胀、要有自知之明的典故，同时也反映了中华文化中"谦逊"的为人处世之道：即无论个人还是集体，都应该保持谦逊的态度，不断学习和进步，以免陷入无知的自大之中。

第三，文化是语言的土壤。语言不能脱离文化而存在，每一种语言都有自身独特性的文化与之相对应。这种语言的结构、交际形式或多或少都会受到自己文化的制约。比如英语名词的单、复数之分，表面上这是一种语法现象，但在更深层次上，它反映了英语使用者的思维方式和文化特征。在英语文化中，个体主义是一种重要的价值观念，强调个人自由、独立和个性。通过区分单数和复数，英语使用者能够清晰地表达个体与群体之间的关系，以及个体在社会中的地位。此外，作为一种分析性语言，英语非常强调语法结构的精确性和逻辑性。单、复数的变化使得表达更加精确，有助于避免歧义。这种对细节的关注和追求逻辑清晰的态度反映了英语使用者在交流中更倾向于明确和具体的表达方式。在某些情况下，英语名词的单、复数形式也可以用来反映社会结构和角色。例如，对于某些职业或角色的称呼，单数形式可能暗示着某种权威或独特性，而复数形式则可能表示一个群体或普遍性。例如我们谈到"美国总统的权利与义务"时会说 the rights and duties of the President of the United States，尽管美国历史上有多位总统，这里要谈论的也是"总统"这个群体，但仍然使用单数名词，强调了总统这一职位的权威和独特性。

文化的发展影响着语言的表达，语言随着文化的发展而演变，最直观的表现就是词汇的更替。新的社会现象和技术变革会引入新的词汇和表达方式，尤其是网络环境下的文化发展极其迅速，是促进新词产生、旧词消亡以及词义发展和词汇活用的主要动力。例如，随着社交媒体的普及，"点赞"成为一个普遍的网络行为；又如，直播作为一种新兴的网络传播方式，催生了"网红"（internet celebrity）、"主播"（streamer）等新词汇。

另外，在世界历史上，不同国家和地区有不同的地理风貌与文化艺术，这也会影响到各自领域内词汇的丰富与贫乏。例如，中国的艺术和建筑追求强烈的平衡感和对称感，因此汉语也多使用四字格成语，且常用反义合成来表达一个完整的意思，如"买卖""矛盾"等，以追求对仗和平衡。再如因纽特人因生活环境中雪的重要性以及他们对雪的观察和理解，对不同状态的"雪"赋予了几十乃至几百种不同的名称（不同的研究存在着不同的说法和解释）。古希腊、古罗马的政治制度文明也影响了相应的词汇丰富，意大利的音乐、绘画与雕塑极其繁荣伟大，与之相关的词汇系统也就复杂。所以，文化的发展影响着语言的表达，不同的文化会制约不同的语言表达。

二、人类语言与思维的关系

思维是人脑的一种功能，是人脑对客观现实的反映，是人类对客观世界的认识能力。思维依靠语言来表达，而语言则是思维的工具，记录着思维的成果。我们使用语言来组织思想、表达概念和进行逻辑推理。通过语言，人们能够将抽象的概念具体化，并将复杂的思维过程通过言语表达出来。

同时，语言也是思维方式的反映。语言不仅是思维表达的工具，也在一定程度上影响和塑造了我们的思维方式。不同的语言有着不同的语法结构和词汇系统，这些差异可能导致不同语言使用者在认知和理解世界时存在差异。

以英语和汉语为例。两者有着各自不同的思维方式、思维特征和思维风格，而这些思维差异又影响了两种语言的表达方式[1]。

1. 抽象思维和具象思维

总体上看，英语文化思维方式具有较强的抽象性，例如英语常常大量使用概括、笼统的抽象名词来表达复杂的理性概念和微妙的情绪，往往难以用汉字对应翻译。而汉民族的思维方式却恰恰相反，更习惯于运用形象的方法表达抽象的概念，比如汉语的成语、比喻、谚语、歇后语等表达方式都给人一种明确、直接、形象的感觉。例如这个英文句子：The enemy waited for the reinforcements' arrival with a frenzied agitation. 句中 frenzied 意为疯狂的，狂暴的；agitation 的意思是焦虑不安。英文句中用 frenzied agitation 描述敌人等待援军时那种迫切的、焦躁不安的情绪。翻译成中文时，我们则可以比喻为"敌人急得像热锅上的蚂蚁"，非常直接、形象。

2. 直线思维和曲线思维

英语民族的思维模式呈直线型，运用语言表达思想时，他们总是开门见山地表达要点，再分点说明予以展开或层层推演，借助各种衔接手段引出新信息，从而对主题进行全面说明。而汉民族的思维模式呈曲线型（或螺旋式），因此汉语习惯于先分述，或从侧面说明，最后点出主题。英汉民族各自不同的思维风格导致语言表达方式上的差异：英语句式结构多为前重心，而汉语句式多为后重心；受思维模式影响，英汉语篇分别呈现直线型与螺旋式的逻辑特征。

3. 分析型思维与综合型思维

文化与哲学是不可分的。西方人的哲学强调主客对立，物我分

---

[1] 韩焱虹："英汉文化对比分析与翻译"，《文教资料》，2011 年 11 月。

明，重形式论证，主要侧重于分析型思维，表现在语言中，则是重形合，要求结构严谨，句子结构以主语和谓语为核心，统摄各种短语和从句，由主到次，结构复杂，形成了"树权式"的句式结构，主语一般不能省略，连词、介词用得多。而中国人的哲学强调天人合一，物我交融，重整体抽象，重综合型思维。汉语重悟性，即不凭借严谨的形式进行分析，而是根据主观直觉，从逻辑及上下文中"悟"出关系来，因此语言简约和模糊。汉语重意合，句子结构上以动词为中心，以时间顺序为逻辑语序，层层推进，归纳总结，形成"流水型"的句式结构。汉语无主句及主语省略句多，连词用得少；文章求全面，不怕重复，词句求平衡与对称。

4. 本体型思维与客体型思维

中国文化以人本为主体，这种人本文化的长期积淀，形成了中国人本体型的思维方式，即以人为中心来观察、分析、推理和研究事物的思维方式。西方文化则以物本为主体，并且在这种文化影响下，西方人逐渐形成了客体型的思维方式，即把客观世界作为观察、分析、推理和研究的中心。这两种不同的思维方式反映在语言形态上，最明显的表现之一就是在描述事物和阐述事理的过程中，中国人观察或叙述的视点往往落在动作的发出者，并以其作为句子的主语，因此汉语习惯于用表示人或生物的词作主语，主动语态句使用频繁；而西方人却常把观察或叙述的视点放在行为、动作的结果或承受者上，并以此作为句子的主语，因此英语常用非生物名词作主语，被动语态句的使用相当广泛。例如：

1）An idea suddenly struck him. 他突然想起一个主意。

2）The thick carpet killed the sound of my footsteps. 我走在厚厚的地毯上，一点脚步声也没有。

5. 顺向思维与逆向思维

英汉民族在观察某些事物现象时，所采取的角度及思维的方向有时是极不相同甚至是截然相反的，这种差异往往导致英汉语对同一思维内容采取截然不同的表达方式。例如汉语中的"打九折"，在英语中则表达为"a ten percent discount"，汉语着眼于打折后实际付款的比例，而英语则着眼于折扣本身的比例，两者的视角完全相反。又如汉语的"自学"，在英语中是"self-taught"；汉语诗词中的"寒衣"（冬天御寒的衣服），在英语中却说成"warm clothes"，着眼点也是完全相反的。

综上所述，语言、文化和思维三者之间存在着密切且复杂的关系。语言不仅是一种沟通工具，更是文化的载体，它蕴含着一个社会的价值观、历史、习俗和思维方式。语言的变化可以反映和推动文化的发展，同时文化的变化也会反过来影响语言的使用。此外，思维模式的改变可能会影响语言表达，而语言的创新也可能改变人们的思维方式。这三者之间的关系不是单向的，而是一个相互影响、相互塑造的循环。

语言是理解不同人类特性的重要途径，它为我们提供了一个深入了解文化的窗口。了解语言、文化和思维三者之间的关系，让我们认识到，学习一门外语不仅是学习其语法和词汇，还包括了解和适应相关的文化背景，适应和接受不同的思维模式和表达习惯，从而更好地理解语言中的隐含意义和双关语等，以免在交际中产生误解和冲突。通过学习语言，我们能够更深入地探索和理解使用该语言人群的特性；通过学习语言，我们不仅能够沟通和交流，还能够体验和理解不同的生活方式、价值观念和思维方式，从而丰富我们的世界观和文化视野。学习语言，也是培养跨文化能力的重要途径。掌握多种语言能够帮助我们在全球化的世界中更好地与不同文化背景的人交流和合作，促进不同文化之间的相互理解和尊重。

第三节　人类学习语言的本质意义

从上述两节人类语言文字的发展历程及人类语言与文化、思维的关系可知，人类学习语言的本质意义是多维度的，它不仅关系到人类个体的认知发展和社会交往，还涉及民族群体的文化传承和智能演化。

一、学习语言是人类认知发展的基础

学习语言是人类认知发展的基础，这一点在心理学、认知科学和教育学等领域得到了广泛认同。

从上一节所述语言与思维的关系可知，语言不仅是沟通交流的工具，还是思维和认知过程的基础。语言使得人类能够将抽象的概念具体化，将复杂的思维过程通过言语表达出来。语言的学习和运用贯穿着人类认知能力的发展过程，是人类认知发展的重要里程碑，它开启了更高级的认知功能，如逻辑推理、抽象思维和创造性思考。

从婴儿期开始，语言能力的发展就与认知能力的增长密切相关。儿童在学会说话之前，已经能够通过非语言的方式进行基本的思维活动。随着语言技能的提升，儿童的认知能力也随之增强。在早期阶段，婴儿通过观察和模仿开始建立语言能力。当婴儿学会了用语言标记不同的物体或概念时，他们开始建立起关于世界的认知图景。他们在一岁左右开始说简单的词语，如"妈妈""爸爸""花""小猫"等，并能够将词语与具体的人或物关联起来，这表明儿童开始意识到语言与表达之间的联系，并尝试将语言应用到不同的情境中。这种认知图景随着语言能力的增强而变得更加丰富和准确。

随着儿童语言习得的不断深入，他们逐渐掌握更复杂的语言结构和表达方式。这需要他们不断地运用认知能力，包括注意力、记忆、逻辑推理和抽象思维等能力。例如，当儿童学会运用逻辑推理来构建复杂的句子时，反映了他们对语言规则和语义的理解，同时也表明他们的认知能力在不断提升。语言的习得促进了儿童记忆力、注意力和认知灵活性的发展，而这些都是认知发展的关键要素。

语言的学习过程本身对认知能力的发展起着积极的促进作用。学习语言需要记忆、推理、分类等认知过程的参与，这些过程的训练和发展有助于提升个体的认知水平。例如，学习新词汇时需要记忆和分类，而对语法规则的理解则需要推理和逻辑能力。这些在语言学习中所涉及的认知过程与其他认知领域相互交织，共同推动着认知能力的全面发展。

此外，语言能力的发展对其他认知功能的提升也有着直接的影响。例如，语言能力与阅读和写作技能的发展紧密相关，而这些技能又是获取知识、发展思维和解决问题的重要途径。不仅如此，语言能力还与数学和科学等领域的认知能力相关联，因为这些领域需要使用语言来表达概念、公式和理论。

相对应的，认知能力的提升对语言表达也有着深远的影响。

首先，随着认知能力的提升，人类个体对于语言结构、语法规则以及词汇的理解能力也相应提高。这种理解能力的提高使得个体能够更准确、更流畅地表达自己的思想和情感。例如，研究表明，儿童在认知能力发展的不同阶段，其语言表达的复杂程度和准确度也会有所不同。在认知能力提升的过程中，他们逐渐掌握了更多的语言工具，从简单的词汇运用到更复杂的句法结构，使得他们的语言表达能力得到了显著提升。

其次，认知能力的提升还能促进人类个体对于不同语言交流策略的运用。随着认知能力的增强，个体能够更灵活地运用不同的语言策略来达到沟通的目的。比如，在面对复杂的交流场景时，认知能力较高的个体往往能够更好地选择合适的词汇和句型，使得自己的表达更加清晰、生动。这种语言策略的灵活运用不仅展现了个体语言能力的提升，也反映了其认知能力水平的增强。

此外，随着认知能力的提升，个体能够更加深入地理解抽象概念，并将其通过语言表达出来。例如，在解决问题或者进行辩论时，认知能力较高的个体往往能够更准确地运用逻辑推理和语言分析，从而使得他的表达更富有说服力和逻辑性。

由此可见，语言能力与认知能力的关系密切且相辅相成。语言能力的发展不仅推动认知水平的提升，还能促进思维的抽象化和复杂化；反之，认知能力的提升也为语言表达提供了丰富的素材和更高的灵活性。

二、学习语言是人类智能发展的重要标志

学习语言是人类智能发展的重要标志，这一点在人类进化史和个体成长过程中都得到了充分的体现。

从进化的角度来看，语言的出现是人类智能发展的一个重要里程碑。人类的祖先通过发展复杂的语言系统，能够更有效地交流信息、分享经验、合作狩猎和进行社会组织。语言的使用促进了人类社会的形成和发展，使得人类能够适应各种环境，解决复杂问题，并创造丰富的文化。

从认知发展的角度来看，语言能力是人类智能的核心组成部分。语言不仅涉及声音和符号的产生与理解，还涉及记忆、注意力、思维和解决问题的能力，语言的学习和发展促进了大脑相关区域的发展。语言也是获取知识和技能的关键工具。语言能力的发展使得个体能够接受更高级的教育，为终身学习奠定了基础，使得个体能够在不断变化的世界中适应和成长。

从培养创新能力和创造力的角度来看，语言能力的提高也为人类的创新和创造力发展提供了平台。通过语言，人类能够表达新的想法，创造文学和艺术作品，发展科学理论和技术。语言的使用和发展推动了人类文化的多样性和复杂性，是人类智能的重要体现。

三、语言是人类社会交往的基础，是人类社会文化传承的重要工具

语言是人类社会交往的基础，是人类社会文化传承的重要工具，在人际沟通、信息传递、文化传承、社会结构、跨文化交流、社会认同和艺术表达等多个方面发挥着关键作用。

首先，语言是人类进行社会交往的最基本工具，学习语言是个体社会化的关键过程。学习语言使得个体能够表达自己的想法、情感和需求，并理解他人的意图和信息。这种沟通能力是人类社会交往的前提。语言也是建立和维护人际关系的重要手段。通过语言交流，人们

13

能够建立友谊、爱情、合作等社会联系，而这些联系对于个体的社会生活和心理健康至关重要。语言的使用和理解能力使得个体能够更好地融入社会。通过语言，个体能够学习社会规则，参与社会交往和文化活动；通过语言，人类能够建立和维护社会关系，形成共同的信仰和价值观。

其次，语言使得信息的传递和知识的共享成为可能。在教育、科研、商业和政治等领域，语言是传递复杂概念和专业知识的主要方式。通过语言，人们可以分享经验、讨论问题、制定计划并达成共识。

第三，语言是文化传承的重要载体，它不仅传递了具体的信息，还包含了文化的价值观念、历史传统、习俗和信仰。语言中的成语、谚语、俗语和故事等，都是文化智慧的结晶，反映了一个社会的文化特征和历史发展。通过语言，一代人可以将历史、传统、信仰、艺术等文化遗产传递给下一代，从而保持文化的连续性和活力。语言与特定的文化紧密相关，是社会认同和凝聚力的重要来源。共同的语言/方言能够加强群体成员之间的联系，形成紧密的社会结构和文化认同。因而学习语言也是形成文化认同的过程。通过掌握一种语言，个体能够更深入地理解和体验相关的文化背景，增强对自己文化身份的认同感。

综上所述，人类学习语言的本质意义是全方位的，它不仅是个体认知发展和社会交往的基础，也是文化传承和智能演化的关键。语言使人类能够理解世界、表达自我、建立社会联系，并在文化和智能层面不断进步。因此，语言学习是人类发展不可或缺的一部分，对于个体和社会都具有深远的影响。

第四节 人工智能背景下人类学习外语的目的与意义

一、人工智能大模型等对语言学习的影响

随着人工智能技术的快速发展，大模型等新兴技术对语言学习领

域产生了深远的影响。

大模型的出现使得语言学习变得更加智能化和个性化。借助深度学习和神经网络技术，大模型能够模拟人类的语言学习过程，持续优化自身的语言模型，进而实现更加精准、高效的语言理解和生成。人工智能技术可以根据学生的学习情况和表现，为其量身定制学习计划，提供针对性的辅导和反馈，从而更好地促进语言学习的效果。通过语音识别、自然语言处理等技术，人工智能还可以与学生进行实时的对话和交流，帮助他们提高语言表达能力和沟通技巧。这种个性化、互动式的学习方式，可以更好地满足不同学习者的需求，提高语言学习的个性化水平。

随着深度学习技术的不断发展，大型神经网络模型如 BERT（Bidirectional Encoder Representations from Transformers，双向编码器表征法）、GBT（Gradient Boosting Tree，梯度提升树）等在自然语言处理任务中取得了显著的成就。目前，大模型在语言学习领域的应用已经涵盖了词性标注、句法分析、情感分析、问答系统等多个领域。这些模型在实际应用中也展现出广阔的前景。人工智能技术的发展日益成熟，为语言学习提供了全新的途径和方法。人工智能技术借助大数据和机器学习算法，构建智能化学习系统，规划个性化学习路径，为学习者提供更加有效的学习资源与指导。这有助于学习者更高效地掌握语言知识、深入理解语言规则，进而快速提升语言表达能力。

ChatGPT 的面世，更是引发了人工智能领域新一轮的激烈赛跑，业内巨头纷纷跟进，推出各自的系统。这类以大语言模型为主要支撑的"生成式人工智能"逐步走向应用，对人类语言生活乃至整个人类社会的诸多方面都正在产生广泛而深刻的影响。

作为大语言模型，ChatGPT 是运用语言技术来建构，并借助海量文本语料来学习、训练和不断改进的。借助浩瀚的文本资源和强大的语言文字处理能力，它能够实现利用自然语言与人进行交互，以回应使用者提出的各种需求；它追求的最高目标是让机器像人一样自如地使用和理解自然语言。

ChatGPT 等生成式人工智能平台和系统的应用已经广泛而深入地

影响了人类生活和工作的方方面面。它们最突出的优势，就是几乎能够处理任何跟语言相关的一般性事务，从应用文书的撰写、文字编辑、广告设计，到文学创作、语言翻译等，都可随时由 ChatGPT 等办理，从而使人类从繁杂的文案中解放出来。此外，面对当前爆炸式增长的各种信息，人类处理海量信息资源的任务日益艰巨，而 ChatGPT 可以高效而深入地分析各类语言文字信息资源，为人类提供强大的工具，大大增强人类分析和利用语言文字信息资源的能力。不仅如此，有消息称，ChatGPT 已经能够处理 100 多种语言，可为跨语言交流提供强大的平台和工具。有了 ChatGPT 的帮助，人类的跨语言交流和多语应用也更加高效便利。

当前，ChatGPT 等大语言模型在某些方面的能力，如文本信息搜集整理和综合归纳能力、文本阅读速率、文本编辑和组合能力、语言翻译速率等，都已经大大超越了人的语言能力，对人类的语言能力乃至生存能力构成严峻挑战。面对这种挑战，我们的语言教育从理念、目标，到内容、方式和手段都必须做出相应的改变，从而培养具有能够适应"人机共生社会"生存和发展的语言能力的新时代人才[1]。

二、学习外语的本质意义

如前文所述，学习语言是人类认知能力发展和社会交往的基础，也是文化传承和智能发展的关键，母语学习是这样，外语学习也同样如此。人类学习外语的本质意义早已远远超越了单纯的语言技能获取，它涉及个人发展、社会交往、认知能力提升以及文化理解等多个层面，只是许多人尚未意识到这一点。

（1）学习外语对大脑的认知发展具有显著的促进作用，多语言学习可以促进大脑的可塑性，这一点在心理学和认知神经科学的研究中得到了广泛的支持。

首先，学习外语需要记忆大量的新词汇、语法规则和表达方式。这个过程不仅锻炼了工作记忆，也有助于增强长期记忆的能力。有研究表明，多语言使用者在记忆任务上表现得更好，这可能是因为他们大脑中负责记忆的区域得到了更多的锻炼和优化。此外，外语学习要求学习者专注于语言的细节，如发音的微妙差别和词汇的精确用法。这种对细节的关注有助于提高选择性注意力和持续性注意力，使学习者能够在复杂或有干扰的环境中保持专注。

其次，学习外语有助于增强认知灵活性，提高解决问题的能力。所谓认知灵活性，是指个体能够适应新情况、灵活处理信息和快速学习新任务的能力。外语学习不仅是简单的记忆和重复，更重要的是理解和应用语言规则来解决问题，例如面对不同文化背景的人如何清楚地表达复杂的想法、进行有效的沟通。在学习外语的过程中，学习者需要经常在不同的语言系统之间切换，这种切换不仅涉及语言本身，还涉及与之相关的思维方式和表达习惯。这种切换能力促进了认知灵活性的发展，也有助于提高学习者的批判性思维和创造性思维能力，使他们能够在面对新情境和问题时，快速调整自己的思考方式和策略，从而提高解决问题的能力。

（2）学习外语有助于培养多角度思考问题的习惯，拓宽解决问题的思路。

每种语言都承载着各自的文化背景和价值观念，学习外语就意味着接触和理解不同的文化和观念。这种跨文化的认知经历使学习者能够从不同的文化视角看待问题，从多个角度思考问题。在面对复杂问题时，多语言使用者可以借鉴不同语言中的表达和概念，从而找到新的解决方案。

不仅如此，语言是信息的载体，个体在学习语言的过程中往往会涉及多个学科的内容，如历史、地理、科学、文学、哲学和艺术等。这种跨学科的学习经历有助于学习者建立跨领域的知识体系，从而在思考问题时能够综合运用多学科的知识和方法。

此外，在多语言环境中，个体需要与不同背景的人进行沟通和协商。这种经历要求学习者理解他人的观点和立场，从而在思考问题时能够考虑到不同利益相关者的需求和期望。

因此，多语言使用者往往能够更好地理解和尊重不同的观点和价值观；跨语言的思维方式有助于他们打破思维定势，激发创新和创造性思维，从而在需要改变思维策略或解决问题方法时，往往能够更加迅速和有效。

（3）学习外语有助于培养个体的全球视野和国际胜任力。

首先，如前文所述，学习外语使个体能够直接接触和理解不同的文化背景和社会习俗。通过语言学习，个体不仅能够了解其他国家和地区的历史和文化，还能够深入理解不同文化中的价值观和行为模式。这种跨文化理解是培养全球视野的基础，也有助于个体在多元文化的环境中更好地适应和交流。

其次，掌握一门或多门外语能够让个体与不同国家和文化背景的人进行有效的沟通。而在国际交流中，良好的沟通能力是至关重要的，它不仅有助于消除误解和偏见，还能促进合作和友谊。因此，这种跨文化沟通能力是国际胜任力的重要组成部分，对于个体在国际舞台上取得成功至关重要。

第三，在学习外语的过程中，个体往往会接触到国际新闻、全球问题与挑战以及跨国合作的话题，如气候变化、贫困和人权等。对这些话题的研究和思考往往能够激发个体的全球责任感，使得个体更加意识到自己作为全球公民的角色和责任。这些都有助于培养个体的国际合作意识，使他们意识到在全球范围内解决共同问题的重要性。而具备这种责任感和国际合作意识的个体则有更多的可能性参与到国际援助和发展项目中，为全球的可持续发展作出自己的贡献。

总之，学习外语的本质意义在于它对个人全面发展的促进作用，以及它在促进全球理解和合作方面的重要作用。

多语言使用者在认知方面的优势有助于个体在学术、职业和个人生活中取得更好的成就。从个人发展角度来说，通过接触不同的语言表达和文化背景，学习者能够获得新的灵感和创意，这对于艺术创作、科学研究和商业创新等领域尤为重要。在教育和学术研究领域，外语能力对于获取国际视野和最新研究成果至关重要。学习外语可以帮助学者和学生直接阅读和理解国际文献，参与国际学术交流，推动学术研究的深入和创新。

此外，在国际就业市场中，多语言能力也是一项重要的竞争优势。尽管 AI 翻译工具能够帮助人们跨越语言障碍，但它们无法完全复制人类的情感、语境和文化的细微差别，使得跨文化背景的人们难以进行较为深入的理解和沟通。因而，掌握外语、能够有效进行跨文化交流和沟通的个体往往在求职和职业发展上具有更多的机会，能够在国际企业和组织中胜任关键职位，参与跨国项目和谈判。这种竞争力是个体在全球化时代取得成功的重要因素。

第二章

现代外国语中学存在的价值与意义

2001 年 12 月，中国正式成为 WTO 的一员，这标志着中国经济进一步融入世界，更深入地与全球接轨。伴随而来的，是中国与全球更为广泛的人员互动和文化交往。作为中国与其他国家交流的重要手段，外国语的重要性逐渐增强，其在中国教育体系中的地位也逐步上升，并成为基础教育阶段的必修科目。

如今，经过 40 多年的改革开放进程，中国已经崭露头角，作为一个强大的国家屹立在世界的东方，与此同时，中华文化也成为人类文化的核心组成部分。然而，那些习惯于按照自己的方式行事的西方国家，面对日益壮大的中国和博大精深的中华文化，他们的态度并不是欢迎或接受，而是觉得自己受到了挑战。与此同时，在我国，随着人工智能平台和工具如 ChatGPT 的出现（尤其是其中的外语和中文转换可以被计算机取代），社会上传出了"取消外语高考科目"这样的声音，以期降低外国语教育在基础教育中重要性的趋势。

然而，我们认为，在当下中国，外语教育（包括英语教育）的重要性不应被削减。这不仅是因为现今的信息主要还是通过英语传播，更为关键的是，在进入改革开放持续深化的新阶段，中国不仅需要吸收其他国家的优秀文明成就，还需要广泛传播我们宝贵的中华文化，以便让全球更好地理解和尊重我们，并用我们的智慧去"构建人类命运共同体"。唯有如此，中华民族的真正崛起才能得以实现。在此过程中，外语扮演了一个不可或缺的角色！在这一进程中，我们需要真正精通外语，更关键的是要能够以"外国人能够理解和接受"的方式来传播中华文化。因此，提高新一代中国中学生的外语能力已经成为当前中学教育的核心任务之一。当然，这种外语修养不只是对语言本身的掌握，更关键的是理解其背后的文化和外语思维能力。因此，外语教育将继续成为中学教育的重要内容，外语课程将继续是每一所中学必须开设的基础课程。

因此，在当前的社会背景下，鉴于每一所中学都已经普及了外语教育，"外国语中学"是否仍有存在的必要？其教育内涵和方法与普通中学存在何种差异？在本章，将针对这些问题进行深入的探讨。

第一节　外国语中学的沿革

众所周知，人类的语言和文字是人类社会中一项具有强大功能的技能，它可以通过特定的编码符号将你的思想传达给他人，同时也可以通过这些编码符号来理解他人的想法。语言和文字也是连接过去、现在以及未来信息的有力手段。此外，人类的语言和文字是在长时间的社会实践中逐渐形成的，由于不同种族的人们在社会实践中的活动有所不同，因此他们所使用的语言和文字也会有所区别。因此，语言和文字不仅是人类文化的重要组成部分，也是文化的主要载体，通过这些语言和文字，我们能够更好地了解一个民族或一个国家的文化背景。

根据一项科学调查，目前全球存在的语言和文字大约超过7000种。所有的语言和文字，无论其使用者的数量、分布范围或是社会地位如何，都具备全面交流人类经验和体验的能力。每种语言都是其使用者文化和知识的载体，能够表达从日常生活的基本需求到复杂抽象的概念。在这个意义上，语言文字没有优劣之分，每种语言都能够满足其使用者的交流需求。然而，我们也必须认识到，在现实社会中，由于政治、经济和历史等因素的影响，不同语言的社会地位和影响力存在差异。一些语言可能拥有更多的资源和支持，而另一些语言则可能面临消亡的风险。但这并不意味着某些语言本质上优于或劣于其他语言，而是反映了语言使用和社会结构之间的复杂关系。

如前文所述，由于不同国家和民族的人民生活和活动背景及过程各不相同，他们所使用的语言和文字也会有所差异。这种差异为各民族和国家之间的交流带来了困难，因此，深入了解和理解对方的语言、文字和文化成为各国、各民族交流的基础。故而，从人类出现的那一刻起，就有了互相学习对方语言和文字的需求和行动。对于中国而言，情况也是如此。作为一个多民族国家，汉语不仅是汉民族共同使用的语言，更是在数千年的历史中，以汉民族语言为基础，吸纳了与汉民族共同生活的其他民族的语言精髓，从而形成了现今的语言体系。与此同时，我们需要与邻近的国家和民族建立联系，就必须深入学习他们的语言，这样才能实现真正的互通。因此，可以这样说，当不同的人群有了交往的需求时，外语学习也就随之产生。

有序、有目的的外语教学出现在明初。明永乐五年（1407 年），为了更好地满足明朝政府对外交往的需求，明朝政府特地建立了"四夷馆"，并聘请外国教师，为明帝国培养能够进行外交交流的外语人才。这一举动也加强了明朝永乐年间中国与海外各国的交往，包括著名的郑和七下西洋的壮举。后来，由于倭寇的威胁，明朝实施海禁政策，与外界的交往显著减少，原先的"四夷馆"制度也被废除了。

1644 年，随着清朝的建立和稳定，统治者在其对内、对外交往中更加依赖于语言之间的翻译服务。为了满足内外交流的需求，清朝政府建立了"四译馆"，其意义与明朝的"四夷馆"相同。随着俄国向东发展与扩大疆土，清朝与俄国国土发生接壤，因此与俄国的交往逐渐增多。为此，在 1727 年，清朝特地增设了"俄罗斯文馆"。之后，干脆将"四译馆"改名为"会同四译馆"。

1840 年，鸦片战争爆发，以老大自居又闭关自守的清王朝被打败，中国的大门被西方列强强行打开。此时的国人在欧洲人的大炮军舰面前猛然发现，泱泱中华已远远落在西方世界之后，一批仁人志士开始寻求救国之路。要实现这个愿望，首先要突破语言的障碍。1862 年，京师同文馆创立，这是中国历史上第一所外国语学校。学校创办时，只招收英语、法语和俄语三个班，每班 10 名学生。后来又增加了德语班和日语班。1867 年增加了天文和算学两个学科。后来在以学习外语为主的基础上，又开设了数学、物理、化学、外国历史、地理、医学、生理等课程。中国对外国语的学习与应用进入了一个全新的时代。

但是，过去这样的外语教学只是国家为了一定的目的让特定的人学习外语，对于普通中国人来说，外语仍然是天书。1902 年，西式教育开始真正进入中国，源于西方的课程与班级授课制正式确立，标志着新式学校在中国的诞生。然而，由于科举制度仍然存在，这类新式学校还是处于萌生期。直到 1905 年 9 月 2 日，袁世凯、张之洞等奏请立停科举，以便推广学堂，咸趋实学。清廷诏准，自 1906 年开始，所有乡会试一律停止，各省岁科考试亦即停止，并令学务大臣迅速颁发各种教科书，责成府厅州县赶紧于乡城各处遍设蒙小学堂，将育人、取才合于学校一途。至此，在中国历史上延续了 1300 多年的科举制度最终被废除，科举取士与学校教育实现了彻底分离。新式学校（中小学）开始在全国开设，以英语为代表的外语课程也逐步成为学校的主要课程之一。

同年，光绪帝颁布了"钦定中学课程"，将外国语（英语为主）定为中学的必修课程。但是，并没有统一的课程标准，因此各地、各校的外语课是较为混乱的。

1911 年，中华民国成立，但由于中国处于混乱的军阀战争期，无人关注外语教育。直到 1922 年，中华民国政府颁布"中学英语课程标准"，中国才正式有了统一的英语课程标准，英语也成为中学的一门重要课程，成为中国人都有机会学习的一门外国语。但是，由于当时国内条件的限制与外语人才的缺乏，国内除了上海等大城市外，中学英语开设的情况并不理想，中学英语教学质量更是良莠不齐。同时，除了上海、广州等大城市拥有由外国人举办的教会学校，各地罕见由中国人举办的外国语中学。

中华人民共和国成立之后，出于国家建设与对外交流的需要，上外、北外、西外、广外等外国语学院（大学）相继建立，旨在为国家培养外语外交人才。为了更好地实现这一目标，根据周恩来总理"多语种、高质量、一条龙"的指示精神，1963 年 7 月，教育部发布《关于开办外国语学校的通知》。通知中提到要"开办一些从小学三年级开始学习外国语的外国语学校"，"采用与普通中小学校相同的学制，即小学六年，初中和高中各三年"。通知还具体指出："1963 年秋季，除原有的北京外国语学院附属外国语学校和北京市外国语学校以外，决定在上海、南京、长春、广州、重庆、西安6市各新建一所外国语学校，共8校。1964年或1965年秋季，上海再增建一所外国语学校。建议湖北教育厅于1964年秋季在武汉新建一所外国语学校。两三年内共建10校。"

这些外国语学校（包括中学）有一个基本特点，均是各地外国语学院（大学）举办的附属学校，其主要任务就是为大学培养外国语人才。

改革开放后，特别是中国加入WTO后，外国语中学的发展呈现多元化态势。从办学的形式来看，主要表现为三类：一是国际学校，即以国际课程为主，国内课程为辅，为有意向出国的中国学生服务；二是所谓的"双语学校"，以国内课程为主，融合国际课程，大多数学生出国，少部分学生在国内继续学习；三是以国内课程为主，以多语种教育为外显，吸收国外的课程思想内容及其相关的文化，融合到整个教育过程中，培养有民族情怀、跨文化素养的未来中国人。第三类学校是目前国内主要的外国语中学形式，在这类学校中一部分延续了上面提到的中国第一批外国语中学的思想与传统，为大学培育外国语人才，即大部分学生将来是升入各类大学的外国语专业，成为未来国家的外国语人才，如上外附中、北外附中、广外附中等。更多的学校则是以外国语教育为特征，学校有浓厚的外国语教育文化，培育知晓外语的综合人才的中学。如武汉外国语学校、上海甘泉外国语中学、深圳外国语学校等。

近几年来，随着社会、经济、文化的快速发展，中国迅速进入世界强国之列，中华文化逐步进入世界主流文化之列。世界经济的全球化与"互联网+"时代的到来，促使各个民族文化的融合加速，人类真正开始进入全球化时代，中国也进入了深化改革开放的新时代。

2013年，习近平总书记站在历史的高度提出了"一带一路"合作倡议，高举和平发展的旗帜，积极发展与沿线国家的经济文化合作伙伴关系，共同打造政治互信、经济融合、文化包容的利益共同体、命运共同体和责任共同体。2015年9月28日联合国成立70周年之际，习近平总书记在第七十届联合国大会上发表讲话，前瞻性地提出了"构建人类命运共同体"的重大倡议。人类命运共同体理念体现了不同文化存在与动态互动的思想，不同文化彼此相互作用，具有相同的尊严，应得到相同的尊重，都应被视为人类的财富。

2019年2月，中共中央、国务院发布的《中国教育现代化2035》文件中也提到，中国教育要扎实推进"一带一路"教育行动，促进中外民心相通与文明交流互鉴。

教育部于2014年3月颁发了《教育部关于全面深化课程改革，落实立德树人根本任务的意见》，明确"将组织研究提出各学段学生发展核心素养体系，明确学生应具备的适应终身发展和社会发展需要的必备品格和关键能力，突出强调个人修养、社会关爱、家国情怀，更加注重自主发展、合作参与、创新实践"。这顺应了我国基础教育发展趋势，为培养具有中国核心素养、国际视野的新一代公民指明了方向。我们认为，不管是家国情怀国家认同，还是国际理解、沟通与合作，都是建立在文化理解的基础上。

这里就有一个国际理解力的问题。所谓国际理解力，是指让学生了解世界的基本问题、国际组织及其活动、各国文化及多元文化的共存、交流与合作等。国际理解力教育不仅是让学生了解和学习西方的文化知识，更重要的是，要让学生了解并理解各国具有不同的文化并因此而具有不同的思维方式及对事物的看法这样一个客观事实，从而具有较好的跨文化交际能力，能够在今后的国际交往中从容应对，游刃有余。同时，加强国际理解力教育，不仅让学生了解西方文化，更要让学生充分了解我们自己的民族文化，让学生认同、继承和发扬中华民族优秀的传统文化，培养他们的民族情感与国家责任感，同时又能对不同的文化包容并蓄，用文化的力量来丰富自己的情感，来强大自己的内心。时代发展呼唤有文化理解素养的跨文化交流人才。

第二节　现代外国语中学的内涵

近现代中国的外国语中学走过了三个阶段：第一个阶段是晚清、

民国时期，当初还没有专设的外国语中学，但有类似外国语中学的中学阶段外国语学习机构，专门为出国学习或为大学的外国语专业服务，其主要目标是培养学生掌握外国语的基本交流能力，为进一步的学习打下基础。第二个阶段是中华人民共和国成立后，为国家培育外语专门人才服务，为大学外语类专业输送有良好外语基础的优秀中学生。第三阶段是改革开放后，特别是中国加入 WTO 后，不仅是为大学培养外语基础好的外语人才，更重要的是为国家及人类培育具有跨文化素养的各类人才。

今天与未来一个阶段的外国语中学的存在价值就是为国家与人类培育具有跨文化素养的优秀人才，为国家发展培养具有"外语 + X"素养的综合性人才。也就是说，外国语中学的学生培养目标，不仅是外语素养（或曰跨文化素养），还有适合这个时代需要的、充分体现自身特长的专业素养。这样的人才，才能适应未来社会的需要。

1. 现代外国语中学与普通中学的区别

中学就是实施中等普通教育的学校，1526 年德国梅兰希顿创设的文科中学是近代中学的开端。在中国，1895 年，中西学堂所设立的二等学堂、1897 年南洋公学所设立的二等学堂即中院，均为中学性质。根据学制设立中学，始于 1902 年的壬寅学制。建国后，根据1951 年《国务院关于改革学制的决定》，中学学制 6 年，分为初高中两级，各为 3 年。现在，以上海为代表的部分省份基础教育实行 543 学制，即小学 5 年，初中 4 年，高中 3 年[1]。

所以，对于面向大众的普通中学来说，从教育的性质来讲，普通中学教育在整个学校教育体系中处于小学教育与大学教育的中间阶段，是承上启下的一段教育。中学教育是小学教育的继续和进入高等院校或转入其他中等学校的预备阶段；是暂时不能升学的初、高中学生准备就业的学习阶段。

中学教育的对象是年龄在 11、12 岁至 17、18 岁之间的青少年，

---

[1] 辞海 2227 页。

他们正处在生理、心理迅速发展和突变的转折时期，正经历着急剧获取知识和增长才干，以及世界观、人生观、价值观初步形成的关键年段。

从教育的内容与目标来说，普通中学教育是基础性教育，是指对青少年学生施以培养合格公民的全面素质教育，为他们未来做人和未来的发展奠定基础。其具体目标如下：其一，为中学生成长为合格的劳动者打好基础，即为高中生中准备走向社会的学生和初中生中打算升入职校的学生，打好就业和接受一定职业技术教育训练的基础；其二，为初、高中学生中准备进入高一级学校的学生打好继续学习的基础；其三，为个人的终身学习打好基础。

所以，普通中学教育是提高民族素质的基础教育。

从课程设置来看，普通中学教育为了实现上述的教育目标，实施的课程表现为基础性、全面性、分科与综合课程相结合。如：语文、数学、英语、物理、化学、政治（道德与法治）、历史（历史与社会）、体育、音乐、美术、信息技术等。

从教育目标来说，根据最新的国家课程标准，以学分记录每门学科的学习情况，最后确定是否毕业与学生的分流（继续上高一级学校学习还是直接参加社会生产工作）。

所以，普通中学有如下几个特点：其一，所有课程均为学生应该不分重点地全面掌握的课程，包括英语课程；其二，其教育目标是培养全面发展的社会主义事业的建设者与接班人；其三，是为未来学生发展培养基础性素养，如学会学习、学会生活、学会创造等。

那么，现代外国语中学呢？

在上面的论述中我们已经提到，当下中国的外国语中学主要有两类：其一是以培养学生出国留学为目的的外国语中学，这些学校既有中国本土的教育机构办的，也有外国教育机构与国内相关教育机构合作举办的；其二是以外语教育为载体，以培育具有跨文化素养的未来综合性人才为己任的外国语中学。

从教育目的出发，从育人的目标来看，第二类外国语中学才是真正的现代外国语中学。接下来的叙述中，本书所谈及的外国语中学或现代外国语中学，如果没有特指，就是指第二类。所以，现代外国语中学（特指面向中国公民，不以出国为目的的外国语中学）应该以培养具有跨文化素养的未来祖国综合性人才为目的。也就是说，现代外国语中学的重点除了让学生掌握外语的交流能力、理解包容语言背后的文化外，还要根植于中华文化之中，能够用外语传播中华文化，让世界理解并接受中华文化。同时，还要培养学生适合这个时代需要的、充分体现学生自身特长的综合素养。

当然，现代外国语中学还是基础教育的一部分，故与其他中学一样的地方就是要承担基础教育的任务，给予学生全面的基础课程的学习，从而让学生获得未来学校学习与社会生产生活所需要的全面的核心素养。

由此我们可以清楚地看到，当下外国语中学与一般中学的区别在于：除了培养学生具备中学阶段全面的核心素养外，现代外国语中学的学生在具备优秀的中华文化素养的基础上，所具有的外语语言素养与国际视野、跨文化素养更为突出。

当然，随着时代的发展，外国语语言使用能力更多地成为一种学习和交流的工具。为了让外国语中学的学生能适应 AI 时代的需要，还应培养、提升他们与自己智能特长相匹配的综合素养。

如果以此作为现代外国语中学的特征，那么，外国语中学的课程体系也有其明显的特征：除了普通中学开设的基础性课程外，学校要拥有可以提升学生跨文化素养的特色课程，以及发展与其智能特长相一致的综合类课程。

2. 现代外国语中学的内涵

在上一段，从与普通中学的对比研究中，我们提炼出了现代外国语中学的本质特征：以培育具有跨文化素养的未来综合性人才为己任。以下，我们将对现代外国语中学的内涵进行阐述。

（1）现代外国语中学具有鲜明的、独具外国语中学特征的办学目标与育人目标。

上海甘泉外国语中学是一所具有 50 多年外国语教育历史的外国

语中学，其育人目标是：培养有教养、有个性、有竞争力、有国际视野的现代公民。上海外国语大学附属外国语学校（上外附中），秉承"服务祖国发展、服务人类进步"的宗旨，弘扬"自强、至诚、志远"的校训，坚持"以学生发展为本、成人与成才并举"的理念，实施素质教育，致力"外语见长、文理并举、复合型、高层次、高素质"的国际型预备英才培养。广州外国语学校提出了为高等院校输送文理并重、综合素质高、外语能力和发展后劲强、具有全球意识和视野的复合型创新人才的培育目标。只有十年办学历史的上闵外，提出了培育"言有物而行有格，具有中华情怀、学术素养、跨文化能力的新时代公民"。我们可以发现，这类学校的办学思想与育人目标具有一个共同的特点，即以"培育具有跨文化素养（国际视野）的综合性人才"为己任。

（2）其课程设计有鲜明的外国语教育特色。

如南京外国语学校，拥有初中部、高中部、国际部90个班级在校生4150余人，开设英、法、德、日4个语种。上外附中开设英、德、法、日、俄、西6个语种的外语课程，实施小班化教学。在语言教学的课程设置和训练系统上，上外附中一贯注重知识和能力的转换、语言和文化的交融，并不断探索外语单语能力与多语能力的复合，进行"一主二辅"（主修并掌握一门外语，副修并旁通第二、第三外语）和"双外语主修"的实验。上海甘泉外国语中学开设了英、日、德、法、西为第一外语，韩、泰为第二外语。上闵外提出了"基于文化理解的外语教育"，外语课程不仅开设了英、德、法、西、日等5种语种，还形成了与之配套的大量外国文化设施与活动。由此可以看到，除了开好开足国家课程外，外国语中学已经形成了独特的外国语特色课程体系。

（3）形成了独特的外国语教育特色。

如上闵外提出了"基于文化理解的中学外语教育模式"。其主要内涵是：在外语教育过程中，让学生不再局限于对语言本身的掌握，而是进一步回到产生语言的土壤——文化中去，也就是让学生广泛接触、深入了解目标语国家的社会生活、宗教信仰、文学影视、民俗文化、历史与人物、自然与经济等方方面面，从而让学生立体地学习外语及其背后的文化，达到既掌握语言的交流功能，又了解、理解乃至包容外国文化，为使学生成为具有国际视野和民族情怀的未来公民打好坚实的基础。

上闵外充分发挥学校与上海外国语大学合作办学的资源优势，积极推进外语课堂教学改进，以"听说领先，大量阅读，注重语言运用，提升跨文化交际能力"为指导原则，改进外语课堂教学模式，"少讲多用"，提升外语课堂教学有效性；加强外语综合运用能力的培养，以"文化理解、文化包容"为目标，联动课堂教学与课外活动，提升学校外语教育教学内涵，让学生在有限的环境中，通过语言学习和语言实践活动，不但逐步掌握语言知识和技能，培养和提高语言综合运用能力，而且拓宽视野，汲取知识，发展个性和提高人文素养，为他们的终身学习和终身发展打下良好的基础。

学校开展基于文化理解的外语教育模式，让学生在深刻理解中华文化的基础上，在学习外国语言的同时，融入外语背后的文化，通过充分的交流，了解、理解语言背后的文化模式，让学生更好地掌握外语外在的交流功能及内在的文化意义，从而使他们今后能够游刃有余地穿梭于中外不同文化之间，成长为高素质的世界公民，并发展成为中外文化交流的优秀使者。

学生享有丰富多彩的外语活动及海外游学经历，通过参与活动亲身体验，从而能够学中用、用中学，外语学习和外语活动有效互动、互补、互相促进。通过多种形式、各类主题的外语活动，促进学生拓宽视野，了解西方国家文化，培养和提高学生的综合能力。

（4）形成外国语教育校园文化。

首先，有相关的外国语教育设施。如上海市甘泉外国语中学，其创设多语种口译测试、模拟联合国同声传译大会等项目，还建设了国际交流中心、读懂中国文化体验馆、创智学习中心、上海市多语种考试评价中心、"我的甘泉"学习体验中心等，为学生的多语学习提供多元的测评和实践平台。如上闵外，建设了外语小教室群、图书信息中心、中外艺术中心、西方文化中心、模拟联合国、演艺中心、

STEAM 中心、科创实验室、赛艇俱乐部等现代化外语教育体验设施设备。

其次，校园文化渗透跨文化元素。上海甘泉外国语中学（日语特色为主）建设有樱花长廊、日式茶室、国际交流中心等；上闵外建有"C-S广场"（C—孔子，S—苏格拉底），即中西文化交流广场，西方艺术文化中心等；上外附中的西方文化馆、校园设计等，处处让人感受到中西方文化的交融。

第三，显性的外语教育之外的隐形的外语教育文化。如上外附中培养学生具备海纳百川的文明气魄、知己知彼的知识底蕴、"和而不同"的文化态度、"一主二辅"的语言能力。他们在文化态度上"和而不同"，既了解外国文化，通晓国际规则，又热爱和珍惜中华文明，深切懂得并且忠诚维护中国作为一个独立的国家、中华文化作为独特的文明的最高利益。上闵外为了使外国语教育目标更进一步落实，提出了最好的语言学习是在学生日常的学习生活中，特别是来自与这种语言相关的学习生活。而要实现其培养目标，艺术、体育、科技等专项教育是最重要的教育载体。学校引进了美国 NDI 的舞向未来项目，由中外教共同执教的网球项目、STEAM 课程、赛艇项目等。几年过去了，这些项目已成为学生日常学习生活中不可或缺的内容，也发展成为学校的特色项目。

这些外国语中学还有一个特征：学校在国内外缔结了数以几十计的姊妹学校，并实现互访常态化。

第三节　现代外国语中学的价值与意义

首先，在信息化背景下，外语教育，特别是英语教育已经成为所有学校最重要的教育内容之一，也是中国中考、高考必考的三门基础工具课之一，也就是说，外语（英语）科目已成为所有中学的基础工具课。其次，国家对所有中学的英语教学有统一的标准，即每一所中学的英语课程标准是一样的。第三，随着现代科技的发展，具有不同语言文化背景的人之间的交流，已可以借助 ChatGPT 等人工智能工具完成。

在这样的背景下，外国语中学存在的价值与意义何在？

一、人类命运共同体背景下的外语教育

随着 21 世纪的到来，我们步入了一个高度信息化的纪元，与此同时，人工智能也逐渐融入了我们的日常生活中。在这个时代背景下，与工业化时代相比，人类通过互联网的互动变得更为频密，不同国家和民族间的心理距离和空间距离逐渐减小，文化上的差异也日益缩小；与此同时，各个国家间的经济联系变得愈加紧密，相互渗透，这种关系对我们的日常生活也产生了深远的影响。因此，随着全球经济的一体化和互联网的普及，世界已经步入一个全球化的时代，人与人、民族与民族之间相互依赖、相互融合。2015 年，习近平总书记在第七十届联合国大会上发表讲话，前瞻性地提出了"构建人类命运共同体"的重大倡议。

人类命运共同体思想根植于中华文明历经沧桑始终不变的"天下"情怀。从"以和为贵""协和万邦"的和平思想，到"己所不欲，勿施于人""四海之内皆兄弟"的处世之道，再到"计利当计天下利""穷则独善其身，达则兼济天下"的价值判断……与外界其他行为体命运与共的和谐理念，可以说是中华文化的重要基因，薪火相传，绵延不绝。新时期，中国人民致力于实现中华民族伟大复兴的中国梦，追求的不仅是中国人民的福祉，也是各国人民共同的福祉，关于命运共同体的传统理念得到进一步发扬光大。

同样，推动建设人类命运共同体，是今天的中国基于对世界大势的准确把握而贡献的"中国方案"。人类只有一个地球，各国共处一个世界。经济全球化让"地球村"越来越小，社会信息化让世界越来越平。不同国家和地区已是你中有我、我中有你，一荣俱荣、一损俱损。国家之间，只有义利兼顾才能义利兼得，只有义利平衡才能义利共赢。

人类命运共同体意识超越种族、文化、国家与意识形态的界限，为思考人类未来提供了全新的视角，为推动世界和平发展给出了一个理性可行的行动方案。

由此我们可以清晰地认识到，工业化时代各国（民族）之间的关系与今天这个时代各国（民族）之间的关系发生了巨大的变化，这种变化主要反映在：工业化时代各国（民族）之间的关系可以是通过交往发展各自的国家与民族；而今天，各国（民族）之间已进入一个命运共同体时代，一荣则俱荣，一损则俱损。所以，在工业化时代，外语教育的主要功能是让我们的学生掌握语言能力，然后就可以学习吸收世界先进技术；而在今天这个时代，外语教育的主要功能是在掌握语言交流功能的同时，把握语言背后的文化。这样，我们才能理解对方的文化，也才可能将我们的文化准确地与他人分享，从而实现理解。也就是说，今天外语教育的一个重要问题是文化理解。

另一方面，对于中学教育来说，我们的教育对象是十一二岁到十七八岁期间的青少年。从教育心理学角度来看，中学六年（上海七年）是人由少年向青年的转变阶段，其外在的行为方式、语言表达，内在的人生价值观、文化修养等均在这个阶段形成与成熟。其性格特征、意识意志、人际关系等心理因素主要是在这个阶段形成；其学习能力、习惯、基础知识结构等也是在这个阶段形成。正因如此，从社会学角度来说，中学阶段是培养社会主义事业建设者与接班人最核心的阶段，是一个人一生中最为关键的阶段。

由于中学教育的对象是12—18岁左右的青少年，他们开始以自己所认知的世界（文化）去看待这个世界。他们认为自己长大了，自己的事要由自己决定。也因此，这个阶段的学生是最具有叛逆性的人群。这除了心理问题外，更重要的是青少年对这个世界的认知问题，对自己的认识问题。这里，最重要的就是文化理解：对自己与外面世界的理解。

所以，今天中学教育的对象——中学生，也有一个文化理解的问题。

因此，今天的中学外语教育要高质量完成她的使命，其核心是文化理解；从另一个角度来说，没有文化理解，教育则很难顺利完成。同样，从哲学解释学角度来说，文化理解不仅是一个教育方法手段的问题，更是一个教育目的，即教育的一个重要目标就是培养具有文化理解特征的人。一个具有文化理解素养的人，才有可能理解、欣赏他人的成功，并包容、接受他人的缺点，成为一个受欢迎的人；一个具有文化理解素养的人，才有可能在根植自己文化的同时，理解欣赏其他民族优秀的文化，并成为一个具有跨文化素养的人；一个具有文化理解素养的人，才有可能更正确地理解主观意识与客观世界，对事物的认识才可能更接近真理，从而成为具有优质学术素养的人。

基于此，上闵外在十年前即提出，"今天的中学外语教育，应该是基于文化理解的中学外语教育"，即立足于一个更高远的世界视域来培养具有以上核心素养的中国公民，培养具有厚实的民族文化修养、国际视野和跨文化素养的新一代人才。

这样的教育思想指导下的外语教育在世界上已有很多探索。在国内尽管也进行了一些尝试，但由于缺乏深入的思考，其实践往往流于形式。

20世纪90年代起，受到加拿大沉浸式（Immersion）外语教学理论的影响，一批学校开始实施双语教学，目的就是希望学生更多进入外语的文化环境中去应用外语，从而真正把握外语并更深层次地理解外语。但限于大的社会环境、课程目标、教育教学目标、师资力量、考试导向等因素，从教学内容上看，这种探索更多成为学校的"面子工程"，所以，真正的效果并不是很好。从教学空间上来看，这种教学法在幼儿园以及小学低年级用得比较多，到了中学，更需要学生理解语言背后的文化时，这种外语教学法却逐步走向形式主义与功利主义。

与此同时，近30年来，国内很多学校开始直接引进外教与外国课程，直至进行中外合作办学，特别是在初高中阶段，试图在丰富学校课程内容的同时，从源头上解决外语教学问题。但在目前的中国，这种尝试更多的是实用主义，即为了学生出国留学服务，很少涉及对育人问题的思考。

前几年，国内教育界积极推进"国际理解教育"（Education for International Understanding）项目，努力增进不同文化背景、不同种族、不同宗教信仰和不同区域、国家、地区的人们之间相互了解和相互宽容。但在这个项目的推进过程中，学校和教师更多聚焦于部分文化知识和表层文化现象的传授，缺乏对文化差异的分析以及对多元文化理解力和跨文化交际能力的培养。同时，这个项目的教育目的更多直接着眼于对不同文化的理解，与外语学习的关系并不密切。

基于文化理解的中学外语教育，不仅应该提升学习者的语言技能，更应该培养他们具备良好的跨文化意识和跨文化沟通能力。也就是说，我们不仅要培养学生具备熟练的外语语言技能，还应该培养他们在深刻理解中华文化的基础上，洞悉外语背后的文化的能力。

这样的中学外语教育才能让更多的像林语堂、辜鸿铭这样博通中外文化的人才脱颖而出！

基于文化理解的外语教育成为这个时代的外语教育的一个选择。这样的外语教育是无法被 AI 替代的，也是我们人类未来生存的重要方式。

二、现代外国语中学的价值与意义

如今，外语教育正面临着新的机遇和挑战。随着人工智能技术的飞速发展，其语言文字处理和翻译能力得到了极大提升，许多文字处理及基本的翻译工作都可以由人工智能来完成，外语学习的重要性似乎已经大大降低，甚至有些人认为外语学习已经失去了其必要性。但是，从上文分析的人类学习外语的本质意义来看，外语学习的重要性并没有降低，相反，学习外语可以帮助我们更好地理解和运用人工智能技术，提高我们在全球化时代的竞争力。从诸多相关研究可知，ChatGPT 等人工智能大模型的使用可以使外语学习变得更加高效和个性化，但绝不可能取代外语学习对人类认知能力和社会交往、国际胜任力等能力发展的促进作用。

外国语教育在当代社会中扮演着至关重要的角色。随着全球化的不断发展，人与人之间的联系变得日益紧密，跨国交流日益频繁。在这样的背景下，掌握一门或多门外语已经成为适应社会发展的一种必须具备的基本能力。从个人发展层面来说，外国语教育可以帮助个人拓宽视野，增强文化理解和交流能力，从而更好地融入国际社会。随着全球化进程的加速推进，许多企业走向国际化，需要员工具备跨文化沟通能力。掌握外语的员工在国际商务谈判、市场拓展和跨国合作中具有明显优势，能够更好地服务于企业的国际化发展战略。

从国家发展层面来说，外国语教育也有助于促进文化多样性和跨文化交流，对于提升国家的国际传播能力、构建中国对外话语体系具有重要的作用。通过学习外语，人们不仅可以了解他国的语言，还可以更深入地了解他国的文化、历史和价值观。通过外语，我们也可以将中国的传统文化精神、价值观等更加准确、有效地传播出去，使外国人更容易理解并接受。这有助于打破文化壁垒，促进不同国家之间的相互理解与尊重，推动文明交流互鉴，为构建一个和谐世界注入新的动力。

因而，现代外国语中学在教育领域中仍然扮演着重要的角色，其价值和使命不仅体现在提高学生外语水平上，更在于培养能够适应多元文化并存、全球化发展的未来人才。而人工智能等科技手段的出现和飞速发展，对传统外语教育和外国语中学的发展提出了前所未有的新挑战。面对如此风云变幻的社会及科技发展，现代外国语中学应重新思考自己的目标和定位，对自身的办学理念、学生培养目标等作出新的诠释。

外国语中学和其他普通中学同样承担着一个基本的任务，即作为基础教育的一部分，外国语中学的学生也应当像其他中学的学生那样，全方位地学习所有国家规定的基础教育课程，从而培养出全面的学生发展核心素养。然而，普通中学的教育是面向整个中学生群体的，外语只是众多基础课程中的一门，只需按照国家的外语课程标准完成教学即可。而外国语中学本身具有外语教育特色，学校的学生大部分也是希望在外语素养方面得到更好的发展，因此在高质量完成国家其他课程的同时，外国语中学会利用国家赋予的学校课程权力，在外语教育方面给予倾斜，从而使其学生的跨文化素养优于普通中学。

我们认为，现代外国语中学应该培养具备以下特质和能力的人才：

1. 认同中华民族文化、具有文化自信

中学生正处于人生观、价值观形成的时期，因而中学阶段的外语教育更要注重母语文化认同感的培养。上海外国语大学张红玲教授指出，"对于学习者而言，外语学习另一个重要价值在于对自身文化身份认同可能产生的积极作用。语言学习本质上也是文化学习，是对另一种思维方式和生活方式的认知理解。在外语学习过程中，学习者自然会将其接触到的外国文化行为与自己本民族文化相对应的内容进行比较和反思，原来司空见惯、习以为常的价值观念、规范习俗被拿出来进行比较、审视。学习者会因此对自己的文化身份增强意识，从而对于'我是谁''他是谁'之类的问题更加清晰，对文化差异更具敏感性，视野也会更开阔，思考问题的角度更多维，在与他人相处和交流中，更加开放和包容。"[1]

相比于其他学校，外国语中学的外语教育通常不会仅停留在语言本身的学习上，而是更加注重引导学生了解语言背后的文化因素，有意识地对中外文化进行比较分析，从而培养学生的跨文化意识，增强母语文化自信。

2. 具有多语言能力

现代外国语中学首先应该培养学生的多语言能力，使他们能够流利地使用至少一门外语进行沟通。这种能力不仅包括熟练掌握听、说、读、写、译等语言的交际功能，还包括对该语言所承载的文化背景的理解和应用。

3. 具有跨文化交流能力

在全球化程度日益加深的今天，跨文化交流能力变得尤为重要。

---

[1] 张红玲:《跨文化外语教育新发展研究》, 北京: 清华大学出版社, 2022 年 12 月, 第 8 页。

现代外国语中学应该培养学生理解和尊重不同文化的意识和能力，使他们能够在多元文化的环境中进行有效的沟通和协作。

4. 具有国际视野、全球意识与社会责任感和领导力

现代外国语中学应该培养学生的国际视野，使得他们有更大的格局，能够站在更高的高度思考问题，理解国际事务和全球挑战。同时，学生应该具备社会责任感和全球意识，使他们意识到作为国际化人才在社会中的作用和责任，关注社会问题、全球问题，如气候变化、可持续发展等，并积极参与解决这些问题。同时，学校也应该通过各种课程和活动，如模拟联合国、国际志愿者等，培养学生的领导力和团队协作能力。

5. 具有专业技能和学术素养

在当前的大环境下，只具备外语特长的人才已经无法很好地适应社会的发展。现代外国语中学培养的应该是"外语＋X"的人才，即除了外语技能之外，学生还应该具有扎实的学术素养和广博的知识结构，并根据自己的特长、兴趣和未来职业规划，进行比较深入的（X能力）专业知识学习和能力培养。

简而言之，当前的现代外国语中学虽然保留了与旧有外国语中学相似的教育内涵，但在教育观念、课程内容和教学方法等方面都发生了显著的变革。现代外国语中学应该培养具有民族自信与家国情怀，具备多语言能力、跨文化交流能力、国际视野、创新思维、专业技能和学术素养、信息技术能力以及社会责任感的人才。这些人才将能够在多元文化并存、全球化的世界中发挥重要作用，促进文化交流和国际合作，为社会的发展作出贡献。

因此，在如今这个特殊的时代背景下，外国语中学不仅需要继续存在，还需要不断地发展和壮大。

第三章

现代外国语中学创建之基本架构

上一章阐述了现代外国语中学存在的必要性与基本特征，本章，我们将结合上闵外办学实际论述外国语中学创建的基本架构。

现代外国语中学有其独特的办学内涵，因此其基本创建结构也一定有着自身特点；同时，作为基础教育的组成部分，外国语中学在其办学过程中所遵循的教育规律与管理学原理，与普通学校应是一致的。所以，现代外国语中学的基本架构既有其独特性，也具有国内外中学的共同点。

第一节　现代外国语中学的办学思想及其形成

思想（thought）是指人们在脑中产生的对某事、某物的一种价值判断与思考。思想是客观存在的、反映在人的意识中经过思维活动而产生的结果，是人类一切行为的基础。学校的办学思想就是办学主体对所办的学校作出的价值判断（哲学思考），并提出学校发展与师生发展的目标等。

所以，学校发展的一个重要基础，就是必须形成明确的办学思想。作为外国语中学，其独特的办学方式更需要办学思想的引领。

一、关于学校办学思想的内涵

在《说文解字》中，"思"与"想"有如下解释："思"者，上为"田"，下为"心"，"心之田"；"想"者，上为"相"，下为"心"，"心之相"。思想如何，人对事物的判断就如何。所谓"仁者见仁，智者见智"；所谓"境由心造，相由心生"。伟大的法国哲学家勒内·笛卡尔（Rene Descartes）提出了著名的哲学命题——"我思故我在"。这个观点成为笛卡尔形而上学最基本的出发点。他认为，"我"必定是一个独立于肉体的、在思维的东西，人一定是一个思想者。法国著名思想家布莱士·帕斯卡（Blaise Pascal）在他著名的《思想录》里说：我们可以想象一个人没有手、没有脚、没有头（因为只是经验才教导我们说，头比脚更为必要）。然而，我们不能想象一个人没有思想，那就成了一块顽石或者一头牲畜了。所以，人因思想而伟大，人因思想而崇高。

从哲学角度来看人类的思想与行为，思想是上位概念，行为是下位概念。思想对人的行为有指导引领的作用，行为受思想的影响，故有"思想有多远，我就能走多远"一说；反之，人的行为对思想有反作用，可以对思想起到修正、完善的作用。

作为一所学校，学校人员的行为肯定受到一定思想的影响，学校也只有有了一定的思想，学校人员的行为才是有序的，学校的发展也才有可能是有效有序的。否则，学校人员的行为混乱无序，学校也无法对学生进行一定的有目的的教育，学校教育也必定是无序而低效的。

每一所优质的学校必定有自己独特的思想。这种思想反映的是学校师生对教育的思考与价值判断，也是校长（不是校长一个人，而是指办学团队）办学思想的体现，即要回答清楚两个问题：培养什么样的人？办什么样的学校？

由此，我们可以给学校办学思想下一个定义：学校办学思想是学校人员对学校教育做出的一种正确的价值判断与思考。

从普遍意义来说，学校办学思想源自三个方面：其一，源自对学校办学历史的反思与现状的分析；其二，源自对学校成员（主要是师生）的思考，因为师生是学校文化与精神最重要的承载体；其三，是站在哲学的高度，正确理解今天教育的发展方向与社会对人的要求，形成正确的教育价值观与思考。

如上海市西中学的办学思想是"好学力行"。这是首任校长赵传家博士根据市西中学的办学传统与学校教育的目的（读万卷书，行万里路）提出的，同样反映了赵博士对教育的哲学思考。这种思想今天仍然是市西中学发展的基本出发点，是市西中学教育的依据，是学生发展的方向。

二、外国语中学办学思想的来源与形成——以上闵外为例

下面，我们就以上闵外为例，来说明外国语中学的办学思想的形成过程。

上闵外于 2015 年 9 月 1 日由上海市闵行区人民政府与上海外国语大学联合创办。双方遵循外语学习的规律，实现外国语言学习的连续性，故在办学机制上借鉴上外附中的经验，上闵外由一所闵行区实验性示范性高中与一所民办初级中学组成。根据上海市闵行区教育发展的需要与外国语中学的特征，两所学校实施"一校两制"一体化完中管理模式。经过十年的发展，学校初、高中都已经成为上海市闵行区教育内涵与外延均名列前茅的、以外语教育为特色的优质中学。

学校开办之初，一边办学、一边根据学校特点与上海外国语大学的教育历史，首先明确了办学思想与理念，让学校发展有了方向，让师生发展有了愿景。

1. 确立了上闵外的校训

根据习近平总书记关于共建"一带一路"重要论述，参照上海外国语大学的校训"格高志远，学贯中外"，并结合上闵外学生的特点（大部分为学有所长的学生）及学校办学方向，将"明德笃志，学贯中外"定为上闵外校训。这八字校训不仅仅反映了今天学校的实际情况与学校的师生特点，也理顺了学校与上外的关系，同时体现了学校师生的教育与人生追求。

在这里，需要特别说明的是，尽管上闵外是一所以外国语教育为特色的重点中学，但学生首先要具有优秀的中华民族品质与情操。《大学》中有"大学之道，在于明德"，也就是说，学校教育最大的目的就是认同、践行和彰显中华美德。所以，学校提出明德，就是要求

师生员工以德为立人之本，爱党、爱国、爱民；友天、友地、友人；自强、自省、自悟；让每一位上闵外学生都具有中华情怀。笃志：专心一志，立志不变。《论语·子张》有："博学而笃志，切问而近思，仁在其中矣。"上闵外的学生不仅要有远大的志向，更要专心一志，立志不变，为自身的发展、家庭的幸福、民族的振兴、人类的进步孜孜不倦地学习，这样才能成长为一名能为民族与人类多作贡献的新一代社会主义事业的建设者与接班人。

"学贯中外"，主要体现了其视野在整个世界。这虽然对中学生来说有一定难度，但用此成语的用意更重要的是体现在：希望学生在学问上要有贯通中外知识与技能的意识，更要在思想、文化意识上融汇中外优秀的文化元素，树立起为民族振兴、人类进步而奋斗的价值理念。所以，"学贯中外"，强调的是上闵外学生应该具有基于民族优秀文化的外向型品质和国际视野，能成为言有物而行有格，具有深厚的中华情怀、良好的学术素养、卓越的跨文化素养的新时代公民。

2. 确定了学校的发展目标

上闵外应成为一所具有文化理解特征的、高品质的外国语教育特色中学。根据上海市教委的发展规划，学校又提出远景规划，上闵外高中争取创办成为上海市以外国语教育为特色的实验性示范性高中。按这个要求，上闵外初中要成为与高中相对应的高品质的、以外国语教育为特征的初级中学。

这里所说的外语特色不仅指外语语言文字特色，更重要的是这些语言文字背后的文化内涵。也就是说，上闵外的孩子不仅应该拥有能够熟练运用一门或两门外国语言的能力，更重要的是在深刻理解中华文化的基础上，了解、理解这些外国语言背后的他国文化；上闵外不仅是进行外国语教学的机构，更是传播不同优秀文化的场所，是不同文化交融的地方；上闵外也是具有不同文化元素的校园。另外，所谓外语特色，不是只有外国语教育特色，而是以外国语教育特色为主体，以艺术／体育、科技为两翼的特色学校，即我们所谓的"一体两翼"特色。

所谓的文化理解特征，即上一条所述的学校特色教育理念。上闵外的师生不仅通过文化理解发展自己，更要使自己成为一名具有文化理解素养的现代人。基于此，学校形成具有文化理解特征的学校文化。

上闵外追求的高品质教育内涵：教育思想是符合人的成长规律与时代社会需求的；老师是一群具有与学校教育思想相一致的现代教育理念与素养的老师，是一群富有理想、积极向上、具有理解孩子意识与能力的老师，他们的教育行为就是学生所希望的、欢迎的，并让学生健康幸福成长的教育行为；学生在这样的校园里能成为学业优秀、品行端庄，有独立思想、创新精神，具有国际视野、跨文化素养的一代优秀学子；校园环境不仅现代美丽，更在于其所表现出的校园文化能让人们在感受国际化、现代化、信息化的同时，感受到积极向上的文化氛围；学校的教育质量得到家长、社会、学生的高度认可。

上闵外初中教育与高中教育无缝衔接，有利于学生更好发展；上闵外初、高中的教育思想与方法既是一脉相承，又是根据学生的年龄特征展开的。

3. 明确学校育人目标

上闵外的学生应成为"言有物而行有格，具有中华情怀、学术素养、跨文化素养的新时代公民"。具体内涵可概括为：上闵外学子应成为具有 VAG（V—Virtues，优秀的品德操行；A—Academic Ability，高品质的学术素养；G—Globalization，厚实的跨文化素养）特质的现代中国学子。

这与上闵外的办学目标是一致的。"言有物，行有格"出自《礼记·缁衣》。原意的"言有物"，是告诫人们说话要有根据，不能信口胡说；"行有格"指的是人的行动应该做到内在道德和外在行为的统一。"言有物，行有格"，就是要求上闵外的学生既要学富五车，才高八斗，更要拥有中华民族的优秀品德，达到知行统一。

图 3-1　VAG 的内涵

上闵外提出培养民族情怀、学术素养、跨文化素养的新时代公民，是对"言有物，行有格"内涵的进一步具体化。就是要求学生首先是一个中国人，要有家国情怀；然后拥有扎实的知识技能，厚实的知识结构，创新的意识与能力；在今天这样的时代，还要有国际视野、理解他国文化的意识与能力以及勇于担当敢于创造的品质、自由的思想与科学的态度。这样的学生才是这个时代与民族所需要的未来人才。

4. 上闵外特有的教育理念：文化理解

为什么提出这样的教育理念？这是由上闵外的校训与培养目标决定的，是由这样一所学校与师生决定的，是由今天之中国发展目标所决定的，也是由这个时代的教育特征决定的。

信息化带来的经济全球化与互联网＋时代的到来，加速了各个民族文化的融合。"人类命运共同体"理念不仅提出"不同文化存在与动态互动"的思想，同时也指出"不同文化之间彼此相互作用，具有同等尊严，应受到相同的尊重，被视为人类共同的财富"，这里就存在文化理解。

根据美国"人类学之父"爱德华·泰勒对文化的定义：文化是一个复杂的总体，包括知识、信仰、艺术、道德、法律、风俗以及人类在社会中所有一切的能力与习惯，以及加拿大著名社会人类学家盖·瑞驰（Guy Rocher）提出的文化冰山模型（Iceberg Model of

Culture)[1],提出了人群的"文化模式"
与人个体的"文化图式"概念:一群
人(如一个国家、一个民族、一个单
位等)的文化特征是这群人的文化特
性的公共部分,形成了属于这群人的
文化模式,主要由这群人内在的共同

图 3-2 人群的文化模式

的情感、价值追求、道德信仰及其表面的语言文字、行为准则等构
成,如图 3-2 所示。

根据上述人类群体(如民族)的文化模式的内涵,基于康德的图
式概念与皮亚杰的认知图式理论提出人类个体的文化图式概念:人的
文化图式特指一个人在一定的社会文化背景下形成的个人的情感、价
值观、信仰以及与之相对应的语言、行为习惯等文化结构特征。由此
可见,由于不同的人是生活在不同的文化模式中,而且其文化经历不
同,因此不同的人的文化图式也是不同的。根据金·杨(Young Yun
Kim)的文化"适应理论",个体人就是在文化适应过程中不断改变
自己已有的文化图式,从而使自己得到发展。

由此我们认为,一个社会群体经历一段时间的社会活动后会形成
有自己特征的社会文化模式;一个个体在社会文化活动中会形成个体
的文化图式。一种社会的进步与一个个体的发展,其实是其文化模式
或图式的改变。而这种个体文化图式改变的过程,一定是个体的文化
图式在与其他个体的文化图式或社会的文化模式、知识结构图式及其
背后的文化模式等接触碰撞时,个体不断改变自己已有的文化图式结
构,以适应其他文化图式或文化模式,并形成新的个体文化图式的过
程。这个过程就是文化理解的过程。如图 3-3 所示。

我们对信息化前时代与当下信息化时代学生个体的文化图式、个
体的文化图式与社会文化模式(他人文化图式)的关系、本土文化与
异文化的关系、已有的知识图式与未知的知识图式等方面,进行了比
较研究并发现,这些关系发生了巨大的变化。如表 3-1 所示。

---

[1] Iceberg Model of Culture.〈http://www.doc88.com/p-283792894769.html〉

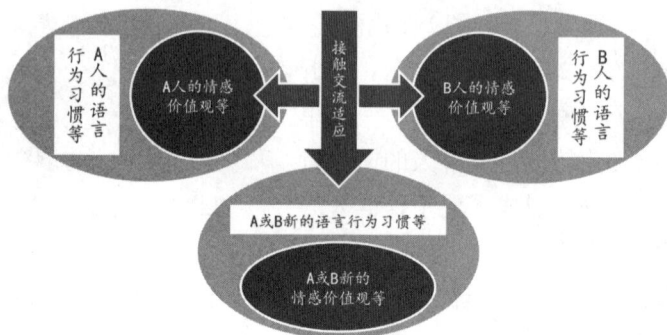

图 3-3　文化理解过程

表 3-1　信息化时代前后个体文化图式差异性的变化

变化的主要内容	信息化前时代	当下信息化时代	结果
每个人的文化图式	差异性小	差异性增大	人与人之间的理解难度增大
个人的文化图式与社会文化模式的关系	差异性小	差异性增大	学生与社会之间误解增大
本土文化与异文化	几乎无关联	接触无法避免	与异文化的冲突
学生与已有知识	今天的知识可为明天服务	学生与知识的时空差异	对已有知识的理解难度增加
人与未来	差异性小	差异巨大	学生对未来产生恐慌

　　由此，可以得出一个初步结论：由于信息化时代的到来，中学生个体的文化图式与其他人的文化图式、社会文化模式、未来社会等存在着巨大差异。因此，中学教育有效性的主要问题就是个体文化图式适应，即"文化理解"的过程。

　　不仅如此，上闵外是一所以外国语教育为特征的学校，这就意味着学生将在不同文化中穿梭。上闵外的教师 80% 以上来自全国各地乃至全世界（外教）；上闵外的学生来自全上海乃至全国各地不同文化背景的地方与家庭。要让学生成长为具有 VAG 特质的现代中国学子，教育的成功的一个主要条件就是教育主体间的文化理解。

为此，上闵外进行了为期 3 年的市级课题"基于文化理解的中学外语教育"的研究实践，还承担了上海市第四期名师名校长培育项目的攻关计划"基于文化理解的中学教育"研究实践。两项研究实践均取得了丰硕的成果，2019 年 11 月由上海交通大学出版社出版了专著《基于理解的学校教育》，2023 年 1 月由华东师范大学出版社出版了专著《基于文化理解的中学教育理论与实践策略》，《教育家》《现代教学》《闵行教育研究》《社会教育》《学习报》等杂志也以大篇幅刊登了上闵外的一些研究成果。

今天，文化理解已然成为学校的核心教育思想。

5. 确定三风、校标与校歌

在过去十年的教育实践过程中，学校逐步形成了独特而优秀的学校文化，而校风、学风、教风是这种学校文化的表现方式之一，是学校文化在学校追求、教师精神境界、学生品学等方面的具体呈现，因此，学校一直非常注重这三风的形成与提炼。如今上闵外已经形成优秀而稳定的校风、教风、学风，也赢得了师生、社会与家长的认可。面向未来，学校将以继承与发展的学术态度，结合学校、师生发展的需要，对校训与三风作如下表述。

校训 school motto：明德笃志，学贯中外

校风 school spirit：志远自强，卓然自立

教风 teaching spirit：如箎如埙，师咏生唱

学风 learning spirit：好学力行，博学善思

校训在上面已作阐述，这里不再赘述。

校风反映了一所学校的追求，也是学校全体师生员工的精神所在。上闵外虽然是一所全新的学校，但志存高远，希望成为一所百年名校，成为祖国优秀人才成长的摇篮。要成就这样的志向，学校需要更多社会力量的支撑，但最重要、最根本的力量是全体师生员工自己的努力！只有始终不忘初心、坚持信仰与理想，坚忍不拔，自强不息，才有可能实现目标。同时，作为一所外国语中学，要有领世界之先的担当，因此更要有自己独立的思想，为实现共同的理想与目标而

奋斗。因此，上闵外的校风定为"志远自强，卓然自立"。

教风是教师这个群体的价值追求与教育行为方式的反映，也是教师精神世界的反映。与所有的教师一样，上闵外的教师们希望"得天下英才而教之"，更愿意用全部的爱与智慧引导学生走向辉煌人生的彼岸！同时，教师们不固步自封，希望他们的学生会超越老师，老师也会超越自己的过去，与学生共成长。与此同时，作为外国语中学，要与世界教育的发展同步。教育过程应该是师生和谐合作，如篪如埙，相互提升，共同发展；在学校教育过程中，倡导学生是学习的主要发起者与具体操作者，教师是这个过程的指导者与帮助者。这就是教风"如篪如埙，师咏生唱"的内涵。

上闵外有一群优秀且有理想的学生，希望他们在上闵外学习期间能够形成非常优秀的学习、研究、生活品质，为他们的一生，也为祖国的未来发展打好基础。上闵外的学生要有一颗好学的心，这是未来成就事业的基础；但面对着今天这样一个知识爆炸的时代，上闵外的学生除了掌握基础知识、获得渊博的知识结构之外，更重要的是"学会学习"，要对这个世界保持好奇心，学会思考，学会探索，成为一名有思想的未来人才；此外，更要通过"力行"获得他未来生活、工作与改造世界的核心素养。因此，我们提出"好学力行，博学善思"的学风。

校标：上闵外吸收了上海外国语大学校标的核心思想，以展开的书本及茁壮的橄榄枝为主体构型，书本象征对学问与真理的求索，期望学生有较高的学术素养与创新素养，橄榄枝象征对世界和平、友谊和不同文化交融的向往与追求，期望学生不仅具有民族情怀，而且是有跨文化交流能力的一代新人。两者衬托并环绕着代表学校的三个文字元素，依次为中文校名简称（上闵外）、英文校名缩写（SMFMS）和建校时间（2015年），代表上闵外对美好未来的一种精神追求，也是中西方文化在这里的融合。

图3-4　上闵外校标

校歌：

胸怀祖国，放眼穹苍[1]

（一）

秋高云淡[2]，吴淞水长；卓尔闵外，肇基华翔。

前湾虹桥腾银燕，红墙黛瓦戏蟠龙[3]。

明德树宏志，学富润中外；

志远自强报中华，卓然自立闯四方。[4]

（二）

卓尔闵外，理解文明；[5]如篪如埙，师咏生唱。[6]

博学善思路正远，好学力行途未央。[7]

心中有华夏，放眼望穹苍。[8]

卓尔闵外摩云笔，挥洒成骚赋华章[9]。

（重唱）心中有华夏，放眼望穹苍。

卓尔闵外摩云笔，挥洒成骚赋华章[10]。

---

[1] 歌词由吴金瑜校长主创，并广泛吸收了曾绍辉、王林、王德高、顾蕰华等老师与专家的智慧。同时，学校希望校歌得到我们全体师生的不断完善，成为一首经典校歌，反映我们上闵外人"胸怀祖国，放眼穹苍"的远大志向。

[2] 秋高云淡，说明上闵外建立于秋天，且志向远大，有鲲鹏之志。

[3] 吴淞即学校北面的吴淞江；蟠龙即学校东旁的蟠龙港；前湾与虹桥是学校所在地方；华翔是学校边上的华翔路。这里的"腾"与"戏"，反映了上闵外人的豪情与智慧。

[4] 明德笃志、学贯中外为校训；志远自强，卓然自立为校风。

[5] 学校的核心教育思想为"文化理解"，为了韵脚，这里用"理解文明"替代。

[6] 篪与埙均为古代的乐器。这两句既反映了我校和谐的师生关系，也彰显了上闵外教育是以学生为教育主体、教师为学生导师的教育理想。

[7] "博学善思，好学力行"是上闵外的学风。未央，无边无际，反映师生与上闵外前程远大。

[8] 这一联表达了上闵外学子将成为一群具有民族情怀、跨文化素养的未来人类的栋梁之才。

[9] 这一联反映了卓越的上闵外的远大胸怀与追求，也描写了优秀的上闵外学子将要用渊博的核心知识素养与远大的理想书写人生与人类美好未来！

[10] 反复咏唱"卓尔闵外"，反映了师生对母校的一份爱与深情，也是对母校的一份期盼。

图 3-5　上闵外校歌

第二节　现代外国语中学的管理特性

现代外国语中学的管理既与其他基础教育学校有相同的地方，也有其独特之处。在创办上闵外的过程中，除了一些基础的管理制度与方法外，更注重学校愿景的引领与团队的建设，也就是更注重校长（是指校长团队）领导力的形成。这是由外国语学校多元的教育思想、课程、教育方式等引发的，是现代外国语中学管理的重要特征，也是学校实现治理的标志之一。

所以，我们首先以上闵外为例，说明如何实现校长的领导力。

一、外国语中学校长的角色

首先要说明的是，从现代管理学角度来看，本文的"校长"不是指校长个体，而是指以校长为核心的整个学校领导团队。

　　面对多元的外国语中学与具有多元思想的外国语中学教师，现代外国语中学校长不仅是一位教育者、管理者，更应该是一位领导者，领导学校的师生，达成自己与师生的领导力的实现（即生命意义的实现）。

　　领导，作为动词的意义是：率领并引导朝一定方向前进。作为动词时，在英语里为 lead，意义是为某人带路、指引、引导、影响，率领并引导朝一定的方向前进；作为名词时的 leader，意为领袖、领先者、向导、引导者、领导者。在中文中，"领导"通常意味着将某人视为领导者，但在英语里，"领导"更多是指通过个人的努力来获得领导的地位。

　　在管理学领域里，领导与领导力研究已经成为现代管理学研究最重要的内容之一。

　　美国学者彼得·诺思豪斯（P. G. Northhouse）的领导观点是：领导是个体通过各种行为影响组织群体或组织成员实现共同目标的过程。美国领导力研究学者罗斯特认为：领导是领导者与追随者之间为实现变革这一共同的目标而形成的一种多维的影响关系。另一领导力研究专家加里·尤克尔（Gari Yukl）在《理解领导学》一书中明确提出，领导者是通过"吸引人的愿景"，引发"追随者的努力"，并通过专业"训练与教导"，提高"追随者技能"来实现领导者的目标。

　　对于领导力，美国著名的领导力研究专家约翰·马克斯韦尔（John C. Maxwell）认为：领导力即影响力。《领导力》一书的作者库译斯·波斯纳也认为领导力是一种影响力，每个人身上都具有潜在和现实的领导力，因此领导力本质上是一种改变的能力。

　　领导力不仅仅使领导者对他人产生影响力，还要在影响他们后，让他们能追随领导者去实现他们共同的目标。一个人的领导力不仅影响其他人的思维方式与行为习惯，乃至其思想价值观，反过来，他人的改变又影响到本人的思想与未来的行为。从本质上来讲，领导力是改变他人与自己的能力，是领导者对他人施加影响并赢得大批追随者的能力。

　　外国语中学的教育方式更强调作为教育主体的教师与学生通过交

流、活动等让师生的主体性与主体间性得到合理发挥，从而筹划并实现师生的生命意义。在这样的教育过程中，教师从知识和精神的权威神坛上走了下来，而校长作为领导者，其重要使命便是领导学校师生实现生命的意义，包括校长自己的生命意义。

从管理学理论的发展来看，现代校长，尤其是外国语中学的校长，更应该作为一个领导者而非传统的"管理者"出现。

随着时代的发展，特别是人性的觉醒，管理越来越重视人本身的作用和其潜能的挖掘，人际关系—行为主义管理理论应运而生。人际关系理论的提出者，美国学者梅奥（Elcon Mnyo）等人认为：①人是"社会人"，不仅追求经济，更渴望友谊、尊重，有安全感和归属感；②单位中还应有非正式的组织（由共同的社会感情维系）存在；③领导人的领导能力在于使正式组织的经济需要同非正式组织的社会需求之间保持平衡。梅奥等人将管理的重心转移到对人的关怀与以人为中心的组织引领。以马斯洛为首的一批行为主义理论家提出了行为科学理论的主要论点：①激励问题（人的需求理论：生理需求、安全需求、社会交往需要、尊重需要和自我实现的需要）；②领导问题，实行民主领导；③组织气候（组织文化），由组织行为构成的心理环境；④组织变革，新知尽快进入。在这里，管理跳出了原有的范畴，完全以人及其行为为重心来展开。人际关系—行为主义管理理论诞生，便立即得到整个社会的认同。在人们的内心深处，"人"永远是第一位的，管理说到底是人对人的管理。管理的出发点和归结点都应是让人得到发展。在人本管理理论框架下，校长是领导者。

今天，人类社会已跨入了更尊重人的作用的信息化时代，面对多元化的挑战，教育不可能有现成的答案。时代赋予校长的角色是领导者，既要发挥校长自身的领导力，也要带领教师发挥其自身的领导力！

在上文对领导与领导力的论述中，校长是领导，其领导力的体现不仅能对他人施加影响，更重要的是赢得大批追随者的能力。同时，根据罗斯特的观点，领导不是传统的高高在上的 leader，而应该是领导者与追随者之间为实现变革这一共同的目标而形成的一种多维的影响关系。据此，校长要在先进教育思想的指导下，根据学校实情，领导教师发挥他们的智慧，形成学校共同的教育愿景（这种愿景会随着教育与时代的发展而发展），并在这个愿景的实现过程中，让教师成才，让学生成才，让每位师生形成自己的领导力，从而让学校成为师生的精神家园。教师在学校愿景的形成与实现的过程中，不应该是被动的接受者，而应该是主动的创造者与实施者，将自己的教育理想主动纳入学校愿景中去。同时，在这样的过程中，教师领导学生在学校幸福地学习与生活，并由此而影响学生未来的幸福生活和学习。同理，学生在学校应该不仅仅接受教师的意见学习生活，更要主动去学习与创造校园生活，并影响学校的发展与教师的教育，从而实现师生的生命意义。从这个意义上讲，教师与学生在学校发展过程中，也有领导与领导力的问题。

二、校长领导力的实现

同样要说明的是，这里的校长领导力不是指校长个体的领导力，而是以校长为核心的学校行政团队的领导力。

首先来看看美国大部分州校长的主要标准：

①通过促使全校师生形成完善的学习愿景，引领全校师生分享并支持各自的愿景，促进每个学生的成功。②通过提倡、培育和维护对学生和教师专业发展有益的学校文化和教学方案，促进每个学生的成功。③通过组织运作和资源管理建立一个安全有效的学习环境，从而促进每个学生的成功。④通过加强与家庭和社区成员的合作、回应不同群体的利益和需求，动员社会资源，促进每个学生成功。⑤通过诚实的、公正的和道德的行为促进每个学生的成功。⑥通过理解，回应并影响更大的政治、社会、经济、法律和文化背景来促进每个学生的成功。

这段美国校长标准的描述让我们看到，美国的校长标准也渗透着"校长是领导"的理念，并且对如何实现校长这种角色做出了描述。当然，我们从这个标准中看到美国教育的核心就是学生发展，忽视了教师这个角色。

我们再来看看我国基础教育校长的专业标准。

表 3-2　2016 年版中国校长的专业标准

专业职责	专业理解与认识	专业知识与方法	专业能力与行为
规划学校发展	定位、核心理念、战略规划	技术、教育法规、发展趋势	诊断、组织、落实、完善
营造育人文化	德育为首、文化、心理规律	文理相通、理论、德育规律	校园文化、网络、学生自主
领导课程教学	教育质量、规律、教育改革	课程标准、课程、教育技术	三级课程、课程计划、听课评价
引领教师发展	认识、学校主阵地、发展规律	教师素养、理论方法、组织激励	组织机制、计划落实、奖励机制
优化内部管理	依法治校、理论方法、民主科学	把握政策、理论方法、相关知识	班子建设、民主制度规范、平安
调适外部环境	社会责任、对外合作、三位一体	理论方法、获得信息、熟悉社会	优化环境、家委会、三位一体

从表 3-2 我们可以看到，校长专业标准的六大内容，除了第六条"调适外部环境"反映校长领导力弱一些以外，其他五条反映的核心全部是有关校长领导力的内容。

根据我们的教育实践研究及理解教育理论，要实现校长的领导力，需要在学校里引领广大师生形成全新的教育愿景，并在这种愿景的召唤下，校长引领师生通过学习、研究、反思，改变我们已有的教育生活习惯，形成理解教育倡导的教育行为方式，从而使教师和学生的生命意义得以实现。

下面，以上闵外为例，说明校长领导力的实现。

（一）形成全员共享的学校愿景

1. 什么是学校愿景

愿景，可分为个人愿景与组织愿景。对个人来说，愿景就是个人在脑海里所持有的意象或景象。对于一个组织来说，愿景必须是共同的，共同的愿景就是组织成员所共同持有的意象或景象，学校愿景当然是学校全体师生员工的组织愿景，特别是全校教师的组织愿景。

彼得·圣吉博士在《第五次修炼》中精彩地分析了一个人对工作的三种态度的区别："遵从是没有共同愿景组织中的员工对上级组织只是被动遵从"，即你说什么，员工做什么；"投入是一种选择成为某个事物一部分的过程"，即员工为实现组织与自身的价值，自愿选择成为组织的一分子；"奉献是一种境界，不仅是投入，而且心中觉得必须为愿景的实现负完全责任。"从中可以看出，共同愿景的形成不仅仅是学校有了一种全体教师共识的教育愿景，更重要的是让学校的员工自觉地投入而非被动地遵从，并奉献于学校教育变革中。

2. 共同愿景建立的途径

共同愿景的建立一般有三种途径，即集成式、凝练式、影响式。集成式是指志同道合的人组成一个集体，进而实现共同愿景的构建；凝练式是把大家心灵深处的共同意象挖掘出来，并进行凝练，进一步构建共同愿景；影响式主要是从个人愿景的影响来建立共同愿景。无论哪一种途径，建立共同愿景不能靠命令和规定，只能靠周而复始的沟通和分享。在学校愿景形成的过程中，三种途径综合起作用。

让新的理念成为全员共享的愿景，其达成路径必然既是影响式的，也是凝练式的。教师们怀着对教育权威的敬仰和对校长的信赖，以及从教育实践中总结出的新教育的成功案例，会相信新教育理论。因此，其形成是影响式的。此外，学校共同愿景的实现也必然是凝练式的，只有让新思想进入教师的教育实践中，让教师在教育实践中反思教育行为，吸收新教育思想，从而提炼出与学校共同愿景一致的属于教师自己的全新教育理念与行为方式，才可能真正形成学校的共同愿景。有了这样的基础，学校的同行才可能是志同道合的，这样的集体也才可能是积极向上的。

在文字表述上，学校的共同愿景可以通过这三种方式形成，但在实际操作过程中，建立与新课程思想一致的学校愿景绝不是一蹴而就的事，也不是靠命令、靠规定能成就的，而要靠周而复始的相互沟通、反思、分享、总结而成，需要漫长而细致的工作。

下面，以上闵外为例来说明学校愿景的形成。

上闵外是上海外国语大学与闵行区人民政府合作创办的一所以外国语教育为特色的实验性示范性学校，她也吸收了一大批喜欢外国语学习的优秀学生，他们希望通过外国语中学的学习生活，获得跨文化修养。

我们根据上海外国语大学的校训"格高志远，学贯中外"，结合上闵外学生的特点及学校办学方向，根据习近平总书记"人类命运共同体"思想，将"明德笃志，学贯中外"定为上闵外校训。

我们根据上闵外的办学出发点与学校教育思想，明确了办学目标：一所具有文化理解特征的、高品质的外国语教育特色中学。

我们从学校的办学目标出发，根据当下国内外的教育方向、学生发展的需求等，提出了上闵外的学生要成为"言有物而行有格，具有中华情怀、学术素养、跨文化素养的新时代公民"。

我们根据习近平总书记"构建人类命运共同体"的思想，依据教育学、心理学、文化概念等，同时，基于上闵外的办学目标与培养目标，提出了文化图式及文化模式等概念，在这样的背景下，与学校老师们一起，明确提出了文化理解思想。也就是说，由于信息化时代的到来，中学生个体的文化图式与其他人的文化图式、社会文化模式、未来社会等存在着巨大差异，故外国语学校教育的有效性的主要问题是个体文化图式适应，即是文化理解的过程。

不仅如此，上闵外是一所以外国语教育为特征的学校，这就意味着我们的学生将在不同文化中穿梭；上闵外的教师80%以上来自全国各地乃至全世界；我们的学生来自全上海乃至全国各地不同文化背景的地方与家庭。要让学生成长为具有VAG特质的现代中国学子，教育的成功的一个主要条件是教育主体间的文化理解。

为此，我们进行了为期3年的市级课题《基于文化理解的中学外语教育研究》的研究实践；同时，我们还承担着上海市第四期名师名校长培育项目的攻关计划"基于文化理解的中学教育"研究实践（文化理解的具体内涵大家可参考学校有关的研究成果），从而让上闵外教师达成了共识。

通过全校师生的半年征集与讨论，最后形成我们学校师生追求的校歌"胸怀祖国，放眼穹苍"。

（二）引领师生与组织在教育实践中不断成功

我很认同《一封辞职信——成就组织和个人发展的第六项修炼》一书中提出的一个观点，即现代社会需要"成就型组织"，只有组织的不断成功与同事的不断成功才能成就一个成功的个体，才能真正实现领导力。所以，校长的一项重要任务就是确保师生和组织在教育过程中获得成功。

人际关系管理理论认为，人是"社会人，不仅追求经济，更希望友谊、尊重、有安全感和归属"。在一所学校中，不仅有课程教学部、教研组等正式组织存在，还有由人与人之间感情等维系的非正式组织存在。行为科学主义管理的代表马斯洛的人的五个层次需求理论，更是非常深刻地说明了教师最高层次的需求是发展的需求。所以，校长应努力使学校师生成功，让师生对学校有归属感，从而不仅使正式组织健康发展为成就型组织，而且使非正式组织也走向成就型组织，从而使全校走向成功。面对新的课程改革与学校倡导的《基于文化理解的中学教育》，教师在教育理念与行为上都与之有差距，所以，在这场教育变革中，作为校长，更要注重师生在各方面的成功，特别是通过教育实践取得成功。这不仅满足师生的发展需求，更重要的是让师生对新课程改革与理解教育充满信心与期望。

师生在学校能感受到自己的成功一定是在教育实践过程中。

以上闵外为例。为了实现办学思想，推进学校教育改革，学校建立起学习型组织，进行学习化管理。

学校于 2015 年建立，同步设计了一个学校核心课题《基于文化理解的中学外语教育的实践与研究》，这个课题被批准为上海市市级课题。在实行课题研究的过程中，这种教育思想延伸到学校教育的全过程，即每位教师均在实践"文化理解"思想，并形成了《基于文化理解的中学教育的策略方法研究》课题，成为上海市第四期名校长名师培养项目的攻关课题。这样的研究总课题下设立了10多个子课题，各教研组形成与之配套的课题研究，保证每位教师都参与文化理解的实践研究。在"基于文化理解的中学教育"的研究、学习、实践中，教师们不断反思自己的教育方式，发现问题，解决问题，形成了"实践—研究反思—再实践"这样的研究实践模式。教师们在相互交流、合作中开发了20多种具体的具有科学性、针对性的理解教育策略，形成了100多篇研究论文，有20多篇发表在各级正式刊物上；向各界开了几十节"基于文化理解的中学教育"研究课；积累了大量成功的教育个案。学校形成了"基于文化理解的中学教育"的基本话语系统和基本运行方式，逐步形成了"基于文化理解的学校文化"。

"基于文化理解的中学教育"实践，使上闵外的教师发生了质的变化。上闵外教师超越了传统的教育观，懂得了"文化理解"的实质之一就是要体谅、尊重每一名学生，平等地对待、欣赏所有的学生，诚心诚意地去帮助他们、鼓励他们、感化他们，让每一名学生在上闵外健康地成长。同时，教师也理解了"文化理解"的实质之二：教育的成功必须是彼此的接触融合，相互适应，才能完成教育，才能有效促进学生的成长。

在这样的教育过程中，上闵外得到快速发展：学校在第一时间被评为上海市文明单位、上海市花园单位、全国艺术教育先进单位、上海市中学生行为规范示范学校、艺术教育特色学校、科技教育特色学校、全国外国语学校工作研究会会员学校等。一大批教师在上海市及全国各类教育教学比赛中获奖，一大批学生从上闵外走出，走进国内外名校。学校整体教育质量迅速走进区域的前三位，并迅速成为上海市有一定影响的优质外国语中学。

从表象看内涵，有人认为，上闵外教师身上体现的最大特点是"爱与责任"。在上闵外，你经常可以听到老师们如是说："为师不忘童年梦，常与学生心比心""对学生百分之一百地负责""理解学生，教在心灵""教育就是爱，就是责任"等。

下面讲一则"陈文涛与他的陪育"来说明这种现象。

4年前的9月，在每天早上6点半的学生早锻炼队伍中，总能看到年轻的高一年级组长陈文涛老师。他带着他的班主任团队陪着学生跑步。我对他说，文涛，你的孩子刚刚出生，要多陪陪孩子与坐月子的太太，所以，可以轮流值班，不必人人天天如此。他告诉我：他们的学生来自闵行区50多所初中，他们远离父母，他们的学习、生活等习惯各异，陪他们一个月，让他们感受爱，形成良好的学习生活习惯后，再放手。

"陪育"就从我脑子里跳了出来！成为学生成长的伙伴，成为学生成长的指导者，在学生成长的过程中给予爱！这不就是最好的教育家精神的诠释吗？这不就是最好的"基于文化理解的中学教育"吗？

上闵外的教育由培育到"陪育"，能更好促进学生"3Q"（SQ—安全感商数；IQ—智力商数；EQ—情绪商数）同步发展。

我们在上闵外推广基于文化理解的"陪育"。

这种陪育是方法，其实更是一种精神。她成就了一支奉献于教育的优秀教师队伍！成就了一群得以充分发展的优秀上闵外学子，也成就了今天这所上闵外。

在师生的成功中，校长的领导力得以实现。

（三）让学校成为师生的精神家园

精神是人类独有的一种属性。对一个人来说，精神主要有三个层面的表现：其一是人的心理和情感，这是人的精神存在的基础；其二是人的道德和意识，这是人与人交往过程中发展起来的高级心理状态（1997年，联合国教科文组织认为，教育就是人与人之间的一种交流活动）；其三是人的信念水平和审美意识。但不同的人，由于经历不同，精神也不同。更大的不同是不同的群体具有不同的群体精神。如中国古代的三个主流群体精神：一是孔子倡导的仁爱精神及孔子本人的儒者胸怀；二是老子主张的静虚淡泊、返璞归真的人生精神；三是孟子提倡的乐以天下、忧以天下的救国情怀。在近代，中国共产党人倡导的毫不利己、专门利人、全心全意为人民服务的精神同样成为一个时代中国人的精神。有人曾问，世界四大文明中，为什么唯有中华文明绵延五千年不间断？是中华精神维系着这种文明的发展与延续。毛主席说："人类的精神对于人类文明的发展或某个人的发展是极其重要的，或者说人是要一点精神的！"精神是教育不可或缺的重要部分。

从上面的论述我们可以看到，一个人的精神就说明了一个人的特征与素养，从这个角度来说，一群人的精神就反映出一个组织的特征与面貌。所以，当一所学校在长期的教育过程中形成一种学校精神时，学校就成为教师与学生的精神家园。在上闵外，广大师生在学习、生活、体验过程中，提炼出了"理解与责任"的上闵外精神。这种精神是上闵外人在现代教育环境中自我建构出来的，是广大上闵外人生活、学习、交往的写照。从其内涵来看，"理解"本身就彰显着时代的自由精神，"仁爱"是中国几千年民族精神的写照，而"责任"恰恰是我们这个时代需要的集体主义思想的体现。在此基础上，上闵外人清楚提出"让上闵外成长为一所充满理解与爱、充满生命活力的学习型大家庭"。这种办学思想更多反映的是一种教育精神的实现。

教育本质上是人的一项文化与精神活动，教育是离不开精神的！当学校精神是全校师生内心精神世界的反映时，学校就必然成为全校师生的精神家园。

综上所述，在理解教育中，校长不仅仅是一位思想者、教育实践的引领者、师生的同行者，更重要的是领导者。

第三节　现代外国语中学相应管理机构的设立与硬件设施的基本组成

一所现代外国语中学的发展，学校要实现治理，最重要的就是通过校长与师生领导力的实现，从而带来学校、教师与学生的共同发展。当然，学校管理是学校治理的重要内涵，也是学校实现治理的基础。所以，在学校实现治理过程中，还需要基础性的日常管理，保证学校有序运行，承担这些管理的任务落到相应的管理部门。同样，为了实现外国语中学的办学目标，以利于学生更好成长，还需要与之对应的学校教育硬件设施。本节，作者将围绕这两个问题展开。

一、现代外国语中学相应管理机构的设置

现代外国语中学作为中国基础教育的一部分，因其外国语教育的不同特点，即使是相同的机构，其工作内容也不尽相同，同时也有不同于他校的机构设置。下面，就这两个方面进行阐述。

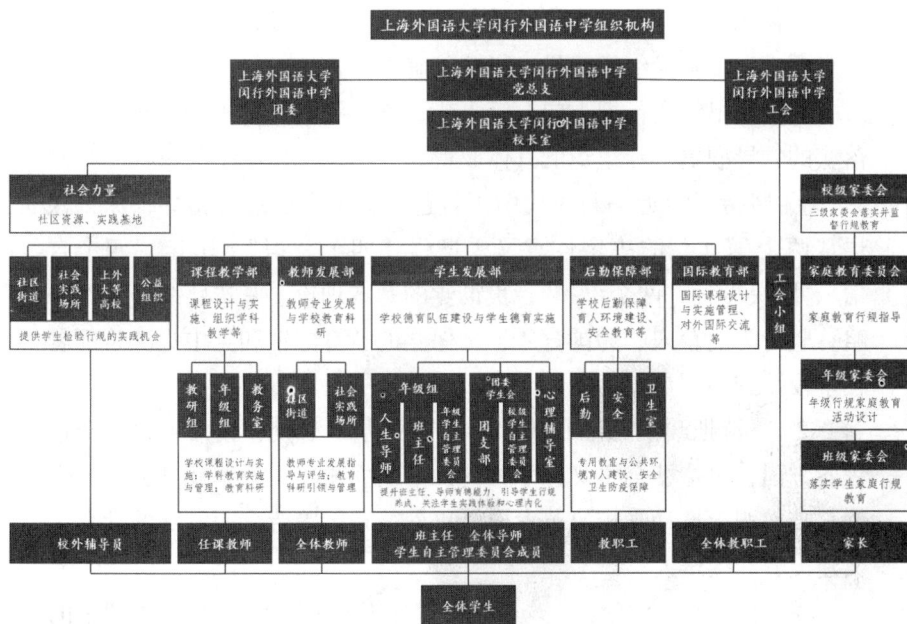

图 3-6　上闵外的组织机构图

学校是教育单位，因此必须按照教育规律办事；同时，为了提高

办事效率与保证学校的正常运行，学校的管理又必须服从基本管理原理。所有的中国学校都在同一种中华文化的影响下、在中国共产党的领导下运行，因此必定是由一些相类似的管理机构在运行学校；但外国语中学由于自身的特点，在相似的机构会有不同的管理内涵，同时也会存在不同的管理机构。

1. 党组织机构的设置

作为中国的现代外国语中学，作为"为党育人，为国育才"的基础教育机构，党组织的设置就是要保证党的教育方针的实施与育人目标的落实。同时，根据国情，学校实行的是党组织领导的校长负责制，完善党组织的组织机构与具体工作，是现代中国外国语中学健康发展的重要保证。

现代外国语中学的党组织全面领导学校工作，充分发挥党组织政治核心作用、战斗堡垒作用、监督保障作用。学校认真落实全面从严治党要求，加强党组织建设，保障正确办校方向。

学校党组织履行把方向、管大局、作决策、抓班子、带队伍、保落实的领导职责。党组织的具体职责为：

① 坚持以习近平新时代中国特色社会主义思想为指导，深刻领悟"两个确立"的决定性意义，增强"四个意识"、坚定"四个自信"、坚决做到"两个维护"，贯彻党的基本理论、基本路线、基本方略，坚持为党育人、为国育才，确保党的教育方针和党中央决策部署在学校得到切实贯彻落实。

② 坚持把政治标准和政治要求贯穿办学治校、教书育人的全过程各方面，坚持社会主义办学方向，落实立德树人根本任务，团结带领全校教职工推动学校改革发展，培养德智体美劳全面发展的社会主义建设者和接班人。

③ 讨论决定事关学校改革发展稳定及教育教学、行政管理中的"三重一大"事项和学校章程等基本管理制度，支持和保证校长依法依规行使职权。

④ 坚持党管干部原则，按照有关规定和干部管理权限，负责干

部的教育、培训、选拔、考核和监督。讨论决定学校内部组织机构的设置及其负责人的人选，协助上级党组织做好学校领导人员的教育管理监督等工作。

⑤ 坚持党管人才原则，按照有关规定做好教师等人才的培养、招聘、使用、管理、服务和职称评审、奖惩等相关工作。

⑥ 开展社会主义核心价值观教育，抓好学生德育工作，做好教职工思想政治工作和学校意识形态工作，加强师德师风建设和学校精神文明建设，推动形成良好校风教风学风。

⑦ 加强学校各级党组织建设和党员队伍建设工作，严格执行"三会一课"等党的组织生活制度，发挥基层党组织战斗堡垒作用和党员先锋模范作用。

⑧ 坚持全面从严治党，领导学校党的纪律检查工作，落实党风廉政建设主体责任。

⑨ 领导工会、共青团、妇女组织、少先队等群团组织和教职工（代表）大会，强化党建带团建、队建，加强学生会和学生社团管理，做好统一战线工作。

⑩ 讨论决定学校其他重要事项。学校党组织书记主持党组织全面工作，履行全面从严治党第一责任人责任，负责党组织重要活动，督促检查党组织决议贯彻落实，督促党组织班子成员履行职责、发挥作用，支持校长开展工作。

⑪ 学校党组织实行集体领导和个人分工负责相结合的制度。凡属重大问题都要按照集体领导、民主集中、个别酝酿、会议决定的原则，由学校党组织会议集体讨论作出决定。学校落实学校党组织领导的校长负责制，发挥党组织领导作用，保证校长依法依规行使职权，建立健全党组织统一领导、党政分工合作、协调运行的工作机制。

⑫ 学校党组织会议坚持科学决策、民主决策、依法决策，建立健全议事决策制度，讨论决定学校重大问题。

2. 校长室

校长是学校主要行政责任人，依法登记为法定代表人。

校长室是学校党组织领导的行政决策指挥机构，作为外国语中学的校长室，其主要作用如下：

① 全面贯彻执行党和国家的教育方针、政策、法规，坚持正确的政治方向，按外国语中学的特点与教育规律办学，不断提高教育质量。

② 制订并组织实施学校的发展规划、学年和学期工作计划，提炼出正确的外国语中学的办学与育人目标，形成与之配套的育人课程、德育、教学等基本框架，为具体的学校教育提供思想与发展方向。

③ 主持学校校务会议、行政例会和教师大会；指挥、协调学校各处（室）的工作，对各处（室）进行指导、督促、检查和评价。

④ 作为外国语中学，更要把德育工作放在首位，坚持管理育人、教书育人、服务育人、环境育人的工作方针，建设好德育工作队伍，实现全员导师制，探索符合外国语中学德育规律的德育路径、方法策略，实现为党育人、为国育才的教育目标。

⑤ 按照国家课程标准与外国语中学的特点，领导学校形成国家课程、学校特色课程、生本实践类课程相融合的外国语中学的课程体系，并制定出相应的学校课程图谱，从而为学生发展打下扎实的课程基础。

⑥ 坚持学校工作以教学为主，按照国家统一编制的课程标准与相关教材，遵循教学规律组织教学，并探索具有外国语中学特征的教学模式；努力建立并完善具有外国语中学特点的教学管理系统，抓好教学常规管理，努力提高教学质量。

⑦ 加强对体育卫生、美育、劳动教育等工作的领导和管理，全面实施"五育"，对外国语中学来说，更要强调"五育融合""文化理解"，从而为培养高素质的、具有跨文化素养的未来人才打好基础。

⑧ 重视教师队伍建设，加强教师队伍的管理，组织教师学习政治理论、教育业务知识。对外国语中学的校长来说，更要注意提升教师的跨文化素养，并努力通过各种教师教育形式，提高教师的政治思想、职业道德、教育专业素质，包括跨文化素养。同时，校长要以领导者的角色，在教育实践中，充分调动教师教书育人的主动性、积极性和创造性，形成学校优秀的教师教育文化。

⑨ 负责对校园文化建设与后勤保障工作的领导。按照外国语中学的特点，建设学校校园文化、提供外国语中学所需的教学设备和经费；按外国语中学设置后勤服务岗位及其标准，并对相应后勤服务工作做好指导与评价；根据外国语中学的发展进一步改进办学条件，并努力根据学校发展要求做好学校人事制度改革。

⑩ 要树立全方位育人的思想，加强学校与社会、家庭合作，实现家、校、社会三位一体的育人格局。

⑪ 要树立学生是校园主人的理念，努力发挥学生会、学生团委等学生组织的作用，把学校的学习、生活等活动权力交给学生。

3. 工会

学校工会是学校党组织领导下的学校教职工自愿结合的教职工群众组织，是党组织联系教职工群众的桥梁和纽带。外国语中学也必须建立相应的工会组织。

在具体职能上，工会不仅要做好送温暖、维护教职工权益、加强教职工师德教育等工作，更要确立教职工的主人翁地位、推动学校民主建设，并让教职工参与到学校的治理与发展中去。

作为现代外国语中学的工会，既有中国学校工会的共性工作，也有其独特的工作。

在共性方面，首先，要认真履行工会职能，积极参政议政，充分发挥"桥梁""纽带"作用。其次，要加强教职工师德教育，配合党政做好教师队伍建设，做好优秀教职工推荐评选工作。第三，要抓好学校教代会、校务公开工作，推进学校民主建设，保障教职工民主权利，提高教职工主人翁地位。第四，工会要坚决维护教职工的合法权益，维护教育教学秩序的正常运转，维护教育政策的连续性和稳定性，建设和谐的劳动关系，维护教职工的合法利益。第五，保证生活保障和"送温暖"工作的实施，做好教职工老弱病残、特困和婚丧喜庆慰问工作，关心教职工工作、劳动条件的改善，完善教职工的保障机制。第六，抓好党政工共建"教工之家"建设工作，组织开展全校性教职工文化体育活动，丰富教职工的精神文化生活。第七，学校工会应当重视女教职工的工作和生活，关注女性教职工的权益问题，提高下属工会小组的积极性和主动性，扩大学校工会的影响力和凝聚力。第八，学校工会要配合行政做好离退休教职工工作，抓好退管会工作。

在个性方面，作为一所现代外国语中学的工会，可以结合外国语中学的特点与教职工发展的需要做好如下一些工作。其一，通过教工之家等的建设，营造中西方文化融合的教职工工作、休息的场所，如学校建设咖啡读书吧、外国文化中心等，让教职工在潜移默化中提升自己的跨文化素养，更好地做好外国语中学的教师。其二，可以定期组织学校与外国在华的企业、文化机构等的联合活动，加强中西方人员间的往来沟通，从而进一步提升外国语中学教师的现代教育素养，拓宽其教育视野。其三，经常组织教师沙龙，特别是教育沙龙，让教师们在一个自由的空间，发表自己的教育与人生观，形成外国语中学学术与思想开放的文化。

4. 课程教学部

现代外国语中学要设立学校课程教学部，主要原因有三个。其一，现代外国语中学的课程思想与内涵是融合了中西方课程思想与内涵的，必须有专门的部门负责设计和落实；其二，现代学校教学已经由单一的教学观转变为课程教学观，这样才能真正实现育人的目标；其三，课程与教学的结合使学校课程与教学更紧密地融合在一起，有利于学生全面素养的提升，也有利于学校教育由应试教育转化为素质教育。故该部门是根据学校办学思想与师生的实际情况而设置的负责设计课程、进行教学指导、组织教学与教学研究、提供教学后勤服务等的管理机构。

学校课程教学部协助校长全面贯彻党的教育方针，按教育规律办事，独立、主动、积极地组织学校课程设置、教育、教学工作等；具体制定和组织实施学校的教育、教学工作计划，经常进行检查，定期进行总结；还具体负责学校其他的与教学相关的日常事务，如管理学生档案、安排教师及领导的日程、编排课程表等。

5. 学生发展部

外国语中学吸收了中西方"学生发展为本"的先进教育思想，为突出"为党育人，为国育才"的育人目标，故设立学生发展部。学生发展部来源于过去的德育处或政教处，但其更接近现代教育思想，即为加强学生德育工作，促进学生更好地成长，为培养"德智体美劳全面发展的社会主义事业的建设者与接班人"而设立的学校教育机构，其目的就是为了更好地贯彻执行习近平教育思想，更好地落实《中学德育纲要》，确立德育在素质教育中的首要地位，确立以学生发展为本的教育思想。

所以，外国语中学的学生发展部的职责是：在校长室的领导下，根据习近平教育思想与学校的办学思想，依据《中学德育纲要》，围绕党的教育方针，以学生发展为本，提高学生的道德思想素养。

外国语中学的学生发展部的主要工作有：

① 组织实施思想品德、爱国主义教育与相关活动，并做到落实内容、时间、地点、方式等，有效提升学生的思想道德素养。

② 根据外国语中学特点，组织实施国外文化理解体验活动，提升学生跨文化素养。

③ 负责班主任的聘任及其工作的检查评价等工作，提升班主任师德修养与工作智慧。

④ 代表学校党组织与校长室，关心、领导共青团、学生会的工作，指导这些学生组织在学生中开展各项有益于青少年身心健康的活动。

⑤ 抓好学生一日生活的常规管理，提升学生行为规范水平；抓好各年级、各班的校风、级风、班风建设及检查评比工作。

⑥ 做好学生心理工作，领导学生心理咨询工作小组开展工作；做好学生人身安全及各项保卫工作，依法确保学生人身安全。

⑦ 负责"三位一体"的德育工作，最大可能发挥社会、家庭在学生思想品德教育过程中的作用。主动与学校其他职能处、室沟通，形成教育合力。

6. 后勤保障部

外国语中学设立后勤保障部的目的是为师生的成长提供后勤保障，做到以后勤服务育人的目标。所以，外国语中学的后勤保障部是在校长室领导下管理学校后勤服务保障工作的职能机构，其主要职责有：按照外国语中学发展与师生发展的需要，购置、管理、调配、保养和维修全校设施、器皿等固定资产及其他物资；计划购置、调配和保管学校办公用品；管理全校清洁卫生、校园绿化、交通运输、水电、房产、师生员工的膳宿和医疗保健工作；负责全校基建、校园文化建设等工作；提供师生教学、活动、生活等服务；为外教及全校教师提供所需的外事活动服务；负责学校的食堂、门卫、安全等部门工作，为师生安全提供保障。

7. 教师发展部

对现代学校，特别是外国语中学来说，教师的发展是学校发展、学生发展最重要的保障。外国语中学的教师发展部是负责学校教师发展与学校教育科学研究的部门，其主要职责是：其一，在校长室领导与指导下，承担学校发展所需的教育科学研究任务，从理论与实践上厘清学校发展的方向；其二，负责教师的专业发展工作，包括组织和管理学校教师及学校领导干部的各类培训工作，各类教师的交流活动等，特别是青年教师的培养工作；其三，负责管理、指导学校各部门、全体教师的教育科研课题的立项、鉴定、评奖及教科研成果的推广工作。

8. 对外交流合作部

这个部门特指负责与国外各类教育机构合作交流工作的部门。对现代外国语中学来说，其外国语教育的特点就是实现"文化理解"，故必然涉及在课程、各类活动、教学人员、社会实践等方面与国外教育机构的合作交流，以提升外国语中学师生的跨文化修养，实现办学目标。因此，学校对外交流合作部的主要职责是：学校师生与国外各类教育机构、国外中学师生的合作交流、学习分享活动；学校国际课程的引进、修改、融合；外籍教师的引进培训；学校中方教师的跨文化素养提升培训及其活动等。

当然还包括国际教育部、人事部、党政办公室等部门。

二、现代外国语中学特有的主要硬件建设

在上一章中我们已经谈到，外国语中学的培养目标，不仅仅是让学生掌握外语的交流能力（听说读写等），更重要的是理解外国语言背后的文化。所以，为了满足现代外国语中学的教育需要，其必须具备的主要硬件设施如下：

1. 语言学习场所

语言学习有其独特性，有效的语言学习要有语言学习的环境、更多的对话机会、更多的听说机会等。所以，外国语中学除了拥有传统的教室以外，还要配套适宜语言学习的专用小教室、有听说设备的听说教室、有具有场景性的"模拟联合国"专业教室、具有浓郁外国文化背景的专用教室等。

2. 理解语言背后文化的场所和硬件设施

学生要真正掌握一门外语，不仅要获得这门语言的交流能力，更重要的是理解语言背后的文化内涵！而要获得这种素养，需要学生进行大量的体验交往学习活动。从学校硬件建设来说，必要的硬件设施有两类：第一类是直接指向语言与语言背后文化的，如世界语言博物馆（室），外语角、多元文化广场，中外交流用的剧场、会议室等；第二类是反映外国文化特征的各类艺术、体育、科技活动场所。通过这些活动，一方面提高对语言的深入理解，另一方面提高学生的艺术、体育、科技素养，如反映西方文化特征的赛艇、网球、舞蹈、戏剧、STEAM 教室等专业学习活动场所。

3. 有利于学生多元发展的四大文化中心设施

现代外国语中学不仅要完成传统学校的学科学习任务以及上面提及的多语种学习，还要在学习方式与内容上借鉴欧美国家中学的优秀学习方式与内容，如项目化学习（PBL）、学科融合学习等。所以，现代外国语中学还应该建设 STEAM 中心、艺术中心、体育中心、信息图书中心等空间，让学生有充分的时间与空间实现多元、跨文化发展。

4. 校外学习体验场所的建设

详细介绍可见第五章第二节"学校课程建设的原理"。

第四章

现代外国语中学学校文化的建设

　　文化是人类特有的一种社会现象，是人们在长期的生产活动中形成的，是凝结在物质之中又游离于物质之外的，但能够被传承的国家或民族的历史、地理、风土人情、传统习俗、生活方式、文学艺术、行为规范、思维方式、价值观念等。而学校文化是文化的下位概念，是一种亚文化，是一所学校师生在长期的教育活动中形成的教育价值观、行为习惯方式以及相应的学校环境等形态。所以，对一所现代外国语中学来说，其学校文化既有其他学校文化的共性，也有其独特的一面。众所周知，学校文化是一所学校的魂，又是一所学校最重要的内涵。现代外国语中学的文化同样反映了这所学校师生员工的精神追求与外在的表象。本章将就现代外国语中学的文化特征及其建设从理论与实践两个方面进行论述。

第一节　学校文化的内涵与特质

　　要真正理解现代外国语中学的学校文化，首先要了解学校文化的内涵与特质。

一、文化的内涵

　　据一份不完全的统计，学界对文化的定义多达200多种。可见，对文化的理解与认识与其他社会学概念一样，依然是一个仁者见仁、智者见智的概念，还没有形成统一的认识，没有盖棺定论的定义。因此，人们对文化的理解也是多元的。

　　早在2500多年前的战国时期，《易经》就有"观乎天文以察时变，观乎人文以化成天下"之说。其原意是指，治国家者必须观察天道自然的运行规律，以明耕作渔猎之时序；又必须把握现实社会中的人伦秩序，以使人们的行为合乎文明礼仪，并由此推及天下，以成"大化"。后来的"文化"整合了这个短语的意义，"视"人文化成为"文化"。到公元 480 年左右的南北朝时期，文化一词逐渐形成：人之道，文化之道也。中国现代学者杨宪帮认为：文化是一个社会历史范畴，是指人类社会历史的发展水平程度和质量的状态。由此可见，文化的核心内涵是人类走向"文明"的过程。

在西方，文化一词的出现可追溯到公元前 4 世纪到公元前 5 世纪的古希腊（古希腊文化是西方文化的摇篮，是最早的一种西方文化形态）。1871 年，美国的"人类学之父"爱德华·泰勒在《原始文化》一书中给出了一个西方文化的经典定义：文化是一个复杂的总体，包括知识、信仰、艺术、道德、法律、风俗以及人类在社会里所有一切的能力与习惯。美国学者罗斯·韦勒在他的《文化与管理》一书中认为：文化是某一人类群体的生活方式，所学到的所有行为或多或少定型了模式的结构，这些行为以语言和模仿为载体传给下一代。所以，当代美国社会学家戴维·彼普诺在《社会学》中给出新的"文化"定义：文化由三个主要元素构成。包括：①符号、意义和价值观，这些都是用来解释现实和确定好与坏、正确与错误的标准；②规范准则，或者对在一个特定的社会中人们的思维、感觉和行动的解释；③物质文化，实际的和艺术的人造物体，它反映了非物质文化的意义。当代加拿大著名社会人类学家盖·瑞驰（Guy Rocher）提出文化冰山模型（Iceberg Model of Culture）（如图 4-1），这种文化模型把人类的文化分为三部分，其中水面可见部分，主要是人们在日常学习、工作、生活中外在表面的行为方式、仪式、语言文字等方面，只占人类文化的 10%。水下隐藏部分包括人们的思想意识层面和人类内在的情感、态度、气质、价值观等，占人类文化的 90%，是这种文化模型的主体。

当今人类学领域里杰出的学者梅尔福特·E·斯皮罗教授探索了人性与文化的关系，认为心理和文化的作用力和结构是解释人类行为

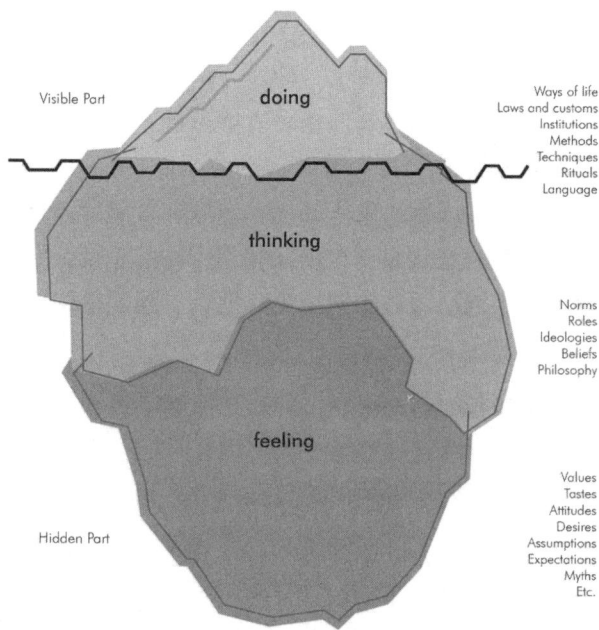

图 4-1　文化冰山模型（Iceberg Model of Culture）

不可缺少的部分。他认为，文化是一种符号系统，人类必须有能力发明、创造、流传和获得文化符号。因此，符号也可看成人性的特征。这正如卡西尔所言：人是符号的动物。

　　1999 年出版的《辞海》中是这样解释文化的：从广义来说，指人类社会历史在实践过程中所创造的物质财富和精神财富的总和；从狭义来说，是指社会的意识形态，以及与之相适应的制度和组织机构。从这个角度来说，人是人类文化的创造者和最核心的载体。文化是对一个人或一群人的存在方式的描述。《牛津现代词典》对文化的解释为：人类能力的高度发展，即训练与经验而促成的身心的发展、锻炼、修养，或曰人类社会智力发展的证据、文明，如艺术、科学等。

　　由此可见，由于研究者的思路和眼光投向的不同，人们对文化的解释和理论方法是多种多样的。从存在主义的角度来看，文化是对一个人或一群人的存在方式的描述。所以，文化是人所创造并以人为主要载体得以解释与实践的，即人是文化的核心因素；但是，由于人的生命存在于活动中的基本特征，文化被人不断创造、解释着。同样，由于文化的这一特性，文化具有改造人的特性，即文化可以使某一人或某一人群的人生特征发生改变。

不同国家和不同民族，由于其存在发展的背景与过程不同，其文化的内涵存在差异。文化是一个内涵相当丰富的多维范畴的概念，可以从不同角度、不同层面、不同历史时期、不同理论构架去界定。

二、学校文化的内涵与作用

（一）学校、教育、学校文化

我们论述学校文化，必然要涉及什么是学校，学校教育的内涵是什么。所以，我们就从这个逻辑体系来看学校文化。

1. 学校的由来

学校是人类社会最常见的一种社会组织，学校活动是整个社会在文化活动中最具效力的一种活动，与文化有着千丝万缕的联系。所以，研究学校文化，首先要研究什么是学校，以及学校与社会文化的关系。

对于人类来说，真正的学校起源于农耕社会。那时，人类开始定居生活，社会物质趋于丰富，社会分工逐渐形成。我国古代的学校，据《孟子》所载："设为塾、庠、序、校以教之。"学校刚开始产生时并不都是专门的教育机构，而兼为习射、养老的场所。从秦汉开始，民间一般有私塾，地方有学宫，朝廷设太学等，一直到清末开始兴办近代教育，在 1902 年（光绪二十八年）的《钦定学堂章程》中称之为"学堂"。1912 年的学制改革中改称为学校。这样的学校，就成了"有计划、有组织地进行系统教育的机构"。1869 年，时任哈佛大学校长查尔斯·威廉·艾利奥特（Charles W. Eliot）认为：学校是教师的集合体，是知识的仓库。20 世纪 20 年代，我国著名学者，时任北京大学校长梅贻琦针对各地大兴土木兴建大学而忽视人才的举措大声疾呼：大学非大楼，乃大师也！20世纪初，美国学者杜威创办芝加哥大学实验学校（University of Chicago Laboratory Schools），主张把各种类型的作业（如纺织、烹饪等）和自然研究、科学常识、艺术、历史等引进学校，使学校与社会生活联系起来，成为一个雏形的社会。他认为以往教育的重心是教师和教科书，主张把重心转移到儿童生活上，使儿童成为教学的中心，并提出学校即社会，教育即生活。在杜威的理论里，我们不难看到，学校的中心是学生，学校不仅是教育的场所，也是生活的场所，生活是教育，社会也是学校。随着社会越来越走向"人本位"，学校也越来越走向"学生本位"。所以，现代学校的核心因素是人，是学生与教师。

从上面的叙述中不难看到，在农业社会里，社会几乎是"社会为本位"的社会，所以学校必然是统治者或长辈"有计划、有步骤、有目的地按他们的意愿教育人的场所或机构"；而当社会走进"知识本位"时代（主要是工业化时代），学校当然是以知识以及拥有知识的教育为中心，故学校也必然是"教学的整合体，是知识的仓库"。当社会走向"人本位"时，我们认为，学校必然是学生与教师的集合体，以及他们所创造的学校文化。

由此可见，学校自人类社会诞生的那一天起就以不同的形式存在着，其内涵随着人类社会的变化而变化。

2. 人类的教育活动发展

再简单地看看人类的教育发展。我们知道，教育一直随着社会与生产力的发展而变化着，人们对教育的定义也就随着社会与生产力的发展而变化着。所以，研究教育的发展，一定要研究教育与社会发展的关系。为了厘清教育发展的脉络，我们有必要追溯教育的起源与发展路径。

"教育"一词在中国始见于《孟子·尽心上》："君子有三乐，而王天下不与存焉。父母俱存，兄弟无故，一乐也；仰不愧于天，俯不怍于人，二乐也；得天下英才而教育之，三乐也。"许慎在《说文解字》中解释，"教，上所施，下所效也"；"育，养子使作善也。"因此，从词源角度来看，中国的"教育"一词更多反映的是外铄之意，即强调的是社会或代表社会的教师向后代传授知识经验，并使之成为有德有才之人。因此，韩愈的"师者，传道授业解惑也"成为中国教育的至理名言。与此同时，由于中国的教育受五千年的中华文化的引导与影响，师生关系主要表现为师道尊严，教与学的关系主要表现为教授为主，直至今天仍无大的改观。

在西方，教育一词源于拉丁文 educate，前缀"e"有"出"的意思，意为"引出"或"导出"，意思就是通过一定的手段，把某种本来潜在于身体和心灵内部的东西引发出来。从词源上说，西方"教育"一词是内发之意，强调教育是一种顺其自然的活动，旨在把自然人所固有的或潜在的素质，自内而外引发出来，以成为现实的发展状态。因而有苏格拉底的"产婆说"和卢梭的自然教育。

近代以来，人们又从不同的角度对教育作出了很多定义，据说有数百个。下面简述其中几个。

其一，教育是通过各级学校、成人教育机构和其他有组织的媒介，有意识地把上一代的文化遗产和积累起来的知识、价值、技能等传给下一代的过程[1]。这更多是基于社会本位来说的。

其二，教育是培育人的社会活动，是传承人类社会文化、传递生产经验和社会生活经验的基本途径。学校教育则是教育者根据一定的社会要求，有目的、有计划、有组织地对受教育者的身心施加影响，期望他们发生某种变化的活动[2]。这种定义将外铄说与内发说结合起来，试图更符合教育的内在规律。

其三，联合国教科文组织在《教育，蕴含教育财富》一书中认为，教育是人与人之间的一种交流活动。这种说法更多地站在人本位的角度，提出了现代教育的一种基本特征：人与人之间的交流。

……

---

[1] 陈友松等：《当代西方教育哲学》，北京：教育科学出版社，1982 年，第 26 页。
[2] 袁振国：《当代教育学》，北京：教育科学出版社，1999 年，第 3 页。

人们对教育的定义为什么会有如此大的差异？仔细研究这些教育的定义与社会背景就会发现，教育是随着社会与生产力的发展而变化的，因而人们对教育的定义也就随着社会与生产力的发展而变化。

从社会学角度来看，教育是人类社会特有的社会活动现象，那么，教育就一定会随着人类社会的发展而发生变化。所以，人类社会的发展史，其实也是一段人类教育的发展史。在人类社会诞生伊始，当人成之为人的时候，教育就应运而生了。从那时起，一方面，社会与人的发展不断为教育的发展提供条件与内容；另一方面，教育为社会与人的发展提供保证。社会形态主要是由生产力与生产关系、经济基础与上层建筑的矛盾运动决定。以生产力与技术发达程度来划分，可将人类文明社会分为：渔猎社会、农耕社会、工业社会和今天的"信息化＋AI"社会。

在渔猎社会，无论是前氏族公社、母系氏族公社，还是父系氏族公社，由于人类社会生产力的低下，其主要的教育目的是保证人类的生存繁衍；主要的教育内容随社会生产力的发展而变化，主要包括：生产劳动教育、道德与社会传统教育、宗教教育、军事教育、艺术教育等。这样的教育过程中，教育的主要承担者是富有经验的年长者；主要教育方式是口耳授受；其认知的主要过程是直接经验与间接经验的结合；认知的方式是让儿童直接进入认知世界（生活世界），在实践中、在事物的发展中感受世界，从而逐渐理解世界，形成儿童的经验。

人类进入农耕社会，随着社会分工的进一步细化和金属工具的使用，畜牧业、农业和手工业有了进一步的发展，个人劳动生产的产品，除了维持自身生存的需要外还有剩余，使得人类社会进入了真正意义的农业社会。在这样的条件下，文字产生了，数学、天文学、医学等也随之诞生，特别是在文字产生后，人类可以从书本接受间接经验，真正意义上的学校教育也就应运而生。从教育方式来说，苏格拉底的"产婆说"和孔子的因材施教、循序渐进等教育方法应运而生，而韩愈的"师者，传道、授业、解惑也"，更是那个时代教育形式的生动写照。从教育目标来说，因阶级差别而各有所异的教育目标，如柏拉图在《理想国》里所说，教育首先是培养具有智慧的王，其次是培养保护统治者的武士，第三是培养具有节制和正义的平民等。

16—17世纪，随着工业技术的革新和资产阶级的兴起，人类逐渐步入工业社会。这段时期，人类文明的成果以前所未有的速度累积增加，知识发生第一次爆炸。随着社会分工的进一步细化，社会希望每一个人都具有一定的、相应的知识，大规模的教育成为必然，夸美纽斯的"把一切事物教给一切人"的教育思想，学校班级授课制应运而生。这在人类教育史上是具有里程碑意义的事件！在教育内容上，著名教育家赫伯特·斯宾塞（Herbert Spencer）提出一个让世人震撼的问题：什么知识最重要？科学知识最有价值。1869年，哈佛大学的时任校长查尔斯·威廉·艾利奥特认为：学校就是知识的仓库，教育研究的主流方向就是人的认知规律的研究。与此同时，冯特的心理实验室的创立，标志着心理学开始走进教育。在这样的社会、教育发展背景下，赫尔巴特的《普通教育学》诞生了，这标志着科学教育学的诞生。从此以后，教育在科学教育学与心理学的推动下向前发展。

从上述论述中我们可以看到，工业社会的教育，其主要目标是培养有知识的人，教育的内容是人类积累的间接经验加上当时产生的直接经验。知识，尤其是科学知识，成为教育的最重要目标。教育依据于科学教育学与认知心理学，其教育方式主要是采用班级授课制的知识教育。

20世纪60年代开始，随着电脑与互联网的诞生，知识（信息）开始以前所未有的速度增加。进入20世纪90年代后期，人类产生的新知识量每3—5年翻一番，互联网信息不到18个月翻一番。现有的知识不足以指导人们日益多样性的生活活动方式，有的还会随时被淘汰。与此同时，不断诞生的信息与新知识在社会活动中已经起着重要的作用。这个时候，人获得信息的主要渠道已非学校及教师。一项调查显示，学生只有15%左右的信息与知识是源于教师与课堂。由此，人类进入了信息化时代。

对社会来说，信息化同样带来极大的变化，这主要表现在：①经济增长方式的高度集约化；②劳动生产率的进一步提高；③企业组织和管理体制的灵活性；④工作方式和生活方式的个人自主化；⑤信息化导致经济的全球化；⑥信息经济可能成为环保经济；⑦政府和公众的沟通加强和政府信息的公开化；⑧军事技术和未来战争的信息化，等等。

信息化，不仅改变着生活，也在改变着传统的人际关系，传统的人与人之间的关系发生了巨大变化。

在信息化时代来临之前，在理性主义与科学主义主导下，基础教育学习的知识与信息的特征是客观化、科学化和理性化。但在今天的信息化时代，石中英先生在《知识转型与教育改革》一书中认为，目前的知识具有"文化性、相对性、多样性"的特征[1]，这就汇聚成知识的性格凸显的特征。对基础教育来说，这种知识的性格凸显对现有的统一性、规范性教育产生了挑战。

面对信息化社会的变化，教育正在发生巨大的变化，到目前为止，主要表现为：①教育目标上，变知识本位为人本位，以学生的发展作为教育的主要目的；②教育内容上，注重知识技能、情感态度、价值观等的整合，相对具体的知识习得，教育更关注学生核心素养的提升；③教育方式上，强调过程和内容结合，多种教育方法的融合，特别强调由学生的学决定教师的教，强调信息化手段在教育中的作用；④教育的机制上更强调多元并存，相互促进。

在这样的教育过程中，教师的权威地位一去不复返，教师只是提供一份材料，学生们通过彼此间的辩论形成属于自己的知识观点。这就是现代教育，而这种教育的基本特征就是人们从不同视域通过交流来理解对方，并形成自己的观点。这就是我们要说的理解的主要含义。

3. 学校文化

学校文化是一种亚文化，是人类文化的下位概念。所以，学校文化具有文化的基本特征，必然会随着人类文化内涵的变化而变化。我们若从存在主义的方式来理解文化，即文化是对一个人或一群人的存

---

[1] 石中英：《知识转型与教育变革》，北京：教育科学出版社，2001年，第84页。

在方式的描述，则学校文化就是对学校这群人的存在方式的描述。那么，学校这群人的变迁也必然会带来学校文化的变迁。学校这群人源自社会，则学校文化也必然源自人类社会大文化，而不可能独立于它所处的社会文化而存在。但是，学校的教育活动又有别于其他人类社会活动，有其独特的性质，因而学校文化一定有其特有的性质。同时，由于各个时期的人类教育活动的性质不同，又会造成不同时期的学校文化呈现不同的特征。另外，文化又是上层建筑，一定会受人类思想的影响，所以，教育思想与理论的发展也必然会影响到学校文化的形成等。譬如，21世纪以来，在中国，人越来越成为社会关注的中心，中国教育界在"为社会主义事业培养建设者与接班人"的同时，出现了"以学生发展为本"的课程思想，深刻影响了每一所学校的文化发展，从而使中国学校文化的内涵发生新的变化。

综上所述，我们大致可以给学校文化一个定义：一所学校的文化既具有随着社会文化的发展、变迁而发展变迁的共性，同时，又会因其构成或具体环境的不同而具有区别于其他文化与其他学校文化的个性，学校中这种共性与个性统一的文化特质，我们称之为学校文化。它是由学校成员在教育、学习、生活的长期活动与发展演变过程中共同创造的，如教学管理体系、历史传统、行为规范、人际关系、风俗习惯、教育环境和制度以及由此而表现出来的学校校内的学校精神等。我们也可以根据大文化概念及学校文化的文化特质得出一个更简单的定义，即学校文化是由学校人员（师生）共同创造，并为全校师生所践行的在学校全部环境（物质和精神）中体现出来的一种师生共有的价值取向和目标追求。它所反映的文化共性一定是学校所处的社会文化所共有的价值趋向和目标追求，如现代中国社会所追求的社会主义初级阶段的文化价值观以及"仁、礼、孝、谦"等优秀中华文化传统。但更加重要的是学校师生在教育过程中创造的独特的精神价值与教育行为方式等。这就是当代中国学校文化的内涵所在。

从人这个角度来看，学校文化主要来自两个方面：一是教育者（长者）根据社会的特定要求及社会主流文化的基本特征精心设计和有意安排的文化，即为了使学生顺利完成社会化过程，学校和教师必然对进入学校领域的各种复杂的社会文化因素，进行精心取舍、组织，建立适宜的文化环境。二是年轻一代的文化，主要是来自学生团体中的各种习惯、风俗、传统、时尚、规范、语汇、价值观念等，这种文化就其本源而言是成人文化的一种反映，但又经过年轻人根据自己的生理心理特点取舍后与成人文化不同的文化，是区别于社会主流文化的一种亚文化。学校文化最终要表达的是这样一些内容：师生的理想或追求；对学校功能及其社会责任的理解；对人性的理解；对学习、工作的态度以及对集体的看法等。

（二）学校文化的性质

根据上面的论述，将学校文化分为三个层次：深层文化、中层文化和表层文化，如图4-2所示。

学校深层文化主要是关于师生的文化，包括学生和教师的文化气质等文化形态，主要是以人或人际关系为基础构成的文化形态。人的文化气质主要包含如图4-3所示的两个方面。

图4-2 学校文化的三个层次

图4-3 人的文化气质

其内在的价值观与精神追求是这种文化气质的魂，是师生在学校教育生活过程中逐渐内化形成的。而学校师生外在表现出来的与之对应的行为习惯等是在这种教育生活价值引领下在教育生活中形成的。只有这两者完美统一，才能形成我们称之为的文化气质，否则就是两面人。同时，这种文化气质的形成是一个长期的过程，是人们在长期的教育活动中形成的。

学校中层文化是指学校文字语言等文化形态，包括学校制度、规划、总结、文集、礼仪等文化形态。显然，这种文化形态是学校深层文化的外在反映的一种方式。譬如学校的规章制度，是学校师生精神价值追求的反映；学校标语文集，是师生思想价值的外在表现等。

学校表层文化特指学校物质环境所构成的一种文化形态，包括学校建筑、花园、教室等物质环境状态。同样，学校表层文化也是学校深层文化的外在的一种表现形态，反映的是学校师生的精神追求。

在学校文化的建设中，学校深层文化是学校文化的核心与目的，学校中层与表层文化是学校深层文化的反映。学校深层文化体现着学校文化的方向和实质；而学校表层文化是实现学校文化目的的主要途径和载体，是学校文化发展与建设的前提和重要支撑；学校中层文化是学校文化形成与发展的内在机制，包括学校的传统、仪式和规章制度，是维系学校正常秩序必不可少的保障机制，是学校文化建设的保障系统。

由此可见，学校文化更多的是由学校师生员工所创造的属于这群人的一种属性，反映的更多的是这群人的文化气质，而这种文化气质主要是由人的行为习惯与人生价值观等构成，人与人之间的差异更多的是文化气质的差异。举例来说：我们在日常生活中看到一个人爱读书、懂礼仪、衣着得体、尊重他人，就会说，此人一定是出身于书香门第，这是书生的文化气质。人的文化气质是在人的生活、学习过程中形成的，所谓"一方水土养育一方人"就是这个道理。

所以，学校文化至少具有三个特性：历史性、群体性和影响性。

由上面的论述可知，文化主要由人的文化气质等文化形态组成，而人的文化气质不是一朝一夕形成的，是一段时间内才可能形成。大者如中华文化，经历了五千年才形成今天之文化形态；中者如学校文化，一定由若干年时间内一群人围绕一个确定的方向努力才可能形成；小者到个人，一个人的文化气质，如书生气质，是一个人数十年坚持读书演讲才形成的。故学校文化的形成，一定要有一段较长的时间。

同样，学校文化不是一个人的，而是学校师生员工共同创造的，反映的是学校这群人共同的文化气质。所以，有时我们说文化是一个复数：是所有人的行为习惯及人生价值观等的文化形态的总和；又是一个人行为习惯及内在思想的反映。

学校文化一旦形成就会产生一种文化场，从而对处于其中的人产生力的作用，迫使处于文化场中的人按照这种文化规则行事，这就是文化的影响力。例如，一所学校形成了严谨、踏实的文化氛围，每一个进入其中的人，一定会在这种文化特性的影响下，成为严谨踏实的人；反之，一个人长期处于一种松散的文化氛围中，也不可能成为一个严谨踏实的人。

（三）学校文化的作用

袁贵仁先生认为："所谓教书育人、管理育人、服务育人、环境育人，说到底都是文化育人。"这里所说的文化首先是指学校文化。我们已经知道，学校文化说到底是学校教育主体在教育教学和教育管理实践中逐渐共同创造生成的体现时代特征和社会进步的价值观念、思维方式、行为规范及其活动的结果，并以具有学校特色的精神形式、制度形式和物质形态为外部表现，影响和制约着学校教育主体的活动方式、精神面貌与文化素养的发展。而学校文化的作用就是上面提到的通过文化场产生的。下面，我们就从一个问题的解决来看学校文化的作用。

一位新校长来到一所学校往往有三种做法：一曰推倒重来，在废墟上重建；二曰萧规曹随，一成不变；三曰研究反思，继承发展。哪种做法比较合理？

如图4-4所示，是20多年校长生涯对学校文化研究得出的一个经验性规律。在一位优秀校长的带领下，学校文化的品质随着建设年份的增加而提升，但这种提升不是线性的，而是大致按照一条二次函数曲线（$y = ax^2 + bx + c$）上升，其上升的速度（即二次函数的系数 a 及 b）不仅与校长本人有关，还与学校原有的文化基础、师生现状、环境等因素有关。从这张图中我们可以看到，学校文化品质的提升速度在校长任期的前期上升比较快，后期上升比较慢。

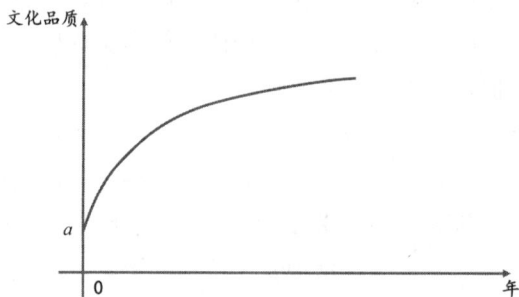

图4-4　学校文化品质提升的函数关系

若新校长为了彰显自己的个性与才能，上任之时，就是重新开始之刻。从文化角度来说，这是注定会失败的。从上面的论述我们可以推论出，要一切推倒重来，这就意味着，不仅否定了原有的学校文化，而且否定了创造这种文化的人，使自己站到了这所学校教职员工的对立面。以图4-4所表述的学校文化品质提升的函数关系来看，新校长进行文化重建就意味着与原有文化的割裂，从图4-4的文化发展曲线来看，学校的文化品质会跌落到原点，学校的教育就会经受无谓的折腾。这样做的结果只有一个：这位校长被这种文化淹没！

如果新校长来到一所学校，萧规曹随，一成不变，同样也会一事无成。原因有三：其一，学校文化与其他文化一样具有耗散性，即学校文化若不发展，其优秀性会随着时间而逐渐耗散；其二，在日新月异的信息化时代，学校文化具有发展性，即随着这个时代的发展而发展，否则，学校文化也会被时代所淘汰；其三，校长是学校文化发展的引领者，不进则退。我们再按图4-4的文化发展曲线来解释。如果某校的学校文化发展到了曲线的某一点，由A校长接任校长，A校长鉴于前任校长的优异工作，决定采用萧规曹随的工作方法，也就是学校文化品质保持在某一高位。从图4-4上的曲线来看，原本曲线上升的过程变为与横轴平行的线向前，即学校文化从理论上讲将保持高位不发展，也不退步。但事实呢？根据上面提到的文化的耗散性与相对发展性，如果采用萧规曹随的工作策略，文化品质这根线不会水平向前，而会成为一根平抛线，并随着时间的延长而下落。故新校长来到一所新学校也不能用萧规曹随的方式去工作。

所以，一位新校长来到一所新学校，只能采用研究反思，继承发展的工作方式。因为学校文化还具有开放性与生成性等性质，这种性质应该由先进的教育思想引领，但其源头是学校原有的文化。学校原有文化反映了一代乃至几代人前赴后继、薪火相传的奋斗之精华，这种文化扎根在学校每个人的心里，反映在学校每一垛墙、每一块地板上。所以，当一位新校长接任一所学校时，一定是用新的符合时代要求的价值标准去分析传统文化，吸收并发扬优秀的传统文化，改革已不合时代潮流的旧文化，在一段时间内与曾经创造传统文化的学校师生员工一起，逐渐形成一种源于传统的、与时代发展合拍的新的学校文化，让学校走上可持续发展之路。学校发展必然是由学校文化发展引发的，而发展学校文化首先要做到尊重学校传统文化，更要尊重创造学校文化的人。

第二节　现代学校的特色文化与形成规律

上节谈到学校文化是社会文化共性与学校特有属性的结合体。所以，学校文化作为一种亚文化，除了具有社会文化的一些共性外，一定具有其自身的特点；每所学校都有自己特有的办学思想、行为、环境等，因而也一定有自己特有的文化。而作为现代外国语中学，更是具有自己独特的学校文化。本节将论述现代学校的这种特有的文化的内涵与形成规律。

一、学校特色文化的内涵与性质

上节对学校文化有过一个观点，即学校的文化既具有随着社会文化的发展、变迁而发展变迁的共性，同时，又会因其构成或具体环境的不同而具有区别于其他文化与其他学校文化的个性。前者是社会文化在学校的反映，后者就是学校所特有的文化，我们称其为学校特色文化。下面，我们主要论述学校特色文化的内涵与性质。

（一）学校特色文化的表现内容

学校文化有三个层次，包括深层次的学校师生的文化品质，中层次的文字、制度等文化形态，表层的建筑、园林等文化形态，但其核心是师生的文化品质。余秋雨先生在谈到中华文化时认为，中华文化的核心是中国人的文化品质，而非积累的物质财富和精神财富。所以，学校文化的核心内涵是我们师生的教育生活观及其对应的行为方式习惯。

据此，我们给学校特色文化一个定义：在学校特有教育价值观引导下，学校成员在教育实践中形成的独特的行为习惯、情感与教育、生活理念等。这个学校特色文化定义反映的是学校的深层次文化，把中层文化与表层文化剥离出去了。这不是说明这两个层次的文化不是学校特有的文化，而是因为一旦上述所说的学校特色文化形成，对应的学校中层与表层文化就决定了。因此在下文论述学校特色文化时，将重点论述以学校深层文化为主的特色文化。

（二）学校特色文化的性质

学校特色文化是学校文化的核心，同样是学校文化的子文化，故其拥有文化的普遍性质，如文化的历史性、群体性、影响性等，同时还有其独特的一些性质。

1. 学校特色文化的独特性

学校特色文化是一所学校特有的文化，是有其个性特点的文化。根据学校特色文化的定义，我们可以看到，这种独特性是由学校的成员及其精神追求决定的，是由这种精神追求实现的过程决定的，是由学校的文化环境决定的，也是由学校发展所处的时代决定的。如上海交通大学形成的"思源致远，爱国荣校"文化，这种文化是交大人在

100多年的时间里精神追求的反映，是交大人在矢志报国的过程中形成的，这种文化养育了江泽民、钱学森等伟人。这种特色学校文化在每所学校都是不一样的，保证了学校的独特性。

2. 学校特色文化是师生长时间努力积累的结果

有人认为，学校特色文化是校长的文化，是校长的办学思想的反映。这是完全错误的。学校特色文化是全校师生认同并通过长时间努力共同创造的。

学校特色文化形成的主要标志是学校师生特有的教育生活理念及其对应的行为方式的形成。因此，学校特色文化的形成一定是全校师生共同努力的结果。同时，师生的这种教育行为方式、习惯和正确教育价值观的形成不是一蹴而就的，要通过全体师生一段时间内持之以恒地坚持某种积极的行为而形成。其正确的教育价值观是在这种积极的教育行为中不断进行行为反思而形成的。所以，学校特色文化不是数日、数月内就能形成，而是需要几年乃至十几年全体师生共同努力与积淀才能形成。

3. 学校特色文化具有发展性

学校特色文化是发展的文化，而非一劳永逸的文化。今天的社会，各种事物、观念等瞬息万变，信息知识爆炸式发展，学校的教育思想、学校师生的行为习惯、方式等也会随着社会的变化而变化，学校特色文化自然而然是发展的文化。

二、学校特色文化发展的路径

当前学校特色文化发展的路径不外乎有如下两条：其一，研究提炼学校办学思想——围绕这种办学思想设计相应的课程等发展载体——引领师生开展教育实践——在教育实践中形成相应的理念、情感、行为方式——在教育实践过程中积淀学校文化——形成特色学校；其二，开展相关教育实践——在摸索中形成相应的教育行为、方式——研究提炼教育理念与办学思想——修正原有的教育行为——在教育实践中积淀学校文化——形成学校特色。

有效的学校特色文化发展之路应是第一条。首先，从哲学角度看，思想是上位的，而行为受思想支配，是下位的，正确的思想一旦确定，行为就会正确。其次，第一条路径的推进方式是高屋建瓴、整体设计与推进，能让学校少走弯路，迅速进入正确的发展轨道。第二条路径是摸着石头过河，然后在教育实践的基础上提炼思想、修正行为，带有较大的盲目性，浪费时间与精力。走第一条路，学校改革多了一份理性的思考，少了一份盲目。

下面就第一条路径作一翔实的介绍。

（一）在教育实践反思中形成办学（教育）思想

学校的办学思想，是办学主体在教育实践中根据师生的发展需求与社会对教育的要求作出的一种价值判断。

在上面对文化的论述中我们提到，学校深层文化的核心部分包括两部分：一部分是反映在人表面的行为方式与语言等，还有就是人内在的价值观、情感等。思想对人的行为有指导引导的作用，行为受思想的影响；反之，人的行为对思想有反作用，可以对思想起到修正、完善的作用。所以，学校的办学（教育）思想是学校发展的灵魂，是学校发展的基础。

每一所优质的学校一定有自己独特的办学思想。这种思想反映的是学校师生对教育的思考与价值判断，也是办学团队办学思想的体现。

根据上面论述与办学实践，学校办学思想源自三个方面：其一，源自对学校办学历史的反思与现状的分析；其二，源自对学校成员（主要是师生）的思考，因为师生是学校文化与精神最重要的承载体；其三，是站在哲学的高度，正确理解今天教育的发展方向与社会对人的要求，形成正确的教育价值观与思考。

但学校办学思想最根本的、最核心的来源是这所学校教育主体长期的教育实践，是对这种教育实践的哲学思考。

（二）根据办学思想设计学校课程与教育实验项目

办学思想是学校教育主体通过教育实践对教育的哲学思考与价值判断，但还停留在意识层面。而要实现这种思想必须要载体，学校课程与相关的教育实践是实现这种思想的主要载体，也是学生发展的主要载体。故在确定学校办学思想后，学校师生就要依据这种思想来设计相应的课程与教育实践，这样才能保证教育思想的实现。

（三）引领师生进行相应的教育实践，使思想外化为师生的教育生活行为方式，内化为师生的教育生活理念（教师的教育文化品质）

这里，我们先认识一下教育理念及其特性。

1995 年出版的《辞海》对"理念"一词的解释有两条：一是"看法、思想，是思维活动的结果"；二是"指表象或客观事物在人脑里留下的概括的形象。"[1] 所以，柏拉图的"理念说"认为事物不过是理念的"影子"或"摹本"。

"理念"一词的英文对等词有很多，如：concept，conception，idea，thought 等。在这几个词里面，concept 和 conception 用于大范围内成形的思想，意思是"在脑海中形成的公式化想法，系统而确切的思想或观念"，即我们平常所说的"概念"。idea 是综合性最强、应用最广的一个。有时候，它可以表示一种"映像"，或者是一种从一点点信息中设想的，而从未觉察的东西。thought 一词是指明显的智力活动，特别是指经过思考和推理后得出的结论，与单纯的观察、感觉或愿望不同，更适合表达为思想。

所以，教育理念更多的是在一种时代的教育思想指导下，在具体教育实践中形成的具体观念。例如，某教师在实践新课程思想的过程中形成了"欣赏学生"的教育价值观，因为这是"以学生发展为本"课程思想的下位概念，是一线教师在这样的教育思想引导下，在自己的教育实践中形成的教育理念。由此教育理念可定义为：在一种教育

---

[1]《辞海》第 1367 页。

思想的指导下，通过自己的实践与思考形成的属于自己的对某事某物的认识与观念。故教育理念源自教育思想与教育经验，但又高于教育经验并促进教育思想的进步与完善。

对当前的中国教育，有人曾断言：教师教育理念的问题已解决，缺少的是教育行为。因为每位教师都知道"以学生发展为本"，但行为上却是知识本位。我认为，这样的结论显然是错误的。"以学生发展为本"是新课程思想（当然也可以理解为人本位思想下在中国教育的教育理念）。教师几乎都知道"以学生发展为本"的思想，但这只是认知问题，由于大部分教师根本没有在教育实践中去实践、反思"以学生发展为本"的教育价值观，也就不可能有自己的思考与相应的观念，又何来教师的教育理念？没有教育理念，当然谈不上具体反映这种理念的行为。

正是教育理念的这种性质，决定了教师必须通过新办学思想引领下的扎实教育实践与对教育实践的反思，才能逐渐形成与办学思想相对应的属于教师自己的教育理念。而这种新的教育理念的形成过程其实是反复的过程，必须通过教师不断实践—反思—实践，反复循环才能达到，因此教师的教育理念的形成是一个艰苦的过程，是需要克服原有顽固的观念的过程，是需要教师付出极大努力的过程。

著名哲学家查尔斯·哈尼尔认为：外在世界是内在世界的反映。思想理念虽然是通过社会实践反思获得，但其是内心世界的一部分，而行为则是思想理念外在的表现。人类的行为是受人类意识支配的，而意识又是由思想决定的。可以说思想间接地控制着行为。我们在想什么，都会传达给意识，意识操控我们的行为。

所以，教师的教育行为是教师教育理念外在的表现形式，是受教育思想影响的。当教师在新的办学思想引领下，在反复的教育实践反思过程中形成了新的属于教师的教育理念，与这种新的教育理念相对应的教师的新的教育行为方式同时形成了。当然，在教师新的教育理念与行为方式形成过程中，教师的教育行为又对原有的教育理念（思想）起着完善、促进发展的作用。

根据本书对人的文化品质的论述，当教师在新教育思想引领下，在反复的教育实践反思过程中形成了与这种新的教育思想相一致的属于教师自己的教育理念与行为方式时，教师新的教育文化品质就形成了。这恰恰是学校文化的核心。

（四）将师生的教育文化品质积淀为学校文化

上文提到，学校文化的主要表现内容是学校成员在学校特有的教育价值观（教育思想）的引导下，在教育实践中形成的独特的反映这种教育价值的行为习惯、教育价值观与思维方式等。这里需指出的是，这种文化是复数，而非单数！即文化是由全体师生员工共同创造的，反映的是全体教职员工的行为习惯、教育价值观与思维方式。

所以，学校师生的文化品质在学校教育实践过程中逐渐形成，就意味着学校的核心文化逐渐形成。当然，在学校文化形成过程中，学校要注意将师生在教育实践过程中表现出的优秀文化品质发扬光大，使之逐步成为学校文化的主流，从而形成为学校全体师生员工认同并自觉维护的学校文化。

由此可见，学校核心文化形成的过程首先是学校教育思想的提炼与认同（师生），其次是全体师生在这种教育思想（教育价值观）的引领下，在具体的教育实践中逐渐形成教育理念、教育行为习惯。学校核心文化随之形成。学校核心文化的形成过程也是学校教育思想完善的过程。师生的教育行为习惯、教育理念尽管是学校教育思想的具体表现，会受学校教育思想的影响，但师生行为习惯与教育理念在形成过程中也对学校教育思想产生反作用，从而促进学校教育思想的完善。

学校中层与表层文化是学校核心特色文化（上面所论述的核心的学校特色文化）的外在反映，更多表现为制度、文字语言、建筑花园等文化形态。在学校核心的特色文化的形成过程中，中层与表层文化也由师生逐步建设起来，并反映核心文化的精神。同时，这种表层与中层文化的建立，又对师生的文化品质形成一定的反作用。一方面，对学校核心文化起到一定的完善与修正作用，同时，这种反映核心文化的表层、中层文化又对师生产生作用，使之按照这种文化的规则办事。这就是所谓的环境教育人的意义所在。

由于学校中层与表层文化的建设是由学校核心特色文化决定的，所以不同学校的核心特色文化不同，其中层与表层文化就不同。下面，我们将以上闵外为例来具体叙述。

第三节　现代外国语中学的文化特征与
上闵外特色文化建设案例

学校特色文化是基于学校教育实际、依据当下教育特点与发展规律、在学校成员扎实的教育活动中形成的。在前面几章中，我们系统阐述了现代外国语中学的价值、意义与特性，本节，我们将以上闵外为例，介绍现代外国语中学特色文化的建设。

一、现代外国语中学的文化特征与形成

从文化角度来说，现代外国语中学是一个开放的系统，同时，也有一定的方向性文化，那就是坚持自己的民族性。所以，现代外国语中学的文化不仅是中华民族文化的延续，更多的是通过来自不同文化背景的人员在一定的学校思想引导下的交往、活动、创造中形成的。因此，这种文化有中华主流文化的特征，也有国外各种文化的痕迹。这些文化通过代表这些文化背景的人在这个校园进行交流、开展活动、实现融合，最后发展成为一种新的学校文化。

由此可以得出如下现代外国语中学的文化特征。

1. 现代外国语中学文化的基本基因是中华文化

现代外国语中学与过去的外国语中学最大的区别是：我们不仅要让学生掌握外语的交流技能，理解外语背后的外国文化，更重要的是能用外语传播中华文明，从而真正成为具有中华情怀和跨文化素养的人。

现代外国语中学要求学生根植于中华文化土壤，这必然要求学校在文化建设过程中，将中华文化元素作为核心要素来考量。特别是在学校校本课程建设中，依然要将中华优秀文化课程作为学校课程的重点与根本来建设。

2. 学校文化的多元性是现代外国语中学的标志

一所现代外国语中学，一定是一个多元文化在这里融合的校园。原因有三：其一，作为一所外国语中学，外国语及其背后的文化一定成为校园的一部分；其二，来自不同文化背景的人在外国语中学集结，一定会带来不同的文化；其三，现代外国语中学的办学目标之一就是要培养跨文化素养的人。因此，现代外国语中学的文化一定是多元的。

3. 现代外国语中学的文化不仅是多元的，而且是多元文化的融合

现代外国语中学是我们中国人为培养具有中华文化素养与跨文化修养的一代新人的校园，因而一定是以中华文化为主流，不同文化在这里碰撞的结果。而不同文化碰撞的结果不是文化冲突，而是通过交流、理解、包容，形成基于这些文化（尤其是我们的母语文化）的优秀基因的现代外国语中学的优秀文化，是不同文化的融合。

二、上闵外学校特色文化的特点

为了具体说明现代外国语中学特色文化的建设，我们借用上闵外十年创建的案例来阐述外国语中学特色文化建设的基本路径与原理。

1. 上闵外的基本情况

为了适应上海市大虹桥国际商务区与长三角一体化建设的需要，2015年9月1日，上海市闵行区人民政府与上海外国语大学合作在虹桥商务区核心区建设上闵外。

基于当时教育背景与外国语教育的需要，这所学校是由上海市的一所重点高中与一所民办初中组成。

经过十年的努力，上闵外成长为一所上海市优质的外国语中学。目前，学校开设了英、德、法、西、日等 5 个语种的外语课程，100% 学生修习其中 2 门外语；学校形成了"基于文化理解的教育范式""外语＋X"的学生多元发展课程体系，具有鲜明多元文化特色的"五育融合"特色教育体系；带有多元文化特征的艺术、体育、科技等特色项目已在上海产生一定影响力。学校整体教育质量名列区域最前茅，成为老百姓心目中有外国语特色的优质学校；每位来宾走进上闵外，均能感受到上闵外特有的基于文化理解的学校文化。

2. 上闵外的特色文化的基本特点

经过十年的建设，上闵外特色文化具有如下特点：

其一，上闵外是一所现代外国语中学，是以培养具有中华情怀和跨文化素养的社会主义事业建设者与接班人为目标的，而不是以培养学生出国留学为目标的"国际学校"。所以，上闵外的教育具有非常鲜明的中华民族教育文化特色，即继承了优秀的中华民族文化。在上闵外，可以看到教师严谨的教风与爱每一位学生的师风，也可以看到学生勤学奋进的优良学风与尊师守纪的中华优秀风气；在上闵外，可以看到师生和谐的关系，也可以在与学生的交流中感受到学生"引经据典"的厚实的中华文化修养；在上闵外，可以看到学生激扬文字的那种青春活力，更能感受到他们优雅的气质与"修身养性齐家治国平天下"的家国情怀。

其二，上闵外是一所现代外国语中学，多元文化在这里激荡并得到尊重理解、发扬光大。

为了达成让我们的学生成为一个具有跨文化素养的中国人的目标，我们大量引入了代表外国语背后文化的教育资源，让我们的学生可以在深入活动与体验中提升他们对这些文化的理解，从而提升他们的跨文化素养。因此，从走进上闵外大门的那一刻起，就能感受到，乃至感动于这种文化的存在。从静态的建筑、花园、雕塑等，到动态的人的气质、师生的各类活动、教育的过程等，都会给人以深刻的印象。

其三，在上闵外，学校文化最显著的特点是多元文化的融合。

　　为了提升学生的跨文化素养，希望未来的他们能够用学到的外语及他们真正理解的这种语言背后的文化，向世界传播中华文明，上闵外努力在校园内形成以中华文化为主导的多元融合文化。我们建设了"人类命运共同体德育第一课堂"，将世界主要语言与文明用 AI 技术等展示在 200 平方米的时空内，让我们的学生在这里通过体验、对话、反思等，感受到不同的文化、文明。在校园内我们设计并建设了"C-S 广场"，即孔子-苏格拉底广场，让多元文化与师生的思想在这里碰撞，从而形成多元文化时空。更重要的是，在教育的过程中，特别是在外语、体育、艺术、科技等教育中，我们将代表世界优秀文化的各类活动引入校园，并融合中华文化，形成了上闵外特有的多元文化融合的教育形态。

　　其四，上闵外的这种特有的文化，是全体师生认同并建设而成的。

　　十年来，上闵外通过定期的教师论坛与学生论坛，将教师与学生在教育活动中和学习活动中表现出的有上闵外文化特征的各类优秀思想与行为加以宣传，从而逐步成为大家认同并践行的思想与行为。上闵外通过全体师生的教育实践，提炼出了"基于文化理解的中学教育范式"，不仅在上闵外发扬光大，而且推广到全上海。上闵外大量的课程建设，均是上闵外师生在教育实践中建议、践行中形成的，成为上闵外文化的重要组成部分。上闵外今天形成的文化就是师生思想、精神、行为等的反映。

三、上闵外特色文化建设纪实

　　上闵外 2015 年 3 月开始筹建，2015 年 9 月 1 日正式开办。在筹建与创建过程中，上闵外的创建者们，就按照一所现代外国语中学的基本性质与教育规律进行学校文化建设。

1. 在筹建与创办过程中提炼上闵外办学思想

　　学校办学思想是办学者依据党与国家对教育的要求，根据学生、学校、教师与当地文化等的特点，对学校教育的方向与内涵作出的一种价值判断与思考；是学校发展的方向，也是学校教育与文化的核心内涵。从操作层面来说，学校办学思想主要表现为学校的教育追求（校训等）、学校的发展方向、学生的发展目标等，即学校要成为什么样的学校？学生应该发展为什么样的学生？

在前面几章的叙述中我们提到，学校办学思想源自三个方面：其一，源自对学校办学历史的反思与现状的分析；其二，源自对学校成员（主要是师生）的现状与思考；其三，是从哲学角度去正确理解今天教育的发展方向与社会对人的要求，形成正确的教育价值观。

上闵外在 2015 年创办时，是一张白纸，但她是由其母体——上海外国语大学创办的，学校办学的方向是非常明确的，即一所具有外国语教育特色的中学。在这样的基础上，我们研究上海外国语大学的教育思想与文化，研判我们的学生可能的发展方向，然后又在以后的教育实践中逐步完善这些想法，从而形成了今天的上闵外办学思想，具体表现为如下几个方面：

• 确立了上闵外的校训

根据习近平总书记关于共建"一带一路"重要论述与上海外国语大学的校训"格高志远，学贯中外"，结合上闵外学生的特点（同一群体中前 30% 的学生，且有一定的多元发展倾向），在教育实践中逐步形成了"明德笃志，学贯中外"这一上闵外校训。

这八字校训不仅反映了上闵外的教育价值观，也理顺了我校与上外的关系，同时体现了我校师生的教育与人生追求。

这一校训反映了上闵外人不仅需要美德修身，更需要养育鸿鹄之志！我们的视野不仅在中国与西方，而是在整个世界；同时，现代外国语中学的学生，不仅能"师夷长技"，更能将中华文化向世界传播。

• 确立学校特有的教育理念：文化理解

为什么提出这样的教育理念？这是由我校校训决定的，是由学校师生决定的，是由今天之中国发展目标所决定的，也是由这个时代的教育特征决定的。

首先，当下世界已进入"信息化＋AI"时代，这个时代各个民族文化加速融合。习近平总书记在 2015 年 9 月 28 日联合国成立 70 周年之际，前瞻性地提出了"构建人类命运共同体"的倡议，同时也指出"不同文化之间彼此相互作用，具有同等尊严，应受到相同的尊重，被视为人类共同的财富"。这里的核心问题是"文化理解"。

其次，"信息化 + AI"时代，从时间轴来说，每个人的文化图式差异性巨大，必须通过"文化理解"，才能带来个体自身的发展与社会的发展。从人类的空间轴来说，不同人群与不同文化背景的人，从没有像今天这样在发生融合，不同文化背景的人群与人的发展，依赖于"文化理解"。从师生关系来说，不同时空下诞生的教师与学生自然会发生冲突，如何实现教与学的目标，师生之间的"文化理解"成为必然。上闵外是一所以外国语教育为特征的学校，这就意味着我们的学生将在不同文化中穿梭；上闵外的教师 80% 以上来自全国各地乃至全世界，学生来自全上海乃至全国各地不同文化背景的地方与家庭，要让学生成长为具有 VAG 特质的现代中国学子，教育成功的一个主要条件就是教育主体间的文化理解。

为此，我们提出了"文化理解"，并且成为这所学校基本的教育理念。

• 确定了学校的发展目标

根据上闵外的核心教育理念与校训，基于上闵外学生比较优秀的学业基础与国家政府、社会家长对上闵外的要求，我们明确提出：上闵外应该成为一所具有文化理解特征的、高品质的外国语教育特色中学。

这里的文化理解特征有三层意义：其一，我们的师生具有文化理解素养；其二，我们的教育过程不是从上而下的灌输式教育，而是师生平等、文化平等的基于文化理解的教育；其三，我们的校园是一个充满文化理解的校园。

这里的高品质核心是指：我们的教育思想是符合人的成长规律与时代社会需求的；我们的教育行为是受学生欢迎并让学生健康幸福成长的；我们的孩子在这样的校园里能成为学业优秀、品行端庄，有独立思想、创新精神，具有国际视野、跨文化素养的一代优秀学子；我们的校园不仅现代美丽,更在于其所表现出的校园文化能让人们在感受国际化、现代化、信息化的同时,感受到积极向上的文化氛围;我们的老师是一群具有与学校教育思想相一致的现代教育理念与素养的老师,他们同时是一群富有理想、积极向上、具有理解孩子意识与能力的老师,他们的教育行为就是学生所希望的、欢迎的教育行为;学校的教育质量得到学生、家长、社会的高度认可。

我们这里所说的外语教育特色不仅是让学生掌握几门外语的交流能力,而且是让学生理解这些文字语言背后的文化内涵,更重要的是让学生在深刻理解中华文化的基础上,形成中外文化的融合素养,从而让我们的学生真正拥有跨文化素养。

- 明确学生发展目标

上闵外的学生来自全市各区,其基础学业是比较优秀的,外语基础尤为突出。根据学校的办学目标、理念、校训,学校明确提出上闵外学生的发展目标:上闵外学生是具有中华情怀、学术与跨文化素养的、言有物而行有格的祖国新一代。

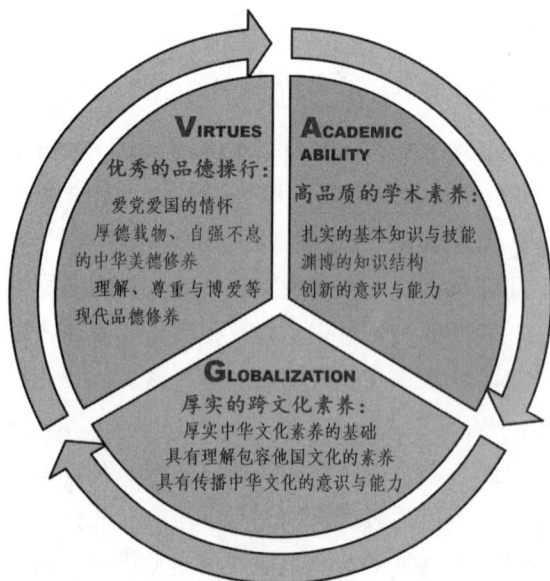

图 4-5 上闵外学生培养目标 VAG 内涵

上闵外学子应成为具有 VAG（V—Virtues，优秀的品德操行；A—Academic Ability，高品质的学术素养；G—Globalization，厚实的跨文化素养）特质的现代中国学子。

这些内容构成了学校的基本办学思想。

2. 根据学校的办学思想，设计并开展与此对应的教育实践，并在教育实践中形成学校的深层（核心）文化

根据上面有关学校文化的论述，学校特色文化可分为学校深层文化、中层文化与表层文化，其中学校深层文化是学校的核心文化，是关于学校师生员工的文化。我们先来阐述上闵外深层文化的建设。

学校深层文化主要是关于师生的文化，包括师生的文化气质等文化形态，这种文化气质主要是以人或人际关系为基础构成的文化形态，是师生在长期的教育活动中形成的。人的文化气质主要包含人内在的价值观与精神追求，以及人外在的和内在的价值观、精神追求等对应的行为方式习惯等。

显而易见，其内在的价值观与精神追求是这种文化气质的魂，是师生在学校教育生活过程中逐渐内化形成的。而学校师生外在表现出来的与之对应的行为习惯等是在这种教育生活价值引领下在教育生活中形成的。只有这两者完美统一，才能形成我们所谓的人的文化气质。而且，这种文化气质的形成是一个长期的过程。只有关于人的这种文化气质形成了，学校的深层（核心）文化才能形成。

在这样的思想指导下，上闵外要求形成的深层文化应该是具有文化理解特征的、多元开放的、积极向上的、严谨的深层文化。为此，我们从以下几个层次推进这种文化的形成。

（1）在追求优秀中形成严谨、理解、优秀的教育文化，让优秀成为我们教师与学生生活的一部分。

2015 年春，上闵外开始筹建，上闵外的初创者们就形成了我们的教育人生愿景：我们是一群优秀的教育者。我们从全国各地走到一起，是为追求我们人生的教育理想而来的，是为培养一群优秀的祖国未来的栋梁而来的。

从学校开办的第一天起，学校就形成了完备的管理制度，从总务后勤到教学、德育等，均按照现代外国语中学的要求，形成完整的参考标准体系与评价标准，让我们做每一件事都从高标准、高要求出发。

从学校开办的第一天起，我们便致力于发掘教职员工们在教育实践中的优秀做法，并在教师队伍中发扬光大。为此，我们建立了每两周一次的教师讲坛，让近两周内我们所了解到的优秀教师的做法在教师群体中得以传播和推广。以数学老师俞老师为例，她投入了大量的时间和努力，确保100%的学生作业得到细致批改，并为100%面临学习难题的学生提供了面对面个别指导。我们让这名教师在讲台上分享了她的"两个100%"教学理念。目前，这两项100%的标准已经成为上闵外教师在教学过程中的标准要求。

同样地，从学校开办第一天起，我们就注意吸收优秀学校的一些做法，使之逐步成为上闵外优秀的一部分。作为一所中国的学校，学校文化的背景是中国文化，因此我们吸收中国教育的长处，如教育严谨、基础扎实等；同时我们又是一所外国语中学，我们的教育又是多元、开放的。

在不断坚守、实践创造、吸收优秀的过程中，这样一所初创的学校，已经成为上海市文明校园、上海市中学生行为规范示范校、上海市有一定影响力的优质外国语中学。

（2）建设丰富的、有文化理解特征的学校课程体系。

课程是实现学校教育目标最重要的载体，是学校教师学生发展的主要载体，当然也是形成学校深层文化的主要途径。

在实现国家课程目标的同时，根据当下的国家课程标准与外国语中学的要求，我们着重在国家课程校本化、校本课程建设与学生实践类课程方面进行创造性的探索。下面所谈的学校课程建设主要是指上述三个方面的内容。

我们的课程建设的基本原理是：根据文化理解的思想，吸收当代课程巨匠威廉·F·派纳的理解课程思想来建设具有文化理解特征的学校课程。

在具体做法上，学校既吸收了泰勒原理的精华，如课程目标的确定、学习经验的选择以及评价等，但本质上对泰勒原理又有超越。首先，泰勒原理是自上而下的科学开发模式，而我们的课程思想、课程目标、学习经验的选择等，都经历了一个理解、自下而上的过程，因此学生自身的需求和理解、学校的特点等永远是课程方案的核心内容与思想。其次，课程的实施过程与评价过程，是一个动态的过程，是一个变化、丰富发展课程的过程，是师生发展理解的过程。课程评价要超越传统的课程评价，注重师生的学习过程。教学过程中，教师与学生要超越传统课程的精英主义思想与教学灌输方式，师生互为领导，相互理解，超越课程，注重过程，使原有的课程内容成为学习的发生点，从而促进每个人发展，丰富课程内容与思想。

课程的设置遵循了理解的理念。具体做法如下：首先，学生向学校提出学习课程申请，学校课程部门根据学生申请和学校课程指向整合成学生各类课程的需求，并根据学校课程思想与课程目标，确定学校课程指向（这里专指国家课程校本化实施与指向学生需求的实践类课程），形成学校课程指南。在此基础上，学校将本年度这两类课程指南发给全校师生与家长，由学校师生与家长对本年度课程进行投标，学校组织相关专家进行评标，最后确定"中标者"。接着，学校课程部门组织"中标者"形成一定的课程材料，这些课程材料由学校课程部门进行审定，审定完成后交"中标者"使用。学校在确定完成这些校本课程后，将其纳入学校教学计划，并排入学校课程表。最终，将本年度的这两类课程设置印发给全体学生，让学生自己选择学习内容，课程进入课程表。

在这样的课程思想指导下，学校形成了"外语＋X"的具有文化理解思想的课程体系。其中，外语有英、德、法、西、日等语种，学生可以任选两门，其中一门为主修，另一门为辅修，也可以双主修；X是指学生可以自由选择或由多名学生提出而生成的课程，包括学科拓展、体育、艺术、STEAM、其他各类实践类课程等体系。图4-6是上闵外初中部2023学年的X课程。

科目（合作）	学习方式	科目	学习方式
舞向未来（美国NDI）	选修	二外（德、法、日、西、葡）	选修
管乐（上海交响乐团）	选修	FUTURE CITY（同济、交大）	选修
声乐（中福会）	选修	环保科学（世界自然基金会）	选修
民乐（中福会）	选修	网球（内外结合）	选修
书法（少年宫）	选修	太极拳、击剑（外请）、赛艇（王石深潜）	选修
绘画（上大美院）	选修	与美国学校的合作课程	选修
电影制作（上大电影学院）	选修	理科加强	选修
STEAM课程（华师大、农科院）	选修	中外经典文学	选修
双语融合课程（上外）	选修	戏剧（外聘）	选修
文创（上大美院等）	选修	英语小记者团（新闻晨报等）	选修

图 4-6　上闵外初中部 2023 学年 X 课程

以体育课程为例，学校共开出棋类、球类、田径、赛艇、健美操、武术、网球、棒垒球等 20 多门体育校本课程，供学生在体育活动课中选择，保证学校的学生 100% 能够选择自己喜欢的活动课。学校根据学生兴趣爱好和性格特征及学校教师的教学特点，在体育课上实行了多人多班制、三人二班制等课堂教学模式。如多人多班制，多位体育教师同时上多个班，让学生根据自己的兴趣爱好、性格特征等选择自己喜欢的教师和项目，组成全新的由爱好相同或相近的学生组成的多个班，从而使课堂充满生命活力。让喜欢体育并具有体育特长的学生单独编班，有利于学生特长的进一步发展。同时，学校建立了体育俱乐部，让体育爱好者有一个自己的家。学校还设立了学校体育文化节，每年的 9 月、10 月是学校为期两个月的体育节，活动由学生会、团委组织，全体学生参与，既有各类比赛活动，如棋类、田径、球类等十多项赛事，也有大量的趣味体育活动和关于体育的征文活动等。

通过这样的体育形式，学生在身体素质得以提升的同时，享受到体育给他们带来的成功、快乐、努力向前的精神，对人生更是充满自信，并将这种自信与在体育活动中形成的优秀品质迁移到他们日常的学习与生活中，从而极大地提升了学生的生命质量。

（3）开展基于文化理解的中学教育探索。

2015 年学校开办时，我们就开始了上海市级课题《基于文化理解的中学外语教育》的探索，学校全体外语教师全员参与研究与实践探索。我们认为，外语教育不仅要培养学生具备熟练的外语语言技能，还应该培养他们在深刻理解中华文化的基础上，洞悉外语背后的文化的能力，使他们今后能够游刃有余地穿梭于中外不同文化之中，成长为高素质的世界公民，并发展为中外文化交流的优秀使者。这种教育目标的实现，使得上闵外开创了"基于文化理解的中学外语教育模式"。

在这个研究过程中，一大批教师的专业行为发生了改变，其外语教育的价值观随之发生改变，同时，上闵外的外语教育文化也发生了改变。

在开展这项研究的同时，根据文化理解的内涵与外延，我们认为，在当下人类走向命运共同体的时代，文化理解是教育成功的重要载体与教育目的。据此，我们提出了《基于文化理解的中学教育》，并被列为上海市第四期名师名校长培养工程的攻关计划。学校因势利导，充分利用这样一个项目，动员全校教师，全员、全程开展基于文化理解的中学教育的研究与实践。在这样的过程中，教师的教育观念与行为方式同时发生改变，学校的教育文化发生深刻变革，有文化理解特征的学校深层文化逐步形成。下面，以案例"基于文化理解的德育策略探索——理解、陪育、体验、自主（U-ICE）"进行说明。

这种德育模式的主要背景有两个。

其一是学校背景。上闵外是一所以外国语教育为特色的优质外国语中学，国内外各种文化在这里交融；我们的学生来自上海乃至全国各地，他们的学习、生活、成长经历不同，他们首先需要的是理解。

其二是时代背景。当前，人类开始进入习总书记所描绘的"人类命运共同体"时代，让学生建立起文化理解的素养，是这个时代教育的使命；同时，人类进入"信息化＋AI"时代，由此我们的学生变得更个性化，即他们的道德文化图式更显多元化。

学校建设有理解文化的校园；采取全员导师制，推行由"培育"到"陪育"的德育理念和模式；设计美德体验活动，帮助学生形成优良的行为习惯与品德操行；强化自主，提升学生形成优良的行为习惯的内在需求等方式、途径，大大提升了德育效率，提升了学生的道德修养（具体实施方法和内容见第六章第三节)。

同样,这种德育模式的形成,是全体上闵外师生研究实践的过程,也是改变自己的价值观与行为方式的过程。

3. 在深层文化建设的同时,建设学校中层文化

学校中层文化是学校核心文化的外在显现,是学校师生的文化气质的明确表征,如学校的教育理念、办学目标、规章制度、学校教育研究成果、各类活动、课程设置等。所以,学校中层文化也是学校文化形成与发展的内在机制,是维系学校正常秩序必不可少的保障机制,是学校文化建设的保障系统。

上闵外主要通过如下途径推进学校中层文化的形成:

(1)在教育实践过程中提炼学校的文化符号。

所谓的学校文化符号特指通过独特的文化形态来表示的学校师生的人生追求的总称。在办学过程中,除了逐步形成上面论述的校训、办学目标、育人目标等外,上闵外还逐步确立了学校的三风、校标与校歌等学校文化符号。

(2)在教育实践中形成学校的教育理念:文化理解。

(3)在教育实践中形成学校的课程体系(具体内容见第五章)。

(4)在教育实践中,形成了上闵外基于"文化理解"的课堂教学模式与德育模式。

(5)在教育实践中形成学校的规章制度与相应的制度文化。

在当下"AI+"的现代社会中,尽管学校的环境在发生巨大变化,但规章制度依然是现代学校的标志,是学校有序发展的基础。当然,由于校情与学校所处的社会文化的差异,各校的规章制度也是有差异的。

对于制度,在中国文化中,"制"有节制、限制的意思,"度"有尺度、标准的意思,这两个字结合起来,表明制度是节制人们行为的尺度。《现代汉语词典》的解释是"要求大家共同遵守的办事规程或行动准则"。《辞海》对这一词的解释为:制度的第一含义便是指要求成员共同遵守的、按一定程序办事的规程。

同时,从文化角度来说,学校规章制度是学校管理的依据,是学

校核心文化的一种外化表现形式,是全体教职员工的内在价值、精神追求的外显形式,也反映了学校、教职员工、家长和学生的多方利益及其价值追求。

当然,对现代外国语学校来说,学校制度不是用来约束教职员工的,而是学校全体教职员工在校长引领下,为实现学校师生员工共同的愿景而形成的大家共同遵守的办事规程或行动准则。所以,现代学校规章制度是学校人人参与制订的。

对上闵外来说,学校规章制度的形成过程主要经过这样几个程序:

首先,由学校相关管理部门会同自己部门的人员,参照相关要求与本部门的实践情况,制定该部门的管理方案(初稿)。

第二步是将该方案提交学校主管部门或校长室审定,主管部门或校长室提出修改意见,进一步完善。

第三步是提交学校教代会修改审议,在完善的基础上通过该方案,并正式成为学校的规章制度。

每隔 1—3 年,这些文本由相关部门牵头进行完善修改,并交教代会审议修改通过。

在这样的框架下,上闵外作为一所外国语中学,在近十年中,形成了现代外国语中学的基本规章制度。基本制度如下:

> 上闵外学校章程
>
> 上闵外五年发展规划
>
> 上闵外外国语教育特色发展规范
>
> 上闵外教代会章程
>
> 上闵外教职工聘任方案
>
> 上闵外工资分配制度
>
> 上闵外工作奖励方案
>
> 上闵外教学管理方案
>
> 上闵外德育管理方案
>
> 上闵外课程建设方案

上闵外后勤管理方案

上闵外教师专业发展方案

……

在现代学校规章制度形成的过程中，我们还要形成敬畏制度的良好氛围。这里的敬畏，含有既敬重又畏惧的意思。对现代学校来说，良好的规章制度是文明的重要标志，遵守规章制度，是对每一位师生员工的基本要求，也是一个人应该具备的基本素质，是现代契约精神的反映。有了对制度的敬畏，我们就能做到制度面前人人平等、制度面前没有特权、制度约束没有例外。

（6）在教育实践中形成教师的教育理念与教育行为方式。

上闵外全体教师在学校教育思想引导下，投入到学校教育实践中去，并在教育实践中，通过反思理解，逐步形成了属于上闵外教师的教育理念与相对应的教育行为方式。主要表现为：形成了代表教师有效教育的论文、著作等由文字表现的教师教育理念；形成了基于文化理解的教育方式，深受家长、学生的欢迎；形成了教师的教育文化气质，等等。

4. 建设学校的表层文化

学校表层与中层文化均是学校深层文化的外在反映，中层文化主要是以反映学校师生员工价值追求的文字、课程、活动、制度等表现出来的，而表层文化则更多以反映师生员工价值追求的学校建筑、雕塑、绿化等学校空间文化表现出来的。

上闵外作为一所现代外国语中学，其学校表层文化也一定反映了这所学校的精神追求。

（1）英伦风格的学校建筑群（见图 4-7）

办学者从一开始就参与上闵外的校舍建设过程中。我们从一所现代外国语中学的角度去考虑她的建筑，包括建筑的风格、色彩等。从图 4-7 中我们可以看到，上闵外的校舍风格采用的是英伦风格，包括

图 4-7 上闵外校园建筑群

钟楼；其色彩的主色调为"哈佛红"，配以淡黄的大理石边框；主楼大厅门口是 4 根高大的罗马柱，旁边是圆形的剧场，与主建筑群的曲线无缝圆润衔接。

（2）反映学校师生精神追求的校园十大景点。

学校雕塑、花园布局等均反映了学校师生员工的价值追求，同时也会无声地告诉来访者学校的这种价值追求，让进入这个校园的人受到感染。上闵外作为一所外国语中学，期望培养具有民族情怀、学术与跨文化素养的一代新人，其校园的主要雕塑、布局等一定反映了上闵外的这种教育理想。

A. 学校主题雕塑——元（见图 4-8）

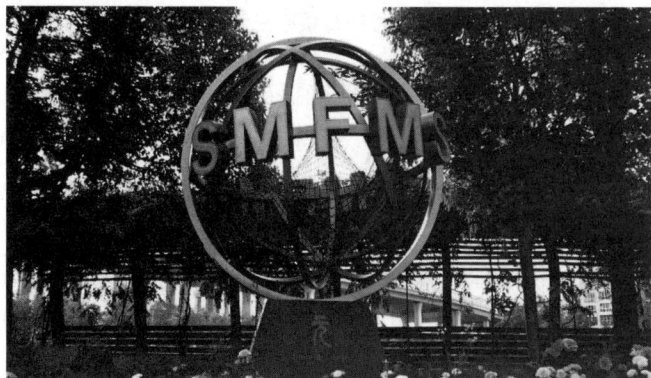

图 4-8 校园主题雕塑"元"

在面对着学校主体建筑的西北方向的学校水廊旁，有一座谓之"元"的雕塑。其基座是黑色大理石，基座上是一个由5个铜合金圆组成的球，球外表分布着上闵外的英文首字母"SMFMS"，球内布局有多个双曲面（宇宙分布最广泛的一种曲面），这些双曲面的颜色由红橙黄蓝青靛紫七种色彩组成。

这座雕塑意味着上闵外师生在有限的地球与人生，追求无限的宇宙与未来的希望。英文含义是 finite & infinite，用中文"元"表示，而且选用了篆书的"元"字，似一个快步向前的人。

B. 学校教育核心三元素雕塑（见图4-9）

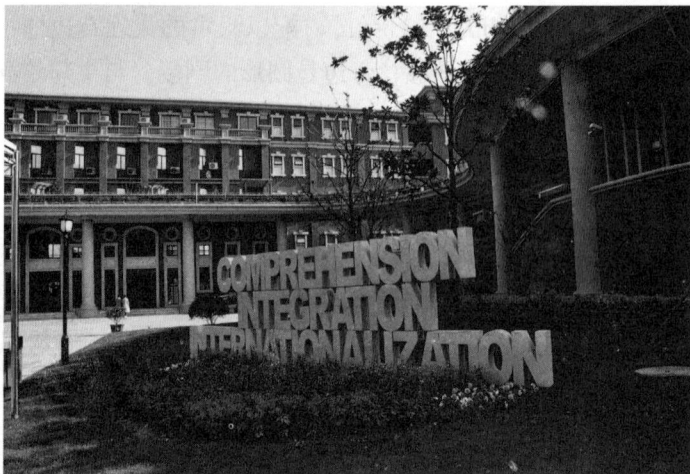

图4-9 学校教育核心三元素雕塑

上闵外在办学过程中，除了明确提出办外国语教育特色的优质学校外，还将其核心特色用如下三个词汇描述：理解、融合、国际化，即英文：Comprehension，Integration，Internationalization。这三个词，不仅表达了上闵外教育的基本追求，也厘清了上闵外教育的基本过程，即从不同文化的理解开始，但这不是教育目的，目的是达到不同文化在上闵外教育过程中的融合，从而让我们的学生在厚实的中华民族文化基础上，达到对他文化的理解，并用外语传播中华文化，真正让我们的学生成长为有国际视野的中国人。

C. C-S 广场，即孔子-苏格拉底广场（见图 4-10）

图 4-10 校园十景之 C-S 广场

我们在学校中间一栋教学楼与综合楼之间的空间，根据上闵外的特征与教育目标，设计建设了一个"C-S 广场"，即孔子-苏格拉底广场（见图 4-11）。众所周知，孔子（Confucius）与苏格拉底（Socrates）是东西方两大文明的代表人物，他们的思想

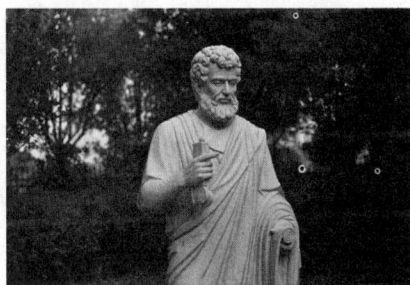

图 4-11 校园十景之 C-S 广场

深刻影响了人类文明的发展。建立 C-S 广场，就是希望我们的学生沿着先哲的路，在这样一个以两位先哲的名字命名的空间里，让师生不同的思想在这里交流、激荡，产生新的智慧与思想，也让不同的文明在这里融合，达成文化理解。所以，我们分别在广场的东西两面相隔 50 米左右的地方树立了高 2 米的苏格拉底与孔子汉白玉像，在两尊先哲像中间建立了一个介绍中西方文化的紫藤长廊和约 60 平方米的木板平台，在长廊与平台上，摆放了几方桌子与十几张椅子。这些硬件为师生提供了对话交流的空间。

D. 在学校剧场楼顶，建设了直径 15 米左右的汉白玉学校 LOGO（见图 4-12）

图 4-12　屋顶花园里的学校 LOGO

作为上海外国语大学的附属学校，上闵外的校标（LOGO）吸收了上海外国语大学校标的基本元素，并加入上闵外的特点。其中翻开的书本代表我们的学生继承中华的优良传统，勤奋、努力学习中外文化知识，努力做到学贯中外；周边的橄榄枝，表达我们希望学生在校园里逐步形成国际视野，未来成为建设祖国的现代人才；2015 是学校创办的时间，上闵外是学校的简称，SMFMS 是学校名称的英文缩写。

我们把学校的校标建设在学校剧场的楼顶，一是楼顶正好有这么大的一个圆形空间；二是学校正好在虹桥国际机场航道线下，从飞行中的飞机上看下来，直径 15 米的大型白色汉白玉校标十分醒目。

E. 学校首字母 S 型四季花圃（见图 4-13）

在学校教学楼、体育馆、体育场的交汇绿地上，我们设计了以学校打

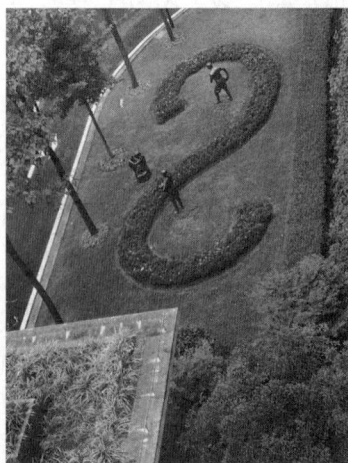

图 4-13　S 型四季花圃

头字母"S"为形状的花带，在花带的不同位置，放置了三个学生雕像。一是学生拿着足球冲向远方的运动姿势；二是学生坐在草坪上，拿着画架在专注画画；三是一位女孩漫步于美丽校园，拿着一本书在朗读。这组雕塑的意境是：在上闵外这块充满活力与诗意的地方，学生在五育融合的教育氛围中健康成长。

F. 一条灵动的睡莲水廊（见图4-14）

图4-14　睡莲水廊

当我们推开西洋式的学校大门，映入眼帘的是一条清渠，似醒似睡的睡莲，半开半闭的带着几分羞涩的睡莲花在伞型的喷泉下，分外美丽动人。这条睡莲水廊，不仅给上闵外带来灵动与秀色，还彰显出上闵外的学校特质：灵动而有序，美丽又奔放。

G. 廊上花开（见图4-15）

在上闵外的廊道外沿栏杆上，均布置以花架，四季变化，但不变的是花开四季！这些花的日常维护，是由所在区域的班级负责，从而让我们的学生

图4-15　空中花廊

在审美的过程中，形成了爱美、护美的习惯素养，从而提升学生的责任心。

H. 绿色草坪上的银杏林（见图 4-16）

图 4-16　草坪上的银杏林

在两栋教学楼间，学校种植了一片银杏林，并配以西式的块状草坪。春天来临时，碧绿的草色上那宁静挺拔的银杏，让校园分外安静，平添一份读书的情趣；当秋风吹起，满树金黄的银杏叶，纷纷扬扬飘落在还是绿色的草坪上，还有挂满树枝的金色银杏果，让人感受美不胜收时，还有一种硕果累累的感受。这也会给我们的学生带来自然的学习启迪。

I. 上闵外的钟声（见图 4-17）

图 4-17　巴洛克式钟楼

在上闵外校园的建筑群上，高高耸立着一座有巴洛克建筑风格的钟楼，在学校的基本色调哈佛红与淡黄色中，镶嵌着一座黑白相间的大钟，在这样一座色彩斑斓的校园里显得格外醒目。每当准点时，悠扬的钟声传遍校园，仿佛在提醒每一位上闵外人：光阴似箭，我们要好好珍惜时间。

J. 理解石（见图 4-18）

图 4-18　理解石

在校园的教学楼、体育馆、生活楼的交叉绿地上，我们安放了一块重达 60 吨的原生石，上面雕刻有原中国教育学会会长、著名教育家顾明远博士的题词：理解，教育的起点和终点。文化理解是我们这个校园的核心教育价值观，这句话说明了教育的起点是我们师生之间的理解，而教育的终极目标是让我们的师生拥有了理解的素养。这样的学生就能从这里出发，走向全世界。

（3）彰显学校办学思想的、丰富多彩的校园活动。

在外国语中学办学过程中，上闵外逐步形成了体现上闵外核心教育思想"文化理解"的系列校园活动，如前文所述的九大文化月活动，让学生在多彩的校园活动中，体验理解多元的文化，展现自己的才华，学会欣赏他人的优点，形成理解的素养。

如图 4-19 是体育文化节，在为期一个月的体育文化节中，学生们不仅展示自己喜好的各类活动素养，更重要的是交流、学习、分享、体验这些运动背后的文化，从而真正理解各类体育活动的起源、意义等，实现"文化理解"。

图 4-19　体育文化节活动

又如学校开展的国际文化节，是一个为期一个月，每年均有主题的国际文化学习、分享、体验的全员性的大型课程。

如 2019 年 12 月，上闵外国际文化节的主题是"世界名校"。每

图 4-20　上闵外教师研究成果

个班级自己选择一所世界名校，可以是哈佛、剑桥，更可以是北大、清华，选择好之后，全班开始研究这所学校的历史、文化、人物、特点等，然后选择其中的人物、历史、故事等，用艺术的方式把选定的人物、故事、文化等表现出来。全员参与，全员体

验,努力实现文化理解。

(4)出版彰显学校师生价值追求的图书、报刊、杂志等。

上闵外办学以来,非常重视反映学校师生精神、价值追求的广播电视台、网络及报刊杂志、图书的编辑出版工作。

首先,做好学校广播电视台、网络的宣传工作,在丰富师生校园生活的同时,及时传播师生的先进表现与学校的成就,传播正能量。

其次,做好学校报刊杂志的出版工作,有关学生的报刊杂志全部由学生作为主编,发出学校师生自己的心声。同时学校积极帮助教师出版学术著作,发表相关论文。

第五章

现代外国语中学课程建设

在任何一所学校，课程的建设均应服务于国家的教育目标，服务于学校的培养目标。当今世界是全球化的世界，任何国家乃至个人的发展都不可避免地会受到整个社会大环境的影响。2009 年，联合国教科文组织发布的题为《投资于文化多样性与跨文化对话》（*Investing in Cultural Diversity and Intercultural Dialogue*）的报告指出："了解不同的文化是一种全新的文化扫盲，同文字和数字扫盲同等重要。文化扫盲如今已成为当今世界的生命线，为各类教育的发展提供指导，是应对无知和冲突不可或缺的工具。"2017 年 12 月 12 日，经济合作与发展组织（OECD）在美国哈佛大学正式发布 PISA2018 "全球胜任力"（Global Competence）评估框架，对全球胜任力给出了官方定义。从"国际理解力"到"全球胜任力"，这一框架进一步强化了培养青少年关注全球性、全人类福祉议题的意识和态度，以及优秀的跨文化沟通意识和能力的重要性和紧迫性。《中国学生发展核心素养》也明确提出了培养国际理解力的要求，"全球胜任力"成为中国中学生发展必须具备的核心素养之一。在当前推进的"双新"改革背景下，外语学科核心素养提出了语言能力、文化品格、思维品质和学习能力四个方面的要求，外语教育的目标也已远远超出对语言技能和语言知识的了解与掌握，而更加强调对异文化的理解与尊重，对跨文化交流能力与素养的培养，以及外语自主学习能力的培养。

习近平总书记在党的二十大报告中指出：世界各国弘扬和平、发展、公平、正义、民主、自由的全人类共同价值，促进各国人民相知相亲。中国致力于推动构建人类命运共同体。在这样社会变革的大环境下，中国的发展需要更多具有国际胜任力的优秀人才。作为外国语中学，我们应该也必须承担起这样的育人责任。

为适应这一社会人才培养和教育教学改革的需求，相比于其他学校，外国语中学的课程规划和建设必须更多地关注培养学生优秀的跨文化沟通意识和能力，为实现培养学生国际理解力、全球胜任力的目标提供重要依托。

第一节　课程建设的基本思想与原理

一、课程的定义

对于"课程"的定义，历来众说纷纭，诸多教育实践者和研究者基于不同的出发点，从不同的研究角度阐述了他们对于"课程"的理解，但并没有一个终极真理式的定义。

英语中"课程（Curriculum）"一词源于拉丁语，词语本意为"赛马道"，指的是孩子成长为成熟成人过程中的体验和经历。而在中文中，"课程"一词古已有之。据考证，在我国"课程"一词最早大约出现在南北朝时期翻译的佛经中，指小和尚学习诵经功课规定的期限、分量和内容等。北宋时期，"课程"一词被理学家朱熹借用过来指称功课及其进程，而这个用法也是当前许多人对"课程"的基本理解。

在传统课程观中，"课程"是学校提供的一套成体系的、完整的教学计划及其内容。广义上来讲，课程是指学校提供的一套成体系的、完整的教学计划及其内容，是学生所应学习的学科总和及其进程与安排。狭义上来说，课程也可以是指某一门学科及其教学内容、教学活动方式的规划和设计。

当前面对 21 世纪教育的需要和趋势，一种更加宽泛的课程概念正被越来越多的人所接受——"课程"是学校提供的所有教育教学活动的总和，是学习者在教师指导下在教育教学活动中获得的全部经验。

课程具有国民教育属性，必须体现一个政体的国家意志和主流核心价值观。课程是学校为实现培养目标而选择的教育内容及其进程之总和，也是一所学校的教育思想、教育目标、教育内容、教育活动、教育评价等的主要载体，是学校教育教学活动的基本依据。

二、当前"双新"背景下课程建设的目标——提升学生发展核心素养

2014 年，国家首先在上海、浙江开始了新高考改革的试点，2017 年开始，新高考改革陆续推进到全国 31 个省、市、自治区。本轮高考改革主要有以下四个变化：

（1）对高中学段学习的 12 门必修课包括信息技术、艺术、体育等传统概念中所谓的"副科"采用学业水平考的方式对学生进行考核，以保证高中毕业生拥有比较完整的基础知识与技能结构，并采用学分制决定学生是否高中毕业。

（2）采用选择性高考科目的模式，除语数英为必考科目之外，在理化生政史地六个科目中，学生可以根据自身的兴趣特长，选择其中的三个科目参加等级考试，其成绩纳入高考总分。

（3）启动贯穿学生整个中学生涯的"综合素养评价"体系，每个学生必须完成规定的社会实践综合活动，如军训、学工、学农、文化实践活动等；必须掌握 1 到 2 门体育技能、1 门以上艺术技能；此外，学生还需要参加项目化学习，完成一项课题研究等。

（4）大学录取改变了过去以高考分数为唯一依据的不合理局面，采用"三位一体"的方式，即高校在录取时综合考虑学生的高考分数、学业水平考成绩及综合素养评价结果。目前，在上海、浙江、广东、北京等省市的部分提前录取高校与双一流高校录取过程中，普遍采用"631"方式录取，即高考分数占 60%，综合素养评价占 30%，学业水平考占 10%。

从以上变化可以看出，本次高考改革的本质是落实习近平总书记多次强调的教育目标，即教育要落实立德树人，培养德智体美劳全面发展的社会主义建设者和接班人。具体体现在高考改革就是"基础全

面 + 发展个性（选择性）+ 提升核心素养"[1]。

高考模式及高校录取方式的改革推动了基础教育新一轮课程教学改革，随着基于核心素养发展的新课标诞生，中国基础教育真正进入了以培养学生发展核心素养为目标的育人阶段。

（一）什么是核心素养

"核心素养"这一概念舶来于西方，英文表达是"Key Competencies"。"Key"在英语中有"关键的""必不可少的"等含义。"Competencies"也可以直译为"能力"，但从它所包含的内容看，译成"素养"更为恰当。简言之，"核心素养"就是"关键素养"。

核心素养是适应个人终身发展和社会发展所需要的"关键素养"，是素质教育、三维目标、全面发展、综合素质等概念中提炼出的"关键少数"素养，是各种素养中的"优先选项"，是素质教育、三维目标、全面发展、综合素质等的"聚焦版"。只有具备这些素养，学生才能成功地适应社会，在自我实现的同时促进社会的发展。

核心素养要反映"个体需求"，更要反映"社会需要"。在以人为本的时代，核心素养要反映个体发展的需要，为个体过上成功的生活做准备。但是，个人的生存与发展不能脱离具体的社会环境。个人的核心素养应该适应、促进 21 世纪的社会变迁与进步。

伴随着信息技术革命的发展，世界在 21 世纪进入了知识经济、全球化和信息化时代。这种变局为"三千年未有之大变局"，核心素养是对这个大变局的应对，因而核心素养框架的确定必须具有时代性与前瞻性。

核心素养要反映"全球化"的要求，更要体现"本土性"的要求。从全球范围来看，国际组织、一些国家和地区在核心素养指标的选取上都反映了经济社会发展的最新要求，这些指标内容虽不尽相同，但都是为适应 21 世纪的挑战，因而核心素养框架具有"全球性"特征。另一方面，因为国情的差异，特别是各国发展面临的关键问题

---

[1] 吴金瑜："新高考、新课标导向下的普通高中课程与教学改革"，《创新人才教育》，2021 年第 3 期。

不同，核心素养的厘定和培育也需要有内容差异和程度差异。

核心素养是"高级素养"，学生能否更好应对 21 世纪的挑战，其个体的发展需要这些高级素养，国家参与国际竞争需要这些高级素养。核心素养之所以是"高级素养"，还有两个原因：①核心素养是跨学科的，高于学科知识；②核心素养是综合性的，是对于知识、能力、态度的综合与超越。

（二）各主要国际组织及国家的核心素养框架

进入 21 世纪以来，各主要国际组织与国家纷纷提出各自的青少年发展核心素养框架，如联合国教科文组织提出的"人的全面发展，终身学习的五大支柱"说、国际经合组织提出的"青少年发展关键能力"说、欧盟的《终身学习核心素养——欧洲参考框架》、美国聚焦未来职场需要的核心素养框架等。

（1）联合国教科文组织（UNESCO）于 2003 年提出"人的全面发展，终身学习的五大支柱"说（见图 5-1）。

图 5-1　人的全面发展，终身学习的五大支柱

（2）经合组织（OECD）于 2005 年，从社会心理学角度选择核心素养并定义其具体内容，以实现个人成功生活与发展健全社会为基础，提出"关键能力"说，即 21 世纪培养的学生应该具备哪些最核心的知识、能力与情感态度，才能成功地融入未来社会，才能在满足个人自我实现需要的同时推动社会发展。该框架超越了传统意义上的知识与技能，以反思为核心，整合了各个核心素养（如表 5-1）。

表 5-1　经合组织提出的"关键能力"

经合组织学生核心素养								
能互动地使用工具			能在异质社会团体中互动			能主动地行动		
互动地使用语言、符号及文本的能力	互动地使用知识与信息的能力	互动地使用科技的能力	与他人建立良好关系的能力	合作的能力	控制与解决冲突的能力	在复杂大环境中行动的能力	设计人生规划与个人计划的能力	维护权利、利益、限制与需求的能力

（3）2005 年，欧盟提出了《终身学习核心素养——欧洲参考框架》，又于 2018 年 1 月发布了新的核心素养框架，并对其内涵做了比较详细的解释（如表 5-2）。

表 5-2　终身学习核心素养——欧洲参考框架

读写能力 （Literacy competence）	在不同学科和环境中使用多种材料（视觉、声音、数字材料）进行口头或书面联系沟通的能力
语言能力 （Languages competence）	适当和有效地运用不同语言进行交流的能力。强调学习者对多种语言的掌握和运用，在知识上，学习者除了基本的语言语法外，还需理解不同社会习俗和语言情境知识；技能上要求学习者能在日常生活中运用工具进行正式和非正式的语言学习，并能阅读、理解和编写不同水平的文本；在态度上，学习者需要对不同语言和跨文化交流保持兴趣和好奇，欣赏文化的多样性
数学、科学、技术、工程能力 （Mathematical competence and competence in science, technology and engineering）	数学能力是开发和运用数学思维处理日常生活问题的能力
	科学能力是使用科学知识和方法体系发现问题和得出基于证据的结论的能力
	技术和工程能力是运用相关知识理解人类活动及公民个人责任变化并采取恰当行动的能力
数字能力 （Digital competence）	在学习、工作和社会参与中自信、批判性和负责任地使用信息技术的能力，包括信息与媒体素养、沟通协作、数字内容制作与安全及解决问题的能力

（续表）

个人、社会能力与学习能力 （Personal, social and learning competence）	批判性思维、反省自己、有效地管理和利用时间与信息，及以建设性的方式与他人合作，保持对学习和工作适应力的能力
公民能力 （Civic competence）	基于对社会政治、经济概念与结构、全球环境和可持续发展的理解，充当负责任的全球公民并充分参与社会生活的能力
创业能力 （Entrepreneurship competence）	在创造力、批判性思考、流程管理与解决问题技能的基础上，对具有文化、社会或商业价值项目的想法采取行动，并转化为其他价值的能力
文化意识与表达能力 （Cultural awareness and expression competence）	理解与尊重不同文化，并以艺术或其他形式创造性地表达不同文化的能力

（4）美国也于 2002 年正式启动 21 世纪核心技能研究项目，聚焦未来职场的需要，提出了美国青少年发展核心素养框架，并将其完整地融入国家中小学课程设计中（如图 5-2）。

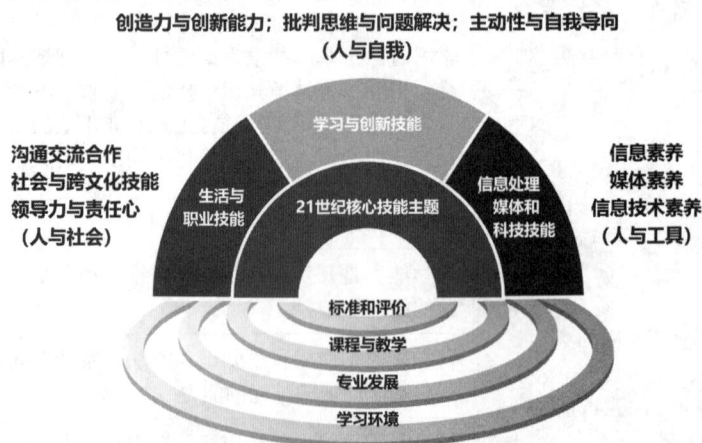

图 5-2　美国 21 世纪核心技能

图中彩虹部分的外环呈现学生学习结果的内容，即核心素养，主要包括"学习与创新技能""信息、媒体与技术技能""生活与职业技能"三个方面。这三方面主要描述学生在未来工作和生活中必须掌握的技能、知识和专业智能，是内容知识、具体技能、专业智能与素养的融合；每一项核心素养的落实都要依赖于基于素养的核心科目与 21 世纪主题的学习，即彩虹的内环部分；图中的底座部分呈现的四个支持系统，包括标准与评价、课程与教学、教师专业发展以及学习环境，这些系统构成了保证 21 世纪核心素养实施的基础。这个框架不仅体现了素养教育过程与结果的结合，同时非常重视支持系统在 21 世纪学习框架中的作用。

对比以上几个主要国际机构及国家提出的核心素养框架可以看出，各框架普遍关注了以下几个方面：创新与创造力、信息素养、国际视野、沟通与交流、团队合作、社会参与及社会贡献、自我规划与管理等，这些可被视为核心素养的全球普遍性要求。

（三）中国青少年发展核心素养

2016 年 9 月，中国学生发展核心素养研究成果发布，以培养"全面发展的人"为核心，分为三个方面，提出中国青少年应该具备的六大素养，并细化为 18 个基本要点，具体如图 5-3 所示：

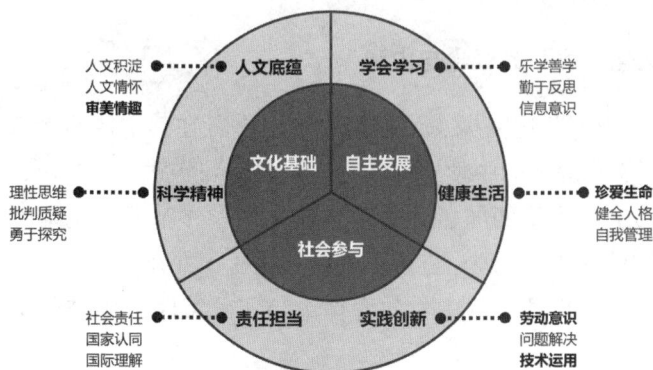

图 5-3　中国青少年发展核心素养

"中国学生发展核心素养"的提出，必然成为中国基础教育未来发展的方向，无论国家课程、地方课程还是校本课程的开发与建设都应围绕着培养学生核心素养这一要求来进行。课程不再仅仅聚焦于发生在教室中的教学活动，而是学校提供的所有教育教学活动的总和，是学习者在教师指导下在教育教学活动中获得的全部经验。课程既包括校园内的一切教学、德育活动，也包括学生在校园外参与的各类活动及获得的所有学习体验。

三、外国语中学的课程理念——"基于文化理解"的课程

课程是教育思想、教育目标和教育内容的主要载体，集中体现国家意志和社会主流价值观，是学校教育教学活动的基本依据，也是学校实现其教育目标的基本途径，直接影响人才培养质量。现代外国语中学以培养具有国际胜任力和跨文化素养的未来祖国人才为目的，首先要解决的问题就是文化理解，包括对本民族文化和异文化的理解，以及对本民族文化与异文化之间关系的正确理解。因此，外国语中学的课程理念和课程构建必然有别于其他普通中学。上闵外在学校创办和发展过程中，研究、吸收了国内外先进教育理念及诸多外国语中学的发展经验，在不断实践和反思中逐步形成了与外国语中学更加适配的"基于文化理解"的课程体系。

（一）"文化理解"的概念与内涵

"文化理解"这一概念最初是由本书作者在其主持的上海市级课题《基于文化理解的中学外语教育模式研究与实践》中提出，后续在其主持的上海市第四届名师名校长攻关课题《基于文化理解的中学教育》研究中对这一理论进行了发展和完善，并在之后作者的另一部著作《基于文化理解的中学教育理论与实践策略》中进行了完整的阐述。

简单地说，一个人在一定的社会文化背景下形成的个人的情感、价值观、信仰以及与之相对应的语言、行为习惯等文化结构特征，我们称之为个体的"文化图式"；而一群人（如一个国家、一个民族、一个单位等）的文化特征是这群人的文化特性的公共部分，则形成了

属于这群人的"文化模式"，主要由这群人内在的共同的情感、价值追求、道德信仰及其表面的语言文字、行为准则等构成。由于不同的人是生活在不同的文化模式中，因此不同的人的文化图式是不同的；即使同一文化模式中的个体，因其各自的文化经历不同，其文化图式也会有诸多差异。

（二）基于文化理解的课程[1]

在教育过程中，从文化理解的角度来看，学生的成长就是中学生已有的文化图式在与他所接触的其他个体新的文化图式或社会文化模式相适应过程中，经过一定整合或融合，形成属于他自身新的文化图式的过程，这也是个体发生改变或发展的过程。而作为培养学生成长主要载体的课程，则必定是学生已有的知识文化图式与学校所提供给学生的"课程"充分交融后，学生从不同"视域"去理解课程、建构课程的意义，从而丰富发展其原有文化图式的过程。因此，基于文化理解的课程是学生对于"学习内容"的理解和重新建构，课程不应再受限于分门别类的"学科"和教材，而应该是多元的、动态的，是随着社会文化模式与师生个体的文化图式的发展不断生成、变化的。

根据文化理解的定义与中学生教育过程中文化图式变化的特征，在学校教育中，营造一个积极良性的教育氛围至关重要。中学阶段的孩子，正处于心理意识中成人感和外在行为上的幼稚感并存的时期，也是引导构建知行同一性的关键时期。通过学校教育，使学生在自己的文化图式中，稳定构建核心素养视角下的必备品格和关键能力，真正达成知行的同一性，这是学校教育的使命与初衷。

当下中学教育面临的几个主要问题和挑战是：人与人之间关系的挑战；学生与社会之间的矛盾挑战；学生与异文化的冲突；学生与人类积累的知识、与未来知识的冲突。而"文化理解"在解决这些问题和挑战中起到了至关重要的作用。

（1）人与人之间关系的挑战：对中学生来说，人与人之间的关系

---

[1] 吴金瑜、韩焱虹：《基于文化理解的中学教育理论与实践策略》，上海：华东师范大学出版社，2023年。

主要表现为师生关系与学生间的关系，其中以师生关系为主要矛盾。

在信息化时代前，从空间来说，师生几乎来自同一地域；从时间来说，某地域的文化模式在人的生命周期内变化很小，因而其成长所在的群体文化差异很小，师生各自的文化图式差异也小，因此师生之间的矛盾就相对小。而在当下的信息化时代，由于互联网的普及，从空间来说，影响个人成长的文化模式或图式差异巨大；从时间来说，知识信息的暴涨，同一地域的文化在时间轴上变化迅速，因而即使是同一地域成长的师生，影响他们的文化模式与图式也差异巨大。这种师生个体文化图式的差异，造成了目前教育面临的挑战：师生关系紧张。文化理解是解决这个问题的有效手段与目的。作为教育者的教师，一方面，要主动去了解学生的文化图式，引导学生自觉地适应周边的群体文化模式与个体文化图式，从而引发自己文化图式的积极变化；另一方面，根据学生的文化图式特点，改变自己的教育方式，使学生的文化图式与自己的文化图式发生交融，从而实现换位思考，实现文化理解，促使学生的文化图式向积极的方向变化。

（2）学生个体的文化图式与社会文化模式之间的矛盾挑战：在当下时代，这个问题主要表现为两个方面：其一，学生形成的较为超前的文化图式，与生活学习中碰到的比较稳定、优秀的传统文化模式发生冲突；其二，学生的文化图式相对比较稳定，但他所学习生活的文化模式却在迅速变化。

对于第一方面，如果学生形成的文化图式是积极的，教师就要引导学生对这种积极文化图式与传统的、优秀的社会文化模式的接触，使学生的文化图式在适应过程中进一步优化，达到文化理解。同时，也可促进社会文化模式内涵的发展。如果学生已有的文化图式是消极的，教师要引导学生进入优秀社会文化中去，通过文化理解，达到对学生原有文化图式的改造。

（3）学生文化图式与异文化模式的冲突：无论从时间轴还是空间轴来看，形成于中华文化模式的中学生文化图式，在这个开放与信息化的时代，一定会与异文化发生冲突，并对学生的成长造成影响。根据文化理解的原理，解决这种冲突的最好方法是让学生的文化图式与异文化模式进行充分的交流、了解，然后才有可能通过文化适应，实现文化理解。

（4）学生文化图式与人类积累的知识、与未来知识的冲突：首先，是学生与人类过去积累的知识之间的认知冲突。根据文化图式理论，这种冲突的原因是：学生的文化图式与这种知识形成的背景文化模式之间的冲突。为了解决这个问题，根据文化理解原理，学生的文化图式要与这种背景文化模式发生接触乃至融合才能实现。譬如学习课文《苏州园林》，单靠这一篇文章提供的信息，学生很难想象苏州园林到底是什么样子的，其美究竟美在何处。而如果学生在学习课文之前能先去苏州园林游览一次，并接触、了解这种园林形成的历史、地理原因，学生就会对苏州园林之美具有直观的印象，并对其美的内涵有更为深刻的理解，继而对这篇文章的学习就会非常有效。

其次，是学生与未来知识之间的认知冲突。由于学生处于今天这样一个知识爆炸的时代，每时每刻都有新的事物被发现、被创造出来，有旧的理论被证伪、被推翻，也有新的理论被构建，因此，学生的文化图式与未来知识图式一定会发生碰撞和冲突。要解决这个问题，同样根据文化理解原理，我们要鼓励学生充分地创造与想象，并使自己的文化图式与新知识、新文化环境不断进行理解、融合，这样才能不断发展自己，适应社会的发展。

今天，教育界正在实践的基于生活的学习、基于研究的学习、基于生活材料的外语学习、基于真实事件的研究、基于未来设计的学习等，都能很好地说明文化理解在学生学习中的作用。

第二节　学校课程建设的原理

随着社会发展及其对人才需求的变化，学校教育也在不断进行发展变化。课程是教育思想、教育目标和教育内容的主要载体，集中体现国家意志和社会主义核心价值观，是学校教育教学活动的基本依据，直接影响人才培养质量。

（一）学校课程构建的基本原则

在制定学校课程时，首先也是最重要的考虑因素是满足国家课程标准的要求。国家课程标准对学校实践、领导行为和教学实践产生影响。国家课程标准决定了对学生的基本要求，对教育事业的发展具有重要的指导意义，是所有教育活动和方案的核心。

当前的课程教学改革目标指向非常明确，即学校课程目标是提升学生发展核心素养，因而学校在进行课程构建时应把握以下主要方向：①素养导向，即课程目标是提升学生的综合素养，着力发展学生核心素养；②课程的综合性、选择性、跨学科学习和实践性；③新课程倡导的学习行为是从知识学习到学科实践，学科学习从学科逻辑到认知逻辑；④学生真正成为课程的主体。

在进行课程设计时还应遵循以下主要原则：

科学性原则。以新课程实施为导向，坚持立德树人的根本任务，遵循教育教学规律，严格执行国家和地方的课程方案，培育学生核心素养，引导育人方式的变革。

整合性原则。以学生核心素养为中心，统摄课程开发和设置，在课程类型、层次、结构、内容上形成功能互补、贯通的主题。注重跨学科课程及综合实践课程的开发。

选择性原则。通过分类、分层、分段的设置，努力为学生提供多样的课程选择，促进学生全面且有个性的发展，满足兴趣发展，尊重个性差异。

发展性原则。课程开发与设置，围绕学校育人目标展开，最大程度促进学生的成长、促进教师的专业发展，构建具有本校特色且适合学生发展的特色课程。

（二）学校课程构建的目标——学生核心素养培养

学校课程聚焦于学生的全面发展与终身发展，课程的设计和实施均应围绕学生的核心素养培养。当前的全球性社会环境下，课程改革从知识核心时代走向核心素养时代已成为必然，学校教育很重要的功能，就是立足学生的终身发展和社会需要，培养学生良好的素养。

2016 年《中国学生发展核心素养》发布，从文化基础（人文底蕴与科学精神）、自主发展（学会学习与健康生活）、社会参与（责任担当与实践创新）三个方面提出了学生能够适应终身发展和社会需要的六大必备品格和关键能力，并细化为 18 个基本要点：人文积淀、人文情怀、审美情趣；理性思维、批评质疑、勇于探究；社会责任、国家认同、国际理解；劳动意识、问题解决、技术应用；乐学善学、勤于思考、信息意识；珍爱生命、健全人格、自我管理。在此基础上，陆续颁发的普通高中新课程标准也提出了各学科的核心素养要求，具体如表 5-3 所示：

表 5-3　各学科核心素养要求

学科	学科核心素养主要内容
语文	语言建构与运用，思维发展与提升，审美鉴赏与创造，文化传承与理解
数学	数学抽象、逻辑推理、数学建模、数学运算、直观想象、数据分析
外语	语言能力、文化意识、思维品质和学习能力
物理	物理观念、科学思维、科学探究、科学态度与责任
化学	宏观辨识与微观探析、变化观念与平衡思想、证据推理与模型认知、科学探究与创新意识、科学精神与社会责任
生物	生命观念、理性思维、科学探究、社会责任
政治	政治认同、科学精神、法制意识、公共参与
历史	唯物史观、时空概念、史料实证、历史解释、家国情怀
地理	人地协调、综合思维、区域认知、地理实践力
艺术	艺术感知、创意表达、审美情趣、文化理解
体育	运动能力、健康意识、体育品德
信息技术	信息意识、计算思维、数字化学习与创新、信息社会责任

从学校课程构建的角度来看，学生发展必备的核心素养可以分为三个层次的要求：第一个层次是符合社会发展需求的"共性核心素

养",如社会责任、国家认同、国际理解、人文底蕴、科学精神、学会学习、实践创新等;第二个层次是能够体现学校办学特色的"学校核心素养",如作为外国语中学,学校层面的要求应包含优秀的外语运用能力、对异文化的理解与包容能力以及良好的跨(中、外)文化沟通交际能力等;第三个层次是符合学生个性发展需求的"个性核心素养",即在前两层基础之上发展出的符合学生个人兴趣爱好与特长的独特的个人素养,如艺术、体育、文学修养、科技创新素养等(见图 5-4)。

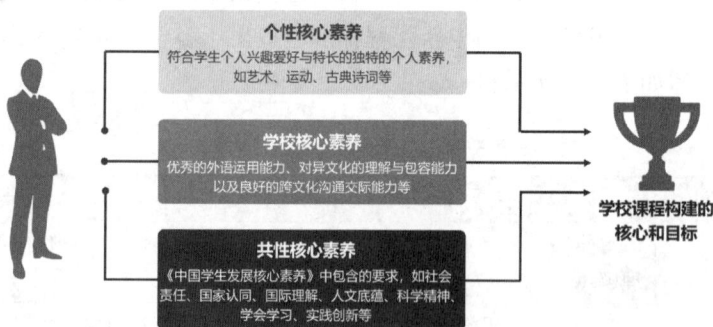

图 5-4　核心素养的三个层次

学校课程建设应围绕核心素养要求进行课程统筹整合,核心素养既为课程内容的确定提供了重要依据,同时也要引领学校的课程实施管理和教师的课堂教学。学校的课程要围绕学生的核心素养生成,学校应根据学生的发展需求与学校的发展与培养目标来开发和使用课程。当今的课程更多的是需要教师与学生重新解释的一个符号表征,这样的课程不是封闭式的,而是开放的,教师与学生本身就是课程的一部分。

基于核心素养的三个层次,学校的课程体系应由"共性课程(国家课程)+学校特色课程+学生个性化课程"三个层次构成。结合新课标的要求,学校课程的具体构成应为:国家课程(共性、必修)(80%)+学校特色课程(选择性必修)(12% 左右)+综合实践、学生个性化课程(选修)(8% 左右)(见图 5-5)。

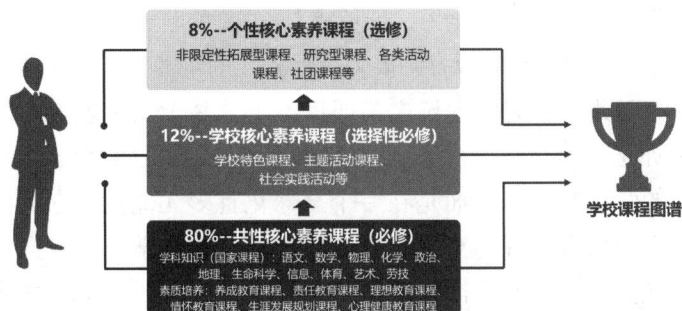

图5-5 基于核心素养培养的学校课程构成

第三节 现代外国语中学的课程设置与课程图谱

一、学校课程图谱

课程图谱是学校课程的系统化构建，体现为课程间有着内在的有机联系，有着核心思想的统领，而非诸多单个课程的简单叠加。

进行学校课程构建，首要是确定课程目标，即学校的育人目标。学校课程目标的确定，既要符合国家课程标准的要求，又要能够与当地社会经济发展需求相适应，同时还应该体现出学校的办学理念和特色。自1963年开始，无论从国家层面要求，还是外国语中学本身，对学校育人目标的设定都是"培养外语水平较高的人才"。但21世纪的今天，世界的格局已经发生了巨大改变，外国语中学作为基础教育领域一种特殊的教育形态，担负着不同的教育使命和重任。上海外国语大学前党委书记吴友富教授认为：培养国际型人才，首先必须破除狭隘的外语工具观。"我们要培养的国际型人才，首先必须具备高超的外语水平，了解世界其他文化，了解国际竞争规则，善于国际交往，能够与国际同行打交道并在竞争中处于不败之地。他们必须树立起把自己的聪明才智和毕生精力贡献给祖国复兴与民族振兴事业的远大志向，必须学贯中外，具有综合的知识结构和广阔的国际视野，具有跨文化交流与沟通的能力，能够参与全球性的竞争与合作。"处于基础教育阶段的中小学教育则要为这种人才的培养奠定坚实的基础。

有鉴于此，上闵外创校之初即提出了"基于文化理解的外语教育实践研究"。作为一所外国语中学，上闵外的外语教育不只是停留于语言的学习与训练，而是在一个全球化且多元文化并存的国际格局中，将学校教育提升至文化理解的层面，故将学校的育人目标定位为：培养"言有物而行有格，具有民族情怀（Virtues）、学术素养（Academic Ability）、跨文化素养（Globalization）的时代新人"，简要概括为：培育具有 VAG 特质的新时代公民。

围绕着 VAG 这一育人目标，上闵外采用自行开发＋引进专业服务机构的模式，不断丰富、完善学校的课程体系，形成具有明显外国语中学特点和上闵外特色的课程图谱（见图 5-6）。新时期的课程图谱，结合学生发展核心素养的"文化基础""社会参与""自我发展"三个维度，从培养学生共性核心素养的"国家课程"、培养学生核心

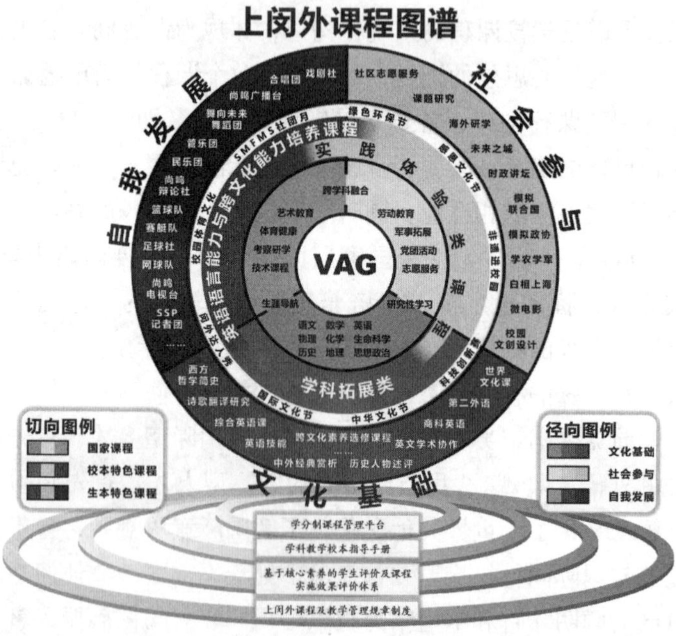

图 5-6　上闵外课程图谱

素养的"学校特色课程"和培养学生个性核心素养的"生本特色课程"三个方面整合学校课程体系，厘清了国家课程、校本课程与生本课程之间的关系，以及各类、各门课程所对应的学生核心素养要求及国家课程标准要求。

图谱主体部分的彩虹圆图代表学校围绕着 VAG 培养目标，从共性核心素养课程、学校核心素养课程、个性核心素养课程三个层次进行的课程构建。

学校的课程围绕着学校的教育目标和办学特色进行构建，因此课程图谱的核心即为学生培养目标：VAG（前文已做具体阐释）。

课程图谱的切向图内圈主要是国家必修课程，涵盖语文、数学、外语、物理、化学、生命科学、历史、地理、政治（初中为道德与法治、社会）、信息技术、劳动技术、艺术教育（美术、音乐）、体育与健康等学科学习内容，以及按照教育部及上海市教委相关文件要求，结合学校办学特色，为培养学生良好品德、健康身心而开发、实施的基于文化理解的德育系列课程，具体包括：养成教育课程、责任教育课程、理想教育课程、情怀教育课程、生涯发展规划课程、心理健康教育课程等综合实践活动类内容，严格执行国家和上海市有关的课程要求，所有学生必须全部修习，满足打好学生共同基础的需要，促进学生全面发展。

切面图中圈，是学校特色课程，由学校根据育人目标，参照学生的多样化需求，根据学科课程标准的建议，开设的选择性必修课程，分为英语语言运用能力课程、文化理解与体验课程、人文素养课程、校外第二课堂四大类。

切向图外圈，是基于学生兴趣、特长开设的选修课程，比如，基于学生自我发展的社团：演讲社、管乐团、民乐团、舞蹈团、赛艇俱乐部、SSP 小记者团、尚鸣电视台等课程；基于学生社会实践开展的：社区志愿服务、海内外研学、小课题研究、校园文创设计屋等课程；基于培养跨文化交际能力目标，凸显学校办学特色的"莎士比亚戏剧社"、英语动画配音、英语诗歌欣赏、"未来之城"创意设计等课程。选修课程由学生依据个人需求，自主选择，修完学时，经考核合格后获得相应学分。

切向图外圈与中圈之间的白色细圆圈代表的是贯穿全年的校园综合实践活动，如国际文化节、上闵外"达人秀"、体育文化节、民俗文化节等，这类活动为学生搭建了展示自我、发展成果的平台，同时也展示了学校日常教育教学的成果。

图谱的径向图以红、黄、蓝三个色系分别代表中学生核心素养要求的三个基本方面，即文化基础、自主发展、社会参与。同一色系中用深浅不同的颜色区分出国家课程、校本课程和生本课程。各门具体课程在图谱中的位置，通过其所在的颜色区域表明该门课程所主要对应的教育目标。

图谱主体部分下方的四层圆环则代表保证学校课程进行有效实施的辅助、支撑系统，具体包括：学分制课程管理平台、各学科教学校本指导手册、基于核心素养的学生评价及课程实施效果评价体系及学校课程管理规章制度。

在进行课程设置和选择时应关注到：

（1）共性核心素养课程（国家课程）要注重国家课程标准的落实。国家课程是学校课程体系的基础，必须扎实落实。但在此基础上，为突出学校"外国语中学"的特色，在对国家课程的实施过程中，应根据本地区发展需要及学校育人目标做出适当调整和优化。在外语课堂教学中增加文化内涵的渗透，以拓宽学生的文化视野，提高文化理解力。在学校各学科教学中，在传授知识、技能的同时，要注重培养学生解决问题的能力，引导学生及时了解该学科的最新发展资讯，使学生的学科学习与世界发展同步，为学生的进一步深造打下良好的基础。

（2）学校核心素养课程要凸显学校特色，开拓学生视野。校本课程是学校在国家规定的课程之外，基于学校本身发展特色和教育教学资源自主进行的突出师生特点和学校特色的课程，它是学校实现办学特色的基础，同时也是学校办学特色的反映。作为外国语中学，在国家课程之外，必须开设一定数量的具有自身特色的外语类校本课程，引进国内外先进教材、教法，作为国家课程的有力补充。

（3）个性核心素养课程注重发掘学生特长，为学生个性发展提供空间与展示的平台，上闵外的个性核心素养课程主要包括以下几类：基于学生智能发展的不同领域开设博文系列课程、科创系列课程、第二外语系列课程、艺体系列课程。基于学生特长和兴趣爱好开展丰富的社团课程：如英语小记者团、莎士比亚戏剧社、英语演讲社团、"未来之城"科创社团、"未来工程师"科创社团、舞蹈团、管乐团、民乐团、打击乐团、合唱团、学生自组乐队、赛艇队、网球队、足球队、田径队等，寓教于乐、学用结合，为学生提供更多展示自我、了解不同文化的平台；以及与外语使用和文化体验相结合的志愿者活动（如博物馆英语讲解员、"大师杯"网球赛志愿者等）及小课题研究。

二、外国语中学校本特色课程构建

外国语中学承担着培养具有国际胜任力的优秀人才的任务。所谓"国际胜任力"，是指对地区、全球和跨文化议题的分析能力；对他人的看法和世界观的理解和欣赏能力；与不同文化背景的人进行开放、得体和有效的互动的能力；以及为集体福祉和可持续发展采取行动的能力。

要培养具有国际胜任力的人才，首先要解决的问题是文化理解，包括对本民族文化和异文化的理解，以及对本民族文化与异文化之间关系的正确理解。要提升学生的跨文化素养，跨文化知识、意识和沟通能力培养是其中的重要组成部分。学生要了解跨文化知识，既包括各个主要国家的基本社会风俗，其人民的行为习惯、思维方式，更要了解文化间的相似性、差异性和关联性；学生要具备跨文化情境下的沟通技巧，能够与不同文化背景的人进行有效、相互尊重的沟通。同时，加强国际理解力、全球胜任力教育，也并不仅仅是让学生了解其他国家的文化，更要让学生充分了解我们自己的民族文化，让学生认同、继承和发扬中华优秀的传统文化，培养他们的民族情感与国家责任感，同时又能对不同的文化包容并蓄，用文化的力量来丰富自己的情感，来强大自己的内心。

知名外语教育家沈骑曾在《全球化3.0时代的外语学习》中指出：外语的学习过程，存在着"重语言、轻文化"的问题，外语学习的过程，实质上是跨文化学习和国际理解的体验，其价值在于促进跨文化沟通，实现不同文明的视域融合，促使不同文化互学互鉴，超越文化的藩篱。外国语中学培养出来的学生，应该不仅具有优秀的外语语言运用能力，更要具有对异文化的理解与包容能力以及良好的跨文化沟通交际能力，能够游刃有余地用外国人能够理解和接受的方式讲好中国故事，为中国在国际社会中塑造良好的形象。

基于此，上闵外的学校核心素养课程聚焦于外语语言和文化理解类校本课程，开展基于文化理解的外语教育模式，让学生在深刻理解中华文化的基础上，在学习外国语言的同时，融入外语背后的文化中去，通过充分交流，了解、理解语言背后的文化模式，让学生更好地掌握外语外在的交流功能及内在的文化意义。

1. 学校外语特色课程整体构建

我们的外语校本特色课程围绕语言能力、学习能力、思维品质、文化品格四大外语核心素养要求，提出了我校学生的特色培养目标体系。

（1）外语运用能力目标。即在社会情境中借助外语语言，以听、说、读、看、写等方式理解和表达意义的能力。

英语使用能力：作为当前国际上的通用语言，具有良好的英语语言运用能力是培养国际型人才的首要目标。通过学校课程的学习，学生应该要具有扎实的英语语言基本功；能进一步发展语言意识和英语语感，熟练掌握英语语言知识并在语境中整合性运用所学知识，能够根据交际情境和交际意图，综合运用英语语言知识进行有效的交际。

第二外语使用能力：学生不仅要能够熟练掌握英语，还应根据自身学习能力和兴趣，在不同程度上掌握一定的第二外语使用能力。所有学生必须在学校提供的二外课程中自主选择一个语种，每周进行1—4个课时的学习，学生完成学习后要求最低能够做到理解目标语国家的基本文化习俗知识，了解语音规则及基本的语法知识，能够进行简单的日常会话，为进一步学习打好基础；较高的要求则是：能够根据交际情境和交际意图，综合运用第二外语语言知识进行有效的交际；在认同中华文化的基础上，理解、掌握使用第二外语的国家文化及其交际特点，有效完成文化沟通和交流。

（2）跨文化理解与交际沟通能力目标。即对中外文化的理解和对优秀文化的认同，是学生在全球化背景下表现出的知识素质、人文修养和行为取向。作为外语特色学校，上闵外的外语教育目标基于但远远高于对外语语言本身的学习。外语教育的目的不仅是对外语使用规则的掌握，更重要的是理解外国语言背后的文化，并在与外国文化的交流中，基于对自己民族文化的认同和对外国文化的理解、包容和尊重，达到中外文化的融合，从而培养出具有民族情怀和跨文化理解、交流能力的，具备国际胜任力的优秀人才。

（3）批判性思维能力目标。希望学生通过上闵外课程的学习，能够在与汉语和其他外语思维进行比较与分析的基础上，理解英语语言结构的严谨性和缜密性，丰富思维体系，形成多语思维，提高解决问题的能力，增强思维的逻辑性、批判性和创新性；能够学会辨析语言和文化中的各种现象，分析、推断信息的逻辑关系，正确评判各种思想观点，理性表达自己的观点，具备用英语/第二外语进行多元思维的能力。

（4）终身学习能力目标。通过在上闵外的学习，学生能够具有主动的学习动机，掌握并积极运用和主动调适外语学习策略、拓宽外语学习渠道、努力提升外语学习效率的意识和能力，善于迁移、转化在外语学习过程中获得的学习能力。通过各类特色课程的学习，学生能够保持对外语学习的兴趣，具有明确的目标意识，能够多渠道获取学习资源，有效规划学习时间和学习任务，选择恰当的策略与方法，监控、反思、调整和评价自己的学习；具备协同合作的意识和能力，善于在团队中学习，逐步形成终身学习的意识和能力。

与此相对应的，上闵外所有外语特色课程均要求培养语言能力与文化品质并重，在语言能力的培养过程中渗透对思维品质与终身学习能力的培养。根据各课程侧重点的不同，各课程所体现的特色发展目标各有侧重。基于此，形成了上闵外校本特色课程系列（见图5-7）。

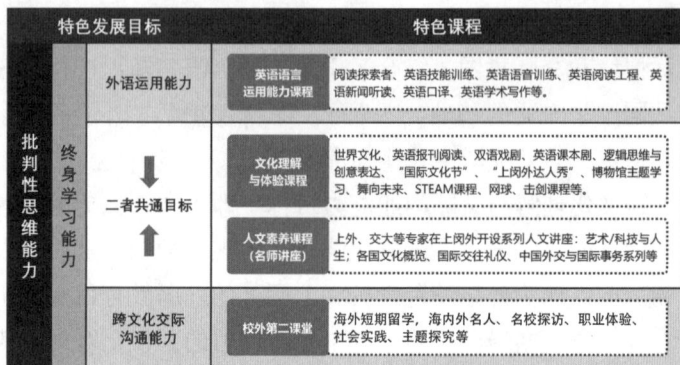

图 5-7　上闵外校本特色课程

在外语运用能力课程方面，除国家课程的统编教材之外，学校补充了《阅读探索者》；开设英语技能训练、英语口译、逻辑思维与创意表达（外教）、英语经典阅读等语言能力提升课程。在外语课堂教学中，要注重语言使用，同时渗透文化知识。采用"注意训练学生语音、语调，听说领先的启发式情景教学法"，着重培养学生口头、笔头运用外语进行交际的能力。同时，在教学中要注重语言背后的文化元素，让学生通过外语学习了解、理解他国文化，培养学生的跨文化理解和交流能力。

此外，学校还开设了大量、丰富的活动体验类课程，为学生提供展示自我的舞台，帮助学生提升外语语言能力及跨文化理解与沟通能力。具体如图 5-8 所示。

2. 跨文化能力培养课程

在文化理解与体验课程方面，学校在各年级开设了必修课《世界文化》，以此为核心，结合"国际文化节"、海外短期游学等校内外活动，开展跨文化教育，并形成了《上闵外跨文化能力培养课程方案》。在课程的组织和实施过程中，遵循跨文化外语教学原则，注重语言教学与文化教学的有机结合、互相渗透，让学生通过对中外文化的探索获取跨文化知识、提升跨文化意识和敏感性、养成积极的跨文化态度、进而提升跨文化能力。在具体的跨文化教学中，遵循循序渐进原

课程类别	课程名称	持续时间	备注说明
体验活动	英语语音训练/语文名篇诵读	20分钟	早读时间，每周2次
	英语新闻听读	20分钟	每晚自修时间6:00-6:20
	英语/语文名家名篇阅读		英语:《书虫》系列、《黑布林英语分级阅读》系列、EB系列、教师指定书目等；语文:《论语》选读、《战国策》选读等及其他教师指定、推荐书目
	兴趣拓展与社团活动	1-2小时/周	平时下午4:30以后或周五下午放学后；学生根据自身特长、爱好进行选修，最多不超过3个社团
	人文讲座	90分钟/次	每学期6-8次
	校园节日文化	20-30天/次	学校层面每年一次的大型活动，包括国际文化节、趣味体育月、上岗外达人秀等
海外短期留学课程			每年4-5月期间，为期2周，赴美国、加拿大、英国、澳大利亚、爱尔兰、德国、法国等地姐妹学校，进入当地学校，与当地学生结对，进行浸入式学习及短期文化探访活动
博物馆主题探访活动			根据年段设计博物馆主题探访活动，每位学生每个学期必须探访上海两家博物馆，并形成探访报告

图 5-8 上闵外外语特色课程

则、系统性原则、参与互动性原则、尊重包容原则以及文化动态性原则等。在课程组织、实施方式上，要求教师基于不同主题，运用适当的活动设计，结合讲解、讨论等方式来组织并实施教学。在教学方法上，考虑到学生的年龄特点和认知能力，主要采用文化对话、文化讨论、文化体验、参与观察、角色扮演等方法来实施不同主题的教学。

附 《上闵外跨文化能力培养课程方案》

课程名称	跨文化能力培养
开设该课程的背景	当今世界的发展离不开全球化这个话题，全球化促进了世界各国经济一体化、文化多样化、教育国际化等方面的发展。伴随着科技的不断进步与突破，特别是通讯、交通、信息等技术的飞速发展，全球化的进程也正在以前所未有的步伐向前迈进，不同国家、不同民族以及不同文化之间的交流也日趋频繁。由此，帮助不同文化背景的人们实现有效交流，促进对自身以及他者的认知、包容和理解，避免误解、成见和歧视的跨文化教育势在必行。 早在1992年，联合国教科文组织就在《教育对文化发展的作用》中首次提出了跨文化教育，认为应面向全体学生和公民设计，旨在促进对文化多样性的尊重与理解，从学校、家庭、社区等多方面入手促进学生融入多元文化，获得学业成功，增进国际理解。

（续表）

课程名称	跨文化能力培养
开设该课程的背景	我国教育部在 2011 年颁布的《义务教育英语课程标准》和最近发布的《中国学生发展核心素养》都对我国中小学生的跨文化能力的培养提出了要求。2017 年颁布的《国家教育事业发展"十三五"规划》中明确提出"培育青少年学生文化认同和文化自信，加强多元文化教育和国际理解教育，提升跨文化沟通能力"。上海作为一个国际化大都市，中小学的教育目标应该紧跟世界发展的步伐，努力培养出具有家国情怀、全球视野、能够尊重世界文化多样性的跨文化交流人才，更好地为上海的城市发展和国际化进程服务。基于当前全球化的时代背景，依据上述国家政策文件，特开设本课程。
开设该课程的目的与作用	本课程旨在： 　• 通过不同文化知识的讲解，培养学生对不同文化的尊重、包容、理解和好奇的态度，激发学生对不同文化学习的兴趣； 　• 通过对不同文化的分析、比较与讨论，逐步培养学生对文化差异的敏感性，不断增强学生的跨文化意识； 　• 通过设计跨文化交际情景，鼓励学生积极参与交际实践，培养学生能够用外语与来自不同文化背景的人进行跨文化交流的勇气和能力； 　• 通过对不同文化的分析与比较，增强学生对本族文化的意识，帮助他们树立文化自信，增强国家认同，提升国际理解能力以及用英语向世界讲述中国故事的能力，为学生成长为具备家国情怀和全球视野的世界公民做准备。
课程主要内容与实施要求	考虑到本阶段学生的认知水平、情感发展以及英语水平等因素，本课程内容选取与学生学习、生活密切相关的主题，具体包括认识自我、文化概念、世界地图、语言、非语言、学校、家庭、节假日等。 　　教学活动设计因不同文化主题有所不同，采用的主要教学方法有文化介绍、文化渗透、文化对话、文化讨论以及文化角色扮演等。首先，大部分的教学活动以文化差异为出发点，通过对不同文化的对比、分析来展开，每单元围绕一个文化主题分别从中国文化知识和外国文化知识等视角进行介绍和讨论。其次，根据不同的文化主题设置不同的学习任务，创设模拟的跨文化情境，让学生在讨论、对话、参与观察、角色扮演、游戏等活动中，通过聆听、观察、描述、比较、交流沟通和反思评价等方法感受文化差异，提升跨文化敏感性，增强跨文化意识，为提升跨文化能力做准备。
课程实施对象	六、七、八、十、十一年级全体学生

（续表）

课程名称	跨文化能力培养
课程学时分配	每周 1 课时，共 10 个学期
课程测试与评价方法及相关安排	本课程在对教学结果进行评价时遵循评价主体多元化和评价形式多样化原则。评价主体多元化主要包括教师测评和学生自评；评价形式主要包括客观定量测试和主观定性评价。教师测评主要采用形成性评价和终结性评价相结合的方式，既关注过程，又关注结果，使学生学习过程和学习结果的评价相互补充、相互验证。形成性评价坚持激励原则，采用与课堂教学活动相关的内容，主要包括教师课堂观察、学生课后作业、课后访谈、小组项目等形式。终结性评价主要采用综合性和表现性的评价形式，主要包括小组项目的汇报和笔头考试。学生自评主要借助跨文化能力发展量表工具进行评估。
课程的外部条件与设施设备的要求	1. 教材选用：校本教学资源。 2. 教室需有多媒体设施。 3. 学生需有上网条件，以便于查找资料完成相关学习报告。
对课程实施者的要求	1. 教师需有较高的英语专业素养，语言功底好，口语表达丰富、流利，能够进行全英语授课，语音语调纯正。 2. 课堂教学中应把各国文化背景与国情知识介绍相结合，引导学生对中外文化现象进行对比分析，形成自身的认识，并能够清楚地阐述出来。 3. 利用多媒体等现代教学手段，提高教学质量。利用影视声像等营造逼真的语言和文化环境，作用于学生的视觉、听觉，最大限度地调动学生的学习积极性。

　　教学素材的编排上，每个年级的教学内容分为 10 个单元，每单元以不同的"话题"为中心，围绕"话题"选择难度适当的英语文章分别介绍中国和其他国家的不同情形，并通过不同的活动设计引导学生通过对中外文化的不同情形进行对比或比较，在丰富文化知识的基础上提升对中华文明的了解和认识，提升民族文化自信，同时潜移默化地使学生形成文化平等、文化尊重、文明互鉴等跨文化意识和正确的跨文化交际态度。各年级教学内容列举如下：

Grade 6

Unit 1	Family life	Unit 7	Recreational leisure
Unit 2	Festivals	Unit 8	Traditional folk entertainments
Unit 3	Clothing		
Unit 4	Housing	Unit 9	Music around the world
Unit 5	Transportation	Unit 10	Culture taboos
Unit 6	Payment		

Grade 7

Unit 1	Greeting customs	Unit 7	Poetry
Unit 2	Food	Unit 8	Painting
Unit 3	Eating habits	Unit 9	Historic sites
Unit 4	Dining customs	Unit 10	Environmental protection
Unit 5	Moving customs		
Unit 6	Meaning of numbers in different cultures		

Grade 8

Unit 1	Chinese dream vs. American dream
Unit 2	Chinese New Year vs. Christmas
Unit 3	The Qixi festival vs. the Valentine's Day
Unit 4	Traditional clothing
Unit 5	Tea culture
Unit 6	Wine culture
Unit 7	Beijing Opera vs. western opera
Unit 8	Crosstalk vs. Stand-up comedy
Unit 9	Mythology
Unit 10	Compliments and apologies

Grade 10

Unit 1	Culture	Unit 6	Tea & coffee
Unit 2	School culture	Unit 7	Body language
Unit 3	Gender differences	Unit 8	Perception of time
Unit 4	Traditional clothes	Unit 9	Dragon
Unit 5	Cheerleading	Unit 10	Museums

Grade 11

Unit 1	Mythology	Unit 6	Famous thinkers
Unit 2	Work Ethics	Unit 7	Drama
Unit 3	Architecture	Unit 8	Novel
Unit 4	Fine Arts	Unit 9	Cuisine
Unit 5	Poetry	Unit 10	The art of war

3. 第二外语课程

作为外国语中学，无论是从为国家培养多语种人才的目的，还是为更好地彰显外语教育特色，第二外语课程的开设都是必不可少的。第二外语的开设，可以为学生提供更多的学习选择，拓宽语言与文化学习范围，并可以引导学生分析文化异同，了解不同的思维方式。

在上闵外高中，学生可以选择日语、法语或西班牙语作为自己的高考语种。在上闵外初中，第二外语学习分为两个层次：普及型学习与专业型学习。所有学生必须参加普及型学习，自主选择语种，每周进行 1 个课时的学习，要求完成学习后能够理解目标语国家的基本文化习俗知识，了解语音规则及基本的语法知识，能够进行简单的日常会话，为学生的进一步学习打好基础。在普及型学习的基础上，挑选部分学习基础好、学习意愿强烈的同学，编成独立的"双外语班"，学生在完成其他学业的基础上，另外增加每周 3—4 课时，对第二外语进行深入学习。

143

第四节　现代外国语中学的校本课程的理解与建设策略

一、PBL 多学科融合课程

近年来，国家多次发布关于教育工作重要文件，提出了"加强五育""破五唯""教育评价改革"等要求，新高考、新课程、新教材陆续推进。由此可见，刷题必将不是未来学习的主要方式，我们需要通过 PBL（Problem/Project Based Learning）所提供的开放的、弹性的、创造性解决问题的学习方式，去培养未来人才。

所谓 PBL，即项目制教学法，是以问题或任务为导向的教学方法，在教师的引导下，"以学生为中心，以问题/任务为基础"，学生通过一段时间内对真实、复杂问题进行探究，并从中获得知识和技能。教育家约翰·杜威所说的"Learning by Doing"，是 PBL 的精炼总结。PBL 学习打破了学科的藩篱，学生以任务为导向，在重大观念的引领下从知识记忆的牢笼中解放出来，突破学科的局限，把不同领域、不同学科概念整合起来，围绕主题开展深度学习，这是指向认知能力的学习，是致力于创新能力培养的有效路径。

通过 PBL 学习，学生能够学会如何解决问题，培养独立思考以及批判性思维能力，养成良好的学习习惯和思维方式，提升学术学习方面的核心素养；在参与项目的整个过程中，学生能够更深刻地体会、学习到如何与他人进行有效沟通，如何更好地与他人合作，如何应对真实生活中所遇到的问题和挑战等。这也正是如今学生适应未来和应对挑战时所必须具备的核心素养。

在上闵外，最典型的 PBL 课程就是双语戏剧课程，也是每个上闵外学生的必修课。之所以选择戏剧作为切入点，是因为艺术不仅是美育的载体，还是德育教育的有效手段之一。艺术是超越语言的，是全人类都能够理解的一种文化形式，优秀的艺术作品有助于培养学生高尚的情操，有助于引导学生树立正确的人生观、价值观。参与艺术创作的过程也有助于释放学生的心理压力，有助于开发学生的大脑，有助于培养学生对不同学科知识的综合运用能力，因此对于提高学生的学习能力和思维品质，也是非常有益的。

多年来，国内的儿童戏剧教育一直被误解为只是为了教孩子演戏，戏剧课程多数也是以选修课或社团活动的形式出现在校园中，其最终的学习目标似乎也就是能够完整地演出一个剧目。其实戏剧教育的作用远不止此。戏剧教育是一种根据儿童心理特点和学习方式形成的行之有效的教育、培养方法，它天然具有 PBL 项目制教学的属性，是一门横跨艺术学和教育学的新兴学科。首先，戏剧教育关注人性根本和人格发展，对培养学生的同理心有着重要作用。戏剧是场景化教学的重要手段，通过戏剧可以引导学生走进自己的内心，寻找许多关于人生困惑的答案，不仅有助于学生的个性发展和自信心养成，更能激发创造力，促进左右脑均衡发展，帮助学生缓解课业压力。其次，戏剧是美育的重要载体，它是融创作、导演、表演、舞美、灯光等为一体的综合性艺术表现形式，与人文、科学、技术等领域相关课程的相互渗透，可以实现与语文、历史、数学、英语、美术、音乐、舞蹈等各学科教学的有效融合。

随着近年来素质教育理念的逐渐推进和深入，我国教育界人士也开始尝试将戏剧这一形式引入学科教学，尤其是语言教学当中。戏剧表演被比较广泛地运用于语文教学和外语教学，尤其是口语教学中去，而且相关研究表明，其对提升学生语言学习兴趣及口语表达能力确实有较好的作用。

在学校推行戏剧教学，不仅能更好地调动学生的学习积极性，而且有助于培养学生的想象、表达、合作、审美等多种能力。尤其是在外语学习中，它不仅有助于提高学生的口语表达能力，同时在促进学生提高外语学习能力和文化理解与鉴赏能力、深入理解外语文化背景下人们的思维方式，以及提升听、说、读、写等外语技能方面，都能够发挥非常重要的作用，是传统外语课堂教学非常有效的补充形式。

戏剧表演作为一种需要成员高度配合的团队活动，从剧本创作，到舞台设计，再到角色诠释与表演，需要成员具有很好的语言使用与表达能力、对剧本故事所体现的文化背景的理解与诠释能力、优秀的舞台表演能力，以及良好的沟通与团队合作能力。通过参加外语戏剧表演，能够有效提升学生的外语学习兴趣，为学生提供不同的语言情境，提升学生的语言综合运用能力和对异文化的理解能力，是对外语课堂教学非常有力的补充。

基于此，上闵外面向全体学生开设了基于 PBL 理念的跨学科融合课程——双语戏剧，即在日常的戏剧课堂教学及剧目排练中，根据所选剧目的不同，采用中、英两种语言作为交流工具，既贯彻了戏剧教育原本的教育目标，同时也为学生提供了更多、更真实的中、外语言使用环境和深入理解中国传统文化与异国文化的环境，有助于提升学生的语言能力和跨文化理解能力。

1. 课程目标

艺术素养与人文精神并重，艺术技能提升与管理协作能力提升并重。具体目标包括：

- 了解剧目创作和演出的过程；
- 了解项目管理的基本步骤和方法；
- 在老师的支持下，规划完成一个具体剧目的排练和演出，并自主进行过程评价和反思；
- 在剧目排演过程中，学习理解戏剧表演、剧目制作的基本方法和技巧；
- 在教师的支持下，能够围绕主题展开讨论、表达观点和态度；
- 能够了解并运用故事编写和表演方法。

2. 课程开发

上闵外双语戏剧课程在开发之初便着重关注以下问题：

- 解决如何才能提升兴趣的问题。成功的学习活动往往基于学生对学习内容的兴趣，因此我们要让学生对这门课程感兴趣，要让他们在完成课程的过程中体会到学习是有意义的，体会到知识的价值。
- 解决共性基础上的个性需求。我们认为从人的成长、人的培养角度来讲，学校的课程必须关注学生的个性发展和展现，要尊重每一个学生的基本个性，让每个人的个性得到张扬。人和人都不一样，我们才有更多的可能，更多不一样的东西。

- 从注重学科逻辑到关注生活逻辑。从学生学习过程的角度出发，在课程实施过程中要注重学科实践，注重综合运用，在课程的组织和实施过程、组织呈现过程中灵活运用戏剧元素、戏剧方式和技巧，强调综合运用，而不是按照纯学术学科的体系教授学生。

- 注重课程延展和融合，强调自我发展能力的塑造。初中阶段的发育发展是矛盾最集中的一个时期，学生已经初步形成自己的文化图式，但这种文化图式是很不稳定的，学生的生理、心理、思维认知都处在一个关键巨变期，所以我们要综合运用各种手段，创造各种可能，让孩子展示出他们的个性和能力，帮助孩子建立自我管理、自我发展、自我驱动的习惯和能力。

3. 课程实施

步骤一：项目需求分析及规划

学生明确任务要求：何时、何地、为何人进行什么演出？为什么要进行这场演出？如何进行这场演出？（明确需求、设计过程、预设结果）

课堂形式：小组讨论、班级讨论、个人任务纸（worksheet）。

步骤二：形成项目概念，进行技能准备

学生按照项目规划，从表演技巧、艺术设计、音乐等方面的基本技能入手，进行剧目的排练和为演出进行准备。

课堂形式：戏剧游戏和活动、小组讨论、个人任务纸。

评价形式：过程性评价，自我评价与同伴互评。

步骤三：项目展示

学生以戏剧剧目演出、展览、演讲等形式，对项目进行总结和展示。

项目制学习主题：学生分小组，探索主题，围绕主题创作独幕剧，并使用简单道具、以演出的形式展示项目制学习的成果。

4. 课例：《屈原之死》

本剧目以"屈原"的生平事迹与艺术作品为素材，在全方位提高学生语文学科阅读、写作、口语交际等基本能力的同时，提升学生对于中国传统文化的"文化自信"以及对于中华民族伟大历史的"民族自豪感"。

- 立足经典，开拓创新

原创教学剧本以郭沫若先生影响最深远、最震撼人心的戏剧作品《屈原》为蓝本，由中央戏剧学院编剧团队亲自改编为适合初中学生学习、演出的教学剧本《屈原之死》。

- 探索——自主阅读

学生在教师的带领下在《史记·屈原贾生列传》中探寻关于屈原先生真实生平的蛛丝马迹，在《楚辞》中体验屈原先生无与伦比的浪漫主义情怀，精读屈原先生最具代表性的作品《离骚》与《天问》，走进屈原先生的内心世界。

- 写作——剧本 & 论文

在阅读详尽的史料之后，学生将在教师的带领下，选择屈原生平中最感兴趣的某一时间节点进行迷你剧本创作。与此同时，充分理解《楚辞》的创作规律之后，一部分学生将有机会创作属于自己的楚辞体诗歌。

- 思辨——观点对对碰

学生以小组为单位，以合作探究与个人演讲为基本方法，针对教师布置的不同"历史任务"进行阶段性汇报。如："屈原先生的三起三落""屈原之死的真正凶手""楚辞对后代浪漫主义诗歌创作的影响"等……

- 成果呈现

戏剧剧组的工作，就像一个精密的机械表盘，人与人之间的互动如同齿轮之间的运转，相互配合，通力合作。前期学生们在教师的带领下，自主学习戏剧基本常识，探究项目制作需求。在做完关于"屈原"的前期文字、文学性准备之后，学生正式进入《屈原之死》戏剧项目的剧组工作。在这个阶段，既有专业技能的培养，也有综合能力的提升。每个学生可以根据自身优势与长处，选择并参与多项工作：助理导演、助理舞台监督、助理编剧、助理灯光、后勤、管理、行动、场务、摄影摄像、字幕、新媒体宣传等。各部门之间的思维碰撞与沟通合作，让一部属于学生自己的舞台剧作品从无到有完美呈现，这便是一场艺术与教育兼备的旅程。

二、走出学校，进入"行走的课堂"——以上闵外"博学游"课程为例

上海拥有近百家博物馆，林林总总，内涵各异，内容丰富，从艺术到科技，从历史到未来，从传统产业到现代创意产业，无一不是校外拓宽学生视野、提升综合素质能力最好的课堂。由此，博学游课程应运而生。通过整合、活用这些社会资源，引导学生学会通过主动探索的方式，走出书本，走进场馆，去探寻历史的遗迹、去寻找城市发展的足迹、去知晓各地的风土人情、去探索艺术的奥妙、去了解科技的魅力、去感知祖国的强大。学生们通过与藏品对话，与历史对话，与祖先对话，找到灵感，打开人生视野，获得人生启发，成为一个德智体美劳全面发展，"明德笃志，学贯中外"的言有物而行有格、文理相通的、具有国际视野与民族情怀的优秀人才，同时也是"好学力行，博学善思"的具有创新、探索精神的高素质人才。

1. 课程开发策略：通过"专精特新、三维融合"的博学游，培养"好学力行，博学善思"的高素质人才

"博学游"课程具有典型的动态生成特性，我们希望把它打造成一个专精特的"行走的课堂"系列课程，让学生通过这项课程，逐渐养成自主学习的习惯，提升动手实践、合作交流的探究式学习能力，从而达到全面提升学生发展核心素养的目标。

以"专"而言，课程内容的设置都是学校课程发展部联合各博物

馆馆方专家、行业专家与学者，由他们直接或辅助制定出的符合相对应主题的课程，从而帮助学生在修习过程中能更好地习得相关专业知识与技能，补充和扩展学生的"综合知识与技能"的广度与深度。

以"精"而言，精心挑选爱国、科技、文化、体育、人文、艺术、历史、创意等主题进行课程的研发，提升学生的民族情怀、历史知识、科技与人文视野等知识与技能，从而更好地"明德笃志、文理相通、学贯中西"。

以"特"而言，课程学习方式一改学生被动式的接受型学习方式，每次现场课程以小组展开，通过专业教师在旁的引导与辅助，运用课程设置的四大模块"课前导入、课程实施（学习发现、实践探究、分享沟通、分析测评）、课程回顾、成果展示"，九个步骤——"知识梳理、提出想法与质疑、确定探究主题、现场学习发现、小组合作、实践探究、分享沟通、编写报告、报告展示"板块的不断练习，逐渐培养学生学会完全通过自主的探究的方式进行学习，提升学生的自主探索、动手实践、合作交流的探究式学习能力。

以"新"而言，课程开展的场景摆脱了教室的束缚，引入了新的场景，走进了场馆，走入了社会，因地制宜，因材施教，活用社会资源开拓学生眼界视野与课外综合知识和技能。

"博学游"课程是一项基于学生亲身体验的课程，学生走出课堂，以集体旅行生活为载体，依托博物馆等社会资源，进行体验式教育和研究性学习。此外，本课程还结合了上海市学生综合素质教育评价的要求进行了针对性的开发和设计，拓展、延伸课堂内的教学内容，增添课堂外的知识与技能。

以七年级"博学游—人文历史—溯源上海—探寻申城历史之声"课程为例，在很多人的印象中，上海是直到近代才由一个小渔村发展起来的大都市。事实上经过 80 多年的考古研究，上海古海岸线"冈身"地带，已发现一连串的古文化遗址，最早达 6000 年前上海的古文化就十分辉煌。"如果说崧泽文化是上海之源、广富林文化是上海之根，马桥文化就是上海之本。这三个文化，好像是构成'沪'字的三点水，缺一不可，共同创造了上海古文化的辉煌。"这三大古文化的存在，体现出上海参与了中国文明起源与形成的共建进程。作为上海本土的学生更应该了解、知道这片土地的历史渊源，由此我们设计了这项"溯源上海——探寻申城历史之声"课程。

　　整体课程是在大学历史系教授指导下进行设计研发，课程共计 5 个课时，分别为：追寻马桥文化（2 课时），广富林猜想（3 课时）。课程遵从了以下三个维度进行设计：1）依据七年级历史教学的部分教学目标：了解中华文明的起源，祖国境内远古居民时代到魏晋南北朝的这段历史；学会运用所学的历史知识分析问题、解决问题；2）结合研学旅行规范规定，初中年级参与研学旅行时，宜设计以知识科普型、体验考察型和励志拓展型资源为主的产品，并以县情市情省情研学为主；3）结合学生综合素质教育评价体系中的学业水平——研究性学习与成果进行开发设计。该课程教学总目标为：了解马桥文化与广富林文化的渊源，通过实地探究，能大致还原当时文化的痕迹；通过课程的讲解分析，动耳倾听、动眼观察、动手操作的实践，学会通过出土的陶土用品、古人类模拟生活的环境状态等形式，知晓早期文化的形成；无论是否生于长于上海，来到这片土地上，学会认识这里的历史，感知文化的形成，更爱这座城市。

2. 课程管理要点：安全为首、三方配合、制度跟进

　　"三方"是指：校方、学生、第三方机构。由于"博学游"课程本身的特殊性——走出学校，走进场馆，依托场馆及社会资源，除课程本身内容还涉及食、住、行等方面问题。为了保证课程的正常实施，需要引进专业的第三方机构进行配合，由第三方负责食住行等出行方面的安排，且部分课程内容板块需要第三方机构配合进行调动及设计研发。每次课程出行，每 50 人配备一名校方带队老师，由第三方提供课程指导老师，5 名助教，一名配备红十字会急救证、领队证或导游证的安全保障人员，确保可以应对突发状况，从而保证课程的顺利实施。出行前，对学生进行相关安全教育，签署《行为规范》守则，确保在课程实施中学生的纪律性，同时也培养学生的自律意识、规则意识。

3. 课程设计要点：专家指导、专题教研、内外结合

专家指导：因"博学游"课程本身的专业属性，因此需要联合校外行业专家、场馆专家及相关专业学者进行课程的研发和设计。

专题教研：组织相关学科教师共同研讨相对应主题的课程开发需求、方向、主题等，研讨课程目标、课程实施、成果展示、评价方式等内容。

内外结合：组织专家、校内教师及第三方机构，针对课程的内容、实施方案进行进一步的细化，从而确保课程的顺利实施。

4. 课程实施策略："四模四法九步"探究式学习法

- 四模："博学游"课程均按照课前导入、课程实施、课程回顾、成果展示的模块进行设计。课前导入可以让学生通过更加喜闻乐见的形式，比如书本、影音等资料清单去提前学习与搜集相关知识点，激发学习的热情，同时通过自选探究主题的内容设置方式，激发学生自主学习与探究的兴趣。课例参考：

课前导入	目的：了解上海文化的演变 内容： 1）推荐百度、爱奇艺等软件搜索"马桥文化""广富林文化"相关课程背景资料； 2）参考阅读书籍《马桥文化探微》《富林佳话》《文物物语》； 3）想一想在这个课程中你有哪些问题需要解决？准备课前 3 个问题； 4）如果让你独立完成该课程的探究报告，你想命名的主题是什么？

- "四法"——通过一听、二看、三动、四议的方式进行课程实施部分的教学，让学生通过专家学者的知识讲解，观察馆方藏品展品，亲自动手实践，最后进行小组交流讨论的方式，让学生有所发现，进而深度合作，再进行探究，循环往复。在这个过程中，学生不仅提高自身知识、技能水平，还会不断提升合作意识与合作能力、探究精神与探究水平，从而形成更全面、更系统、更深刻的素养。

课程回顾包含了学习单与探究报告的完成，可以帮助学生更好地巩固学到的知识与技能，同时启发学生完成探究报告的个性化学习，从而锻炼学生的探究式学习方式。成果展示，通过对探究报告的展示与交流，让学生获得更多学习的成就感与获得感，激发学生学习的动力。

通过这四个模块的设置，完成体验式学习的一个闭环，正向地提升个体的学习水平，个体的学习水平提升又可以进一步推动群体整体水平的提升，整体水平的提升又可以使整体中每个个体再次提升，如此循环往复，实现正向良性的互相影响与提升。

• 九步："博学游"课程的四大模块内，贯穿着探究式学习的九个步骤，他们分别是：知识收集、提出想法与质疑、确定探究主题、现场学习发现、小组合作、实践探究、分享沟通、编写报告、报告展示。通过这九个步骤，逐渐帮助学生练习掌握探究式自主学习的方法。

如"溯源上海"课程的课前导入部分中的通过完成"推荐百度、爱奇艺等软件搜索相关课程背景资料；参考阅读书籍"两个任务的完成，帮助学生练习掌握探究式学习的第一步——通过文献、著作、网络、影视资料等内容进行"知识收集"整理的方法。通过"想一想在这个课程中你有哪些问题需要解决？准备课前 3 个问题"，以及"如果让你独立完成该课程的探究报告，你想命名的主题是什么？"这两个问题的思考，激发学生的思考能力与质疑能力，从而帮助学生进行"提出想法与质疑"的探究式学习的第二步与"确定探究主题"第三步的练习。

进入"溯源上海"课程实施阶段，通过一开始专家与学生互动式教学导入问题：①"同学们，如果你们给来上海旅游的小伙伴推荐最能代表上海的地方你们会选哪里？"②追问："刚才很多同学都说了外滩、陆家嘴、迪士尼……但是你们知道吗？5000 年前，那些地方还是一片汪洋，上海祖辈们生活的核心地区是我们现在闵行区的马桥、青浦、松江等……"有的同学可能会质疑，老师，5000 年前的事情你怎样会知道？③释疑：了解历史的三种渠道，包括文献记载、口述史料、考古实物。通过这个导入环节，迅速让学生进入状态，调动课前知识收集的内容，同时让学生与已有知识之间形成一种思维的碰撞，在追问、释疑的过程中获得新知。

之后通过"纵横千年（介绍时间坐标轴的制作方法）"与"考古知多少（引导孩子们观看场馆视频和考古实物，完成学习任务单）"这两个教学内容，既可以帮助学生通过时间坐标轴的梳理，厘清上海史前文明的大致轨迹，初步掌握历史研究的基本方法，又可以让学生知晓考古工作的一般流程，了解"洛阳铲""十字镐""桃形手铲"的用途，同时，还可以进行探究式学习的第四个步骤"现场学习发现"。

"我是小小考古队员"让学生亲身体验：①自己动手实践，体验考古挖掘—修复工作；②小组派代表上台展示本组的挖掘成果；③探究：如何确定马桥遗址的年代？通过这部分教学内容的学习，学生自己动手，既可以体验考古工作的艰辛与快乐，也可以通过探究问题的讨论，加深对考古核心工作——判断遗存年代的理解，同时，练习到了"探究式学习"的第五、第六与第七步——"小组合作、实践探究、分享沟通"。

最后，通过课程回顾与成果展示模块的形式，完成了"编写报告、报告展示"这最后两个探究式学习的内容。

由此可见，"博学游"课程不仅活用社会资源补充了课堂内的知识，延伸了课外知识，扩宽了学生知识与技能的广度与宽度，同时又是一个内嵌了研究过程与研究方法的探究式学习方式的课程。

5. 评价策略：多维、综合性评价

评价的内容、实施过程均具有多维属性。如"溯源上海"课程，从课程实施前的准备阶段、课程实施阶段、课后的探究报告的完成阶段均纳入评价体系。具体评价的内容依次从学生的课前资料阅读情况、课前资料搜集情况、课前探究主题准备情况，课程实施阶段的观察发现情况、自主探究情况、交流合作情况、合理评价情况到课后探究报告的完成情况进行自评、他评与师评的综合评价体系。力求促进师生融入、投入本课程的学习，在互相关爱中体验成功，收获更多的知识和技能。

表 5-4　"博学游"实践活动学生表现评价表

评价内容		★	★★	★★★	自评	他评	师评
课前准备	资料查阅与阅读	能从课前资料清单有选择地进行资料查阅。	能按照课前资料清单进行资料查阅，并回答问题。	能完全按照课前资料清单进行资料的查阅与阅读，并正确回答全部问题。			
	资料搜集	能搜集相关主题课程资料，完成现场探究课程的准备。	能进一步搜集一定量的相关主题课程资料，并产生至少一个需要现场探究的问题。	能带着问题进一步搜集更多的相关主题课程资料，并产生相应数量需要进行现场探究的问题与依据。			
现场探究	探究主题准备	能通过联想产生课程探究主题。	能根据一定的依据产生课程探究主题。	能根据一定的依据产生课程探究主题，并进行有理有据、条理清晰的描述。			
	观察发现	在别人的帮助下能确立研学主题。	能通过观察、比较、归纳的方法发现至少一个研学主题。	能通过观察、比较、归纳的方法发现多种兴趣点以及研学方向，并在此基础上确定合理的研学主题。			
	自主探究	初步具备观察、记录和收集信息的能力。	会利用所学知识进行观察、记录、收集、归纳信息。具有收集、处理和运用信息的能力。	会利用多种途径收集信息，能对收集到的信息进行初步分析归纳，并能运用在研学活动中。			
	交流合作	积极参与小队探究活动，认真完成组内分工的任务。	乐于动脑、会与同学友好合作，用简单的语言交流观察、思考、探究的过程。	在制作的过程中领导小组成员合理分工、齐心协力完成探究过程，并得出一定的研学结论。			

（续表）

评价内容		★	★★	★★★	自评	他评	师评
现场探究	合理评价	能正确认识自我，并进行客观评价。	能正确认识自我，并进行客观评价。能用欣赏的眼光客观评价组内其他同学。	能正确认识自我，并进行客观评价。能用欣赏的眼光客观评价组内其他同学，并能对他人提出合理的建议。			
课后反馈	探究报告	能根据课前准备、现场探究的课程内容，完成探究报告。	能根据课前准备、现场探究的课程内容，条理清晰地完成探究报告。	能根据课前准备、现场探究的课程内容，有理有据、条理清晰地完成探究报告，并与同学、老师进行分享。			

第五节　上闵外学校课程的实施与管理

一、课程实施路径校本化

学校的课程实施应围绕《中国学生发展核心素养》和国家课程标准具体要求，以学生为本，培养学生的人文底蕴、科学精神，引导学生明晰社会责任、勇于担当，发展学生实践能力、创新思维。帮助学生以学会学习、健康生活为核心，以"三重"原则（即重基础、重过程、重能力）为抓手，以体现学生主体性为目标，将学生的核心素养培养落实于每一节课、每一个教学环节、每一次体验活动之中，全面提高学校教育教学活动的效益。

上闵外在课程实施中持续推进"基于文化理解的课堂教学"研究实践，以提高学校课堂教学效益。扎实、深入开展课堂教学改进工作，明确课堂教学改进是课程改革在课堂层面的落实，是追求日常教学高品质的有效途径，加强教学的组织、过程与结果评价和管理，形成上闵外高效独特的教学组织管理系统，从而逐步提升教学质量。

1. 国家课程的实施

学校以教研组为单位，围绕学科核心素养，加强对课程标准和教材的研究，严格按照课程标准和学生的学情实施课程教学。关注问题情境的创设、评价反馈和学习任务的设计，确保课堂质量。以年级为单位，思考落实有效路径，具体如下：

（1）起始年级（六年级、高一年级）：注重学生学习习惯的养成和本学段学习方法的指导，做好小、初／初、高中衔接，注重激发学生的学习兴趣，关注学生不同的学习潜能和发展倾向，为生涯教育的开展提供指导。

（2）中段年级（七年级、八年级）：关注不同层次学生的发展，加强诊断，提高教学的针对性；以"单元设计"研究为抓手，探索基于学科核心素养培养的课堂教学方式，提高教学有效性。高二年级：探索分层走班教学，除必修内容外，思考选择性必修进度和难度，明确合格考和等级考不同的教学设计，分层编制校本练习，加强诊断，提高教学的针对性。

（3）毕业年级（九年级、高三年级）：加强对复习课效率和方式的研究，增强互动与对话，避免机械且低效的反复操练。引导学生学会整理知识的方法，把握学科逻辑结构和脉络，切实做好反馈与分类辅导。

2. 校本课程实施

上闵外的校本课程分为选择性必修课程（即外语类特色课程）、学生自主选修课程和实践体验类综合实践活动课程三大类。

对于选择性必修课程，作为外语特色学校，我校对外语教师的课堂教学提出了更高、更为符合外语学习规律的教学要求。

（1）推行外语"沉浸式"教学理念，外语课堂教学必须采用全外语授课；积极创造条件在合适的学科中推进双语教学的实施，为学生创造更多使用外语的环境与机会。

（2）外语课堂教学中遵循"听说领先，读写跟上"的原则，注意训练学生语音、语调，积极推进"情景教学法""交际法教学法"等先进的教学理念与方法，全面进行英语听、说、读、写技能的综合训练，提升学生的英语运用能力，凸显外国语中学外语技能要求。

（3）遵循二语习得"输入－输出"理论，推进"英语阅读工程"与"晚间英语新闻听读"活动，扩大学生课外英语原版作品听、读量，为学生提供尽可能多地道的、原汁原味的可理解性语言输入；组织"外语角""外语戏剧社""模拟联合国"等多种多样的外语类课外活动，为学生提供更多产生语言输出的机会，帮助学生更好地掌握、使用外语。

3. 生本课程开发与管理

对于学生自主选修及社团课程的开发和管理，则由学校课程教学部领衔的校本课程开发委员会负责。校本课程是学校课程的重要组成，既是对国家课程的有益补充，也是凸显学校办学特色、贯彻学校育人目标、满足学生个性发展的特色课程资源。对于校本课程的实施，坚持"申请－考核"制：

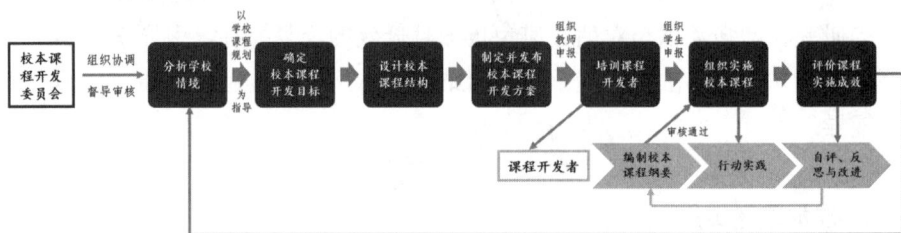

图 5-9　校本课程开发机制流程

任课教师向学校课程教学部提交申报表，其内容包括课程方案、课程简介、招收人数、拟开课地点、课程框架、课程进度计划等。经课程教学部领衔的校本课程开发委员会审核。凡经开设的课程，由学校统一编排，开学之前，在网上选课。学期结束，经考核合格后，赋予学生相应的学分。

为提升对于实践体验类综合实践活动课程的管理效益，学校成立了"尚鸣学院"，统筹协调学生发展处和课程教学部，系统规划综合实践活动的开展与实施。

研究性学习，由"尚鸣学院"特聘导师指导，通过科学、探究课、部分社团活动课和"尚鸣讲坛"等，引导学生在学习和生活中发现和提出问题，培养学生自主与创新精神、探究与实践能力、合作和发展意识。采取课题研究、项目化学习、社会调查等形式，提交研究计划，经开题评审后，进行系统化的研究活动，在八年级或高二年级上学期寒假结束时，提交研究成果。海内外研学、社会考察和社会志愿服务等活动，采取问题式研学的方式，提高社会实践活动的有效性，做到活动前有预案，活动中有计划，活动后有总结（汇报），系统性地提升综合实践活动的有效性。

二、课程实施管理规范化

学校校长室是学校课程的决策机构，主要职责是明确本校的培养目标，从实际出发，根据国家及地方课程方案和标准，基于本校发展特色制定学校课程方案，以及相配套的各项制度。同时，协调校内各处（室）以及年级组与教研组的各项工作。

课程教学部是学校课程管理专门的行政机构，主要职责是计划、执行、检查、评估全校各门课程及各教研组的课程教学工作。组织协调学生发展部、各教研组与年级组的各项工作的关系，落实各项课程管理措施。

对校本课程、生本课程做到一课程一方案，明确课程目的与作用、课程目标、课程内容与要求、课程实施对象、学时分配、评价方法等，教师按照方案落实课程，教学管理部门根据方案对课程实施情况进行评估，并根据评估结果对课程实施教师进行相应的奖惩。以上闵外为例，学校对所有限定选修类课程均制定了明确的课程方案、教学标准和校本教学指导手册。

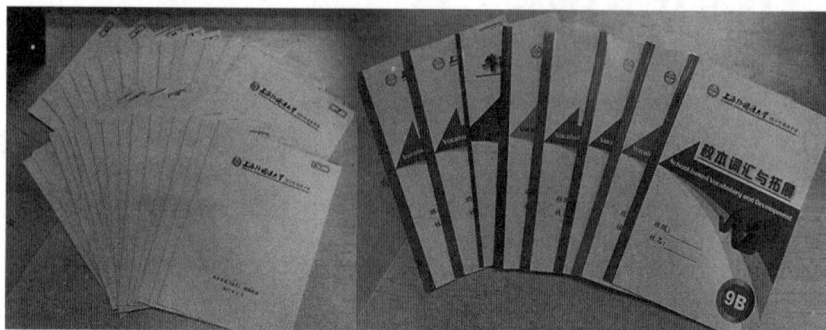

图 5-10　上闵外校本课程教学标准

为保证课程实施效果，上闵外采用学分制管理，高中参照国家课程方案要求，初中则制定了本校的学分制管理方案。

上闵外学生必须达到以下要求方可正常毕业，领取毕业证书：

• 整个初中阶段需完成学分总计 320 分及以上；初中阶段获得学分 340 分及以上具有参评优秀毕业生资格。

• 必须完成初中阶段所有国家课程的学习并通过学业考试，完成此项可获得 100 学分。

• 必须完成所有要求必修的校本特色课程并获得相应学分。

• 学生每学期需根据学校规定及个人发展需求选择参加个性选修拓展课及社团活动课的学习，每学期至少选择 2 门课程，并获取相应学分。

表 5-5　上闵外拓展 / 社团课程学分对照表（初中部）

类别	课程	每学期学时数	达标要求	学分	总计学期数	总计学分
校本特色课程	• 阅读探索者	32	1. 出勤率不低于 90% 2. 期末考核合格及以上	4	7	28
		1 次 /学年	参加并通过全国外校英语能力等级考试	1	3	3
	• 英语技能训练	16	1. 出勤率不低于 90% 2. 期末考核合格及以上 3. 期末口试合格及以上	2	8	16

（续表）

类别	课程	每学期学时数	达标要求	学分	总计学期数	总计学分
校本特色课程	• 世界文化	16	1. 出勤率不低于 90% 2. 期末考核合格及以上	2	6	12
	• 英语语音训练	16	1. 出勤率不低于 90% 2. 期末考核合格及以上 3. 期末口试合格及以上	2	8	16
	• 英语新闻听读	32	1. 出勤率不低于 90% 2. 期末听力考核合格及以上	4	8	32
	• 英语阅读工程	课外	1. 完成推荐阅读书目 70% 及以上 2. 完成阅读报告 / 小报	2	7	14
	• EB 阅读课程	课外	1. 完成要求的阅读篇目 2. 练习完成率 80% 及以上	2	8	16
	• 双语戏剧	16	1. 出勤率不低于 90% 2. 期末考核合格及以上	2	4	8
生本个性课程	海外短期留学	15 天 / 次	1. 认真参加各项学习及活动 2. 完成游学总结报告	10		
	* 专业舞蹈	64		8	6	48
	* 赛艇	64		8	6	48
	* 人工智能与机器人	32		4	6	24
	* 数学思维	32		4	6	24
	* 电影艺术与技术	32	1. 出勤率不低于 90% 2. 期末考核合格及以上	4	4	16
	* 古诗文诵读	32		4	6	24
	* 书法	16		2	2	4
	* 中外经典赏读	16		2	2	4
	* 第二外语（Basic level）	16		2	6	12
	* 第二外语（Advanced level）	64		8	6	48

类别	课程	每学期学时数	达标要求	学分	总计学期数	总计学分
生本个性课程	*英语口译	16		2	5	10
	*英语课本剧	16		2	5	10
	双语小记者团	32		4	2	8
	英语演讲社团	32		4	2	8
	"舞向未来"舞蹈团	32		4	6	24
	莎士比亚戏剧社	32		4	2	8
	管乐团	32		4	2	8
	"莺之歌"合唱团	32		4	2	8
	民乐团	32		4	2	8
	科普英语社	16	1. 出勤率不低于90% 2. 期末考核合格及以上	2	1	2
	辩论社	16		2	1	2
	趣味地理	16		2	1	2
	摄影创作	16		2	1	2
	德国概况	16		2	1	2
	法国概况	16		2	1	2
	创意手工	16		2	1	2
	希腊神话	16		2	1	2
	影视鉴赏	16		2	1	2
	玩转地理	16		2	1	2
	炫舞啦啦操	16		2	1	2
	足球	16		2	1	2
	网球	16		2	1	2
	篮球	16		2	1	2

说明：1. 带●的为必修课程；带*的为限定条件选修课程。

2. 个性拓展课与社团课根据每学期申报及审批情况进行调整。

为丰富学校的课程建设，满足不同学生的学习需求，尤其是专业性比较强的课程，学校采用课程购买的方式，引进了部分社会机构提供的课程，并制定了管理规则以保证引进课程的有效性及顺利实施。规则如下：

1. 引进课程管理部门

由上闵外"课程教学部"根据学校课程建设及学生发展需求，对各机构提供的课程进行研究、评估，对是否需要引进提出建议；建议引进的课程报校务会议讨论通过后与相关机构签约引进课程；课程引进后由"课程教学部"负责日常的具体实施工作；每学期期末由"课程教学部"对引进课程的实施效果进行考核、评价，并对是否继续使用该课程提出建议。

2. 课程的引进

引进课程需符合以下要求：

（1）课程内容符合国家相关法律、法规及社会发展要求，是对国家课程的有益补充。

（2）课程内容符合学校办学理念，符合学校整体课程方案的要求，能够体现学校的办学特色。

（3）课程内容应符合教育教学规律，紧跟时代发展，符合学生发展的需求。

（4）乙方能够提供完整的教材／教学资料、教学计划以及专业的师资和后续的专业服务。

3. 引进课程的日常管理

（1）学校（甲方）与课程提供方（乙方）需明确课程的具体负责人／联系人，负责与该课程所有相关事宜的沟通与协商。

（2）乙方提供师资进行授课的所有课程，均须提供该课程的整体课程方案、每学期的教学进度表、每节课的教案、教学材料／学生练习／教学 PPT／学生测试卷等教学相关资料，由学校联系人分别于学期初、学期末负责收取、整理并交给"课程教学部"存档。

（3）学校联系人负责对乙方师资的授课情况进行监督，填写《上闵外引进课程实施情况记录表》，如发现乙方师资有上课迟到、早退、空课等情况，学校联系人应首先向课程教学部汇报并安排代课教师，同时立即向乙方课程负责人进行反馈并沟通解决方案，以保证后续课程的顺利实施；如发现乙方教师有上课不认真或教学方式不恰当等情况，要及时与乙方课程负责人进行反馈并沟通解决方案，同时要及时向课程教学部进行汇报并反馈处理结果。

4. 引进课程实施效果评估

由课程教学部于每学期末通过查阅课程资料、学生调研问卷、师生个别访谈等方式，对于引进课程的实施效果进行评估，并对于该课程是否继续采用、哪些方面需进行调整等提出管理建议。

三、课程实施效果评估与改进

课程从来不是一成不变的，它受政治社会因素、学习理论和教育技术的发展等内外因素的影响。因此，课程需要不断地评估和改进，以跟上这些发展和变化。而且课程评估不应仅在课程实施过程末尾才开展，而是理应成为实施过程的一部分。因此，持续的评估是确保课程管理有效性的关键一环，这既是因为评估可以提前排除课程实施中出现的隐患，还因为它可以提高课程实施的效率。

在课程评估中，目的不同，侧重点也就不同。当这一目的是检验课程效果时，评估的重点则应放在课程的产出，特别是学生的学业成绩和学科素养表现上；而若其目的是对课程的提升或发展，则应聚焦于课程实施过程。

基于结果的评估重点是关注学生的学业表现，具有逻辑性强、理性、直观和易于操作等优势。然而，由于这种评估更关注现有的、可测量的产出指标，例如考试成绩、出勤率等，却忽视了那些同样重要但难以量化测量的指标，例如学生的道德情操、社交能力以及情绪管控能力的发展，因而无法深入课程的本质，即在课堂中教师教授什么，学生学习什么。因此，我们真正需要的是基于过程的评估，它更关注作为学习主体的学生的发展情况。

（1）学生发展评价。

推进综合素质评价。除了基本的课程学习效果评价之外，我们借助于上海市学生综合素质评价系统，将学生发展性评价、多元性评价和结果性评价相结合，加强学生在课程学习过程中的诊断并予以改进，关注学生的学习经历和态度，关注学生的发展态势，在学生综合素质评价系统中，予以过程性完整且客观的记录。

学生课程学习评价。在学生必修课程和选择性必修等课程中，其课业成绩由期中考试和期末考试成绩（结果性评价）和平时成绩（过程性评价）按照权重组成。在校本课程及综合实践活动中，增强过程性评价的主导地位，通过学生自评、互评和教师评价，分为"优秀""合格"和"不合格"三种，修完课时，评价为"合格"及以上者，可获得相应学分。

（2）课程效能评价。

课程评价可由校领导、教师、家长、学生几方代表组成的课程审议小组构成，从不同的角度审议学校课程的效能。主要包括课程目标与计划评价、课程开设与投入评价、课程实施过程评价、课程实施效果评价等，借助座谈会、调查问卷、考试质量分析、课堂教学督导、学生学习成果展示等方式，从四个评价点分别对课程实施的全流程进行监控。

四个课程的评价维度，聚焦国家课程、校本特色课程、生本个性发展课程等内容。从国家课程的角度，审议课程目标的设置、内容的安排、课时的分配等内容，是否符合国家"双新"理念的落实，是否符合学校学生的实际，是否利于学科核心素养的落实，评价是否全面且多元。从校本课程和生本课程的角度，思考学校的课程设置是否能够促进学生自我规划和自主决策，是否能够发展学生的兴趣特长，激发他们的潜能，是否能够促进学生个性的发展和学校特色文化的传承。学校同时也十分重视学生的实践体验类课程（活动）的实施效果，着重评估这类活动课程是否能够提升学生的实践水平和团队合作，是否能够培养学生的规则意识，是否能够提升学生解决生活中的实际问题的能力。

（3）教师教学评价。

课堂观察：教师是否设定基于学情的学习目标，是否创设真实情境体验或活动设计，是否能够帮助学生建立利用学科知识来分析和解决问题的认识模型，是否体现大单元教学设计的思想，将学科核心素养融入课堂教学中。

问卷调研：通过客观题和主观题结合的方式，由学生对教师的课程教学进行评价，评价的维度包括课堂教学内容、教学活动设计、教学目标达成、教学评价手段、教学语言、课业任务等内容。

教学诊断：在课堂观察和学生问卷的基础上，建立审议小组和教师的良性沟通机制，以解决问题为导向，形成学科组团式教学诊断的教学评价模式，通过"尚鸣杯""青蓝工程"等校内活动，建立专家指导、骨干引领、教研组互助的机制，形成教师课堂教学评价研究机制，汇总形成教师观课报告。

第六章

基于文化理解的德育模式的构建

第一节　美德的内涵与当下德育的主要方式

　　德育是中学教育最主要的方面，狭义的德育是我们作为教育者有目的地培养受教育者优秀品德的活动，也可以说是学生获得美德的过程（本章内容主要讨论这个意义上的德育）。那么，怎样的德育内容、途径、策略方式更加有效？

一、美德的内涵

　　《史记·礼书》云："洋洋美德乎！宰制万物，役使群众，岂人力也哉！"美德（virtue）的拉丁文词根是 vir，意思是"男人（man）"。在这里，美德的本意是 manliness，即是男子气概。所以，在人格心理学里，美德成为"给一个人的自我增添力量的东西"。后来，在国内外，美德一词也演化为高尚的道德行为和优良的道德品质。所以美德就成为人类道德的核心内容，甚至道德就是指美德，如有人被指是有道德的人，即指具有美德的人。

　　美德具有相对性，对于不同的人际关系类型、不同的职业性质、不同的历史时代、不同的文化类型，美德的价值取向是不同的。比如，"诚实"是指"内心与言行一致，不虚假"，是人类的一种美德，但面对盼望战场上的儿子归来的母亲，你就不能诚实地告诉这位母亲她儿子已战死这样残酷的现实。这样的不诚实不能说明你不具有美德，而是说明你具有理解和尊重他人的美德。所以，美德教育不具有绝对的价值意义，而是具有相对性。在不同的情境中，美德的内涵会发生变化，教育者一定要关注这种美德性质。

二、传统"美德袋"式的德育

美德往往是人类经过几十年乃至上千年的道德经验抽象形成的概念。在古代西方，德育的主要方式是"美德袋"式教育方法。亚里士多德把美德分为 10 种，即勇敢、谨慎、乐施、慷慨、自豪、求荣、稳重、诚实、友爱、殷勤，这就是"美德袋"里的内容。然后采用近乎灌输的方式进行美德灌输，这就是"美德袋"式的教育方式。在近现代西方，"美德袋"教育方式仍是德育的主要内容与方式。

在中国，从古至今，几乎也都是通过"美德袋"式教育方式进行道德教育的。不同的是，"美德袋"里的美德内容不尽相同，如在封建社会，中国的美德主要是：孝、忠、诚、礼、仁、信等；到了当代中国，除了保留有益于当今社会的传统中华美德外，爱祖国、爱人民、爱劳动、爱科学、爱社会的"五爱"也成为每个公民的基本美德。

但我们的德育方式却无多大改变，强调的仍然是单元的（价值观念）、一致的（内容）、灌输式（方法）的教育方式，即"美德袋"式教育方式。如"孝"，中国人在几千年的文化经历过程中把其抽象为"让长辈幸福"以及相关的典型故事。现行的道德教育将这类故事及有关"孝"的符号告诉学生，以为这就完成了美德教育。然而，网络时代改变了道德教育的内外部环境与内涵，多元文化的冲撞使学生茫然不知所从，人性的觉醒使学生开始排斥他们不能接受的灌输方式，所以"美德袋"式德育方式在中国同样遇到了前所未有的困境。

在西方，从卢梭的"爱弥儿"到杜威的"儿童中心论"，都强调教育（在他们那里，德育即教育）应该是儿童自由成长的过程。柯尔伯格道德两难的忧虑在这样的教育中是没有的，但问题同样存在：其一，道德不可否认是某一社会系统价值的体现，德育就是传递这种价值观的作用，但在卢梭、杜威他们那里很难实现；其二，美德的体验也是有一定指向的，这同样在卢梭和杜威那里很难找到。

当代美国著名道德教育家劳伦斯·柯尔伯格则明确反对这种"美德袋"式德育方式。他认为这种方法有两种缺陷：一是无法解决德育中遇到的文化多样性和道德价值特殊性问题；二是无法有效处理道德为受教育者接受和内化的问题。这样的美德教育只给了学生一个美德符号意义，而抛弃了美德的理性智慧和情感体验。

三、德育生活化与辨析式德育的利弊

美国教育家麦金太尔（Aasdair Maclntyre）认为：德性是人类后天获得的，内蕴于实践活动的各种好的性质、品质和倾向。针对"美德袋"式德育的缺陷，麦金太尔提出了德育生活化、道德两难问题讨论法等德育方式。德育生活化是设想还原道德（美德）之中的理性智慧和情感体验，即将抽象的道德概念与具体的生活情境联系起来，从而突破"美德袋"式的灌输教育。后者是通过道德辨析提升学生独立的道德伦理辨别能力，从而让学生在生活中自觉遵守社会公德，提高学生的道德意识。

探索中的德育生活化实践存在以下问题：其一，目前，我们理解的德育生活化在还原道德内在的理性智慧和情感体验过程中，将受到宏观条件和主观意识的极大限制，从而大大增加还原的难度。其二，还原的主体应是学生而非教师，但学生这个主体对美德的还原受到其认知的束缚。所以，在实际德育生活化过程中，这些还原的主体往往由教师来担当，即教师为学生设计好整个体验过程，然后让学生进入教师为他们设计好的生活情境中去体验道德感性知识。如让学生去南京体验抗战历史，提升爱国情怀；让学生每日打扫教室卫生，培育劳动习惯等。由于设计主体是教师，这种社会化德育大打折扣。比如，学生虽然在校认真打扫卫生，但是在家却连扫帚倒地也不扶起来。其三，目前，我们的德育生活化更多的是对现实生活的抽象，而非现实生活。其四，现代社会的美德不可能完全通过学生的直接道德经验获得。

在中学教育过程中，还有一种比较常用的德育方式是道德辨析法。道德辨析法就是教师根据德育目标，针对学生的实际，选择相应的道德事例，或组织学生接触有关社会道德现象，让学生进行辨析，然后得出结论，以提高学生道德辨别能力的一种德育方法。这种德育方法的优点就是学生自己的观点得以充分发表，并在与他人的观点充分交流的过程中形成比较正确的德育观点、观念。但道德辨析法也存在一些问题，由于学生缺乏道德生活的真实经历，道德辨析后的道德认识还是停留在道德符号（或信息）层面上，并没有让学生进入道德内在的理性智慧和情感体验中。

第二节　基于文化理解的德育的内涵解读

德育的主要目的是为了让学生获得美德的外在表现方式与内在的价值观，即获得广义的美德知识。从文化理解的角度来说，是让学生形成这个社会所倡导的主流美德文化图式。那么，怎样的道德教育方式才能真正实现学生美德在身？这需要关注广义的道德知识的本质。

一、道德知识（广义）的特点与本质

在 2500 多年前的战国时期，著名的墨家著作《墨辩》对人类获得知识的性质有过精彩论述：人类的知识来源分为"闻、说、亲（传授之，闻也；方不障，说也；身观也，亲也）"。具体来说就是：一是直接来自前辈的教育（闻）；二是来自学伴之间的辩论与自己的推理反思（说）；三是自己亲身经历获得的经验（亲）。2500 年后的今天，现代哲学解释学认为：学生的成长一是通过直接吸收前人与他人的经验，二是在解释这些经验的过程中获得新的属于他自己的知识；后者包括理性的解释与感性的体验两部分。由此可见，从广义知识（下面

没说明的知识，包括道德知识，均指广义的知识）的角度，尽管跨度2500 年，我们对知识内涵的认识几乎没有改变，只是表述方式不同。道德知识也是如此（见图 6-1）。

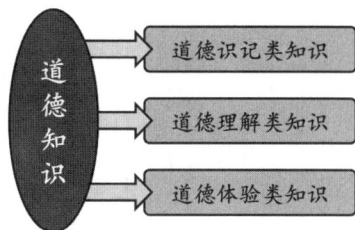

图 6-1　道德知识分类

　　根据作者几年前研究的成果——基于理解的知识分类理论，结合布鲁姆的知识目标分类法和加涅的信息加工理论对知识的分类，我们把道德知识分为三类：一是道德识记类知识。这类知识无须讲道理，也不需要理解，是定义类知识，例如五星红旗的结构等。二是道德理解类知识。这类知识分为两种，其一是通过一定的推理、类比等认知策略获得的道德知识，例如由 A=B，B=C 得到 A=C；其二是通过人类自身的解释获得的知识，例如人们对党章的认识。三是道德体验类知识。这是我们经过亲身实践体验或经历事物本身才能掌握的知识。例如，"孝"的素养只有在人与人相互关爱中才可能掌握，孝子不可能是被说教出来的；师生之爱、情人之爱、夫妻之爱等，也是在彼此关爱中形成的。

　　从哲学角度来研究道德知识的特点，人类知识主要由直接经验与间接经验组成。对道德知识来说，同样可分为直接道德知识与间接道德知识。间接道德知识是人类几千年来形成的支撑人类社会稳定和发展的道德知识，它们以文字、图片、音像、实物等符号保存下来，是人类的共同智慧。如说起"谦让"美德，人们就会想起"孔融让梨"的故事。同时，这种道德知识又通过传承，反映在人类自身的社会实践活动中，即蕴含在人类自身的社会现象中。这种知识是一个事实，是一种现象，而非故事。直接道德知识是学生通过直接的道德经历与体验获得，这类具有感性特征的道德知识以默会知识的形式存在于人类的活动中，学生必须通过相应的社会实践活动才能获得。故这种道德知识是极易通过学生的理性反思成为学生的德性（如图 6-2 所示）。

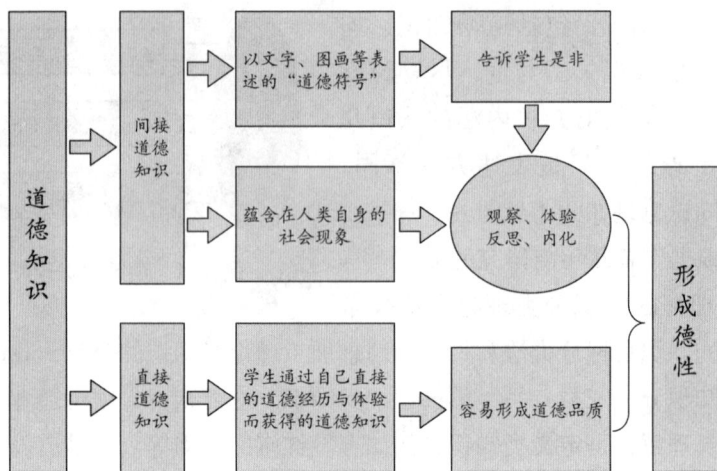

图 6-2　人的德性的形成过程

二、基于道德知识性质的初步德育规律探索

通过德育生活化确实可以让学生通过自己的直接道德经历与体验反思形成优秀的德性，但上面的叙述已明确告诉我们，现代社会的美德一是不可能完全通过学生的直接道德经验获得，二是在这种理想化的德育过程中存在很多理论与实践的问题。

研究表明，道德知识更重要、更生动、更直接的承载体——社会现象中的美德，不仅是人类几十年乃至几千年传承的优秀道德（美德）符号，更是有血有肉、充满生命气息的美德现象。学生可以通过观察，甚至深入这些社会现象，直接体会到这些生动的、丰富的、有效的道德经验（知识），并通过自己的道德建构成为自己的美德感性知识，进而通过自己的自主反思成为自己的德性。

在传统的德育过程中，我们往往重视间接道德知识，如文字、图片、音像、实物等符号性知识的传输。但应该明确的是，当知识处于感官理性层次时，只是一种信息；只有将这种信息与人的内在个性融为一体，进入人的无意识层面，才可能成为人的一种道德品质。只有这种信念化的知识才可能成为生命的一部分，即美德在身。所以，只是让学生知道是非，是难以形成德性的。道德符号教育是低效的。道德认知（主要获得识记类及理解类知识）虽然是德育与学生形成优秀德性的重要渠道，但学生优秀德性的形成更多的是美德体验的过程。

但仅有体验也是不够的，学生美德的形成还需要道德理性的参与。学生除了在自己的直接经验中能实现美德品质的内化外显外，更多的是教育如何还原隐含在书面道德知识中的间接道德经验，并让学生进入这些经验中，让这些道德知识成为学生内在的需求，进而在道德活动中养成道德品质。

德育生活化确实可以让学生通过自己的直接道德经历与体验反思形成优秀的德性，德育生活化已部分解决了通过学生直接的道德经历与体验而内化的道德品质，外显为学生的道德行为的问题。但大量蕴含在人类自身社会现象中的美德，却并没有为学生所接触并内化为学生的美德品质，外显为学生的美德行为。为解决这一问题，我们提出了基于文化理解的德育观："德育不仅是道德符号的灌输，更重要的是真实美德的体验。"

三、基于文化理解的德育

根据第一章对人的文化图式的定义，我们可以描绘出人的道德文化图式的内涵：其外在的道德行为习惯，包括语言等，其内在的、与外在的道德行为习惯语言等一致的道德价值观、情感等。由此可见，这种道德文化图式是学生后天获得的，可以准确反映学生道德品质（德性）的（见图6-3）。

图6-3　学生形成的道德文化图式

经过十多年的生活学习活动，中学生的道德文化图式已经初步形成，也就是已经形成一定的道德价值观与相对应的行为方式等。根据文化理解的理论，他们对外加的、带有一定强制性的道德教育效果对中学生是低效的。

我们希望学生形成新的道德品质（德性），即形成社会与教育者所希望的学生道德文化图式，意味着需要改变学生已有的道德文化图式，即形成新的道德行为与相对应的道德价值观等。根据文化理解的理论，最有效的方法就是让学生的道德文化图式与代表教育目标的社会道德文化模式以及其他人的道德文化图式发生接触交流，并在这样的过程中，使学生原有的道德文化图式为了适应外在的道德文化模式或其他人的道德文化图式而发生改变，从而形成教育目标所希望学生形成的新的道德文化图式。

根据上述定义，基于文化理解的德育，使德育主体的主体性得以充分发挥，并始终与其主体间性通过交流保持理解。其次，基于文化理解的德育，受教育者的道德文化图式的改变，不是在外来文化模式或图式的强迫下的改变，而是通过自身的文化图式与目标文化模式或图式的充分交流沟通，为了使自己更好适应未来，最后达成理解的情况下的改变，故这种改变是受教育者自身需要而发生的。这完全改变了传统灌输式的德育方式。

另一方面，这种促进学生道德文化图式改变的外来的文化模式或图式，在中学，可以是教师有意识、有目的地帮助学生设计好目标道德文化模式或图式，帮助学生接触并进入其中，然后使其与目标道德文化模式或图式充分交流沟通，并实现学生道德文化图式的改变，从而让学生形成新的优秀德性。

基于文化理解的德育模式，注重让师生有目的地用自己的眼睛去发现社会生活中承载当代美德的社会文化现象，并努力使自己进入这种现象，将自己作为这种现象的一部分，去体会、（用各类媒体）记录与反思这类现象，然后在一定的范围内以某种方式重现这类现象，并与他人分享，从而引发师生深入讨论反思并内化为学生的优秀道德品质，外显为学生的美德行为的过程。

在这样的德育过程中，德育主体通过情感认同、价值认同、目标认同，自主进入蕴涵美德的社会文化现象中，在体验美德现象的同时，使自己成为德育的主体去反思、建构美德知识，在潜移默化中成长、成才。例如，我们要弘扬"孝"这种美德，教师先给予学生一个美德符号："孝"就是要敬重长辈、让他们感受幸福；"孝"既要孝敬长辈又要忠于国家民族，等等。然后，教师让学生去社会生活中发现这种美德现象，并走进这种现象，使自己成为这种美德现象中的一份子。学生动用可能的手段和能力，反思、记录这个关于"孝"的美德现象，并在课堂上重现这个关于"孝"的美德现象及由此产生的感性认识与理性思考，在课堂上与其他同学分享并引发其他同学对于"孝"的反思，进而形成关于"孝"的德性。

基于文化理解的德育不仅让学生知道美德符号，即美德的抽象意义，更让学生通过自己的发现、体验、反思、传播等，零距离感受美德符号背后的理性智慧和情感体验，从而促进学生形成我们所期待的优秀德性。

第三节　基于文化理解的中学德育课程

德育课程是实现学校德育目标与学生发展的重要载体，同样，基于文化理解的德育目标的实现也是基于相应的德育课程。基于文化理解以及对课程内涵的理解，我们建构了基于文化理解的德育课程体系。

一、基于文化理解的德育课程观的特点

（一）基于文化理解的课程观

传统的课程基本是由教育目标、组织教育内容、实施教育、进行教育评价等组成。也就是说，总是沿着课程开发的模式"归纳—演

绎"的路径，因而控制课程。

从文化理解的角度来看，学生的成长是学生自身的文化图式与他周边的文化模式或图式交融过程实现的。那么，作为学生成长的主要载体的课程，就一定是学生已有的知识文化图式与我们所提供给学生的"课程"充分交融后，学习者从不同"视域"去理解课程、建构课程的意义，从而丰富发展学生原文化图式的过程。所以，基于文化理解的课程理念不是被动依附于实践，而是把实践作为反思和解读的文本。这样的课程不只是分门别类的"学校材料"，而是需要被理解和建构意义的"符号表征"。于是，课程领域便由同质化的"程序主义"的课程开发，转变为异质性的"多元主义的课程理解"。

由此可见，基于文化理解的课程给予学生的不是固定不变的课程，而是随着社会文化（文化模式）与师生生命（文化图式）的发展不断生成的课程。如对某一课程文本的理解，理解者本身的"文化图式"是时刻在发展变化着的，故无论从横向还是纵向来看，对某一文本的理解都是随着人的文化图式与社会文化模式的变化而变化的。而且这样的文化理解不仅产生于学生个体，更多的是在一个群体的交流过程中完成的，因而也会随着群体生命（群体文化模式）的发展而发展。所以，基于文化理解的课程一定是具有生成性的课程，也会是像生命一样的不完备的课程，而且永远不可能是完备的课程。

当然，基于文化理解的德育课程不排斥理解的开发，甚至这是文化理解的开始。但是，这种课程开发应是生成性、生命性的开发。

（二）基于文化理解的德育课程观

学校德育课程是学校课程的主要内容，其基本原理也是来自基于文化理解的课程原理。与此同时，德育有其自身的特点，譬如我们在上一节中提到，基于文化理解的德育最大的特点是："德育不仅是道德符号的灌输，更重要的是真实美德的体验"，要改变学生的道德文化图式，最关键的是让学生的道德文化图式与蕴含美德的文化模式或文化图式充分接触交流，才是学生最终形成美德德性的最佳途径。这为学校德育课程提供了非常重要的理论基础。在此基础上，我们可以得出基于文化理解的德育课程观。

（1）基于文化理解的德育课程的第一个特点是：让德育内容（道德文化模式）更接近学生的日常学习生活（学生的道德文化图式）；其德育方式与途径不是以灌输为主，而是让学生通过真实美德体验获得德性为主。

众所周知，学校德育有一定的强制性与目的性，是为社会培养具有正确价值观、世界观、人生观和相应良好行为习惯的人。在中国，我们明确提出"要培养德智体美劳全面发展的社会主义事业的建设者与接班人"。同时，根据基于文化理解的德育原理，现代德育课程又必须与学生的道德文化图式相接近，才能有效实现德育的目标。所以，学校德育课程在校内主要表现为：表现国家教育目标的国家德育课程必须完整地在校内实施，体现国家意志，为党育人，为国育才。但是，国家德育课程的内容与实施方法途径必须与学生的发展特点（学生的道德文化图式）相吻合，也要与所在的学校特点（学校文化模式）相结合。因此，在国家德育课程有效实现课程目标的过程中，国家德育课程需根据学校与当地社会文化的实际情况，校本化实施；国家德育课程也要根据学生的道德文化图式特征，有效地实施，让学生成为德育的主人，从而真正有效实现德育目标。这就涉及学校德育课程以学生发展为本的设计。

（2）上文提到，德育的主要目标是社会要求学生成为社会和国家希望的、具有特定人生价值观与道德行为的人。但是，这种特定的人生价值观与道德行为标准（道德文化模式）会随着时代的发展而发生变化，故这种德育课程也会发生变化。同时，由于每个学生原有的道德文化图式不同，对同一德育课程，学生理解与执行的过程是不同的。所以，基于文化理解的德育课程的第二个特点是：允许学生对同一德育课程产生不同的理解；同时，为了达到德育目标，需要根据不同学生的特点，设计不同的德育方式、途径。

（3）基于文化理解的德育课程的第三个特点是：学校德育课程贯

穿学生生命成长的全过程。从上面的分析中我们可以看到，学校德育课程既有一定的生命共性，也有特定的个性，特别是德育的方法、途径、手段等因学生不同而不同。因此，现代学校德育课程要根据不同学生的道德文化图式展开，即学校德育课程既要服从国家组织的意志，也要尊重每一个学生选择自由与幸福成长的需要。

（4）基于文化理解的德育课程的第四个特点是：对于中学生来说，基于文化理解的德育课程在注重道德认知理解的同时，更重要的是让学生在真实的美德体验经历过程中获得我们所期望的德性。这是由中学生的成长特点与德育特性决定的。对中学生来说，其道德图式是不完善的，其道德价值观的形成更多决定于道德体验，其美德行为习惯的形成更多来自美德体验经历。对中学德育来说，人的德性的形成同样存在这样的过程。这是德育最有效的方法途径，也是基于文化理解的德育课程的特点。

（5）基于文化理解的德育课程认为，学校德育课程不可能是完善的、科学无误的、现成的课程，而是需要师生在德育实践过程中从不同的文化图式继续理解和建构意义的"符号读本"。所以，基于文化理解的德育课程不是一开始就是完备的，而是在德育过程中不断丰富其内涵，也是师生创造的过程。这就需要我们教育者与学生一起在德育过程中丰富德育课程内容与方法。

所以，基于文化理解的德育课程既是学生形成优秀德性的载体，同时又需要师生在德育过程中继续进行解释的符号表征，更需要师生在德育过程中不断创造与完善。这样的过程也是师生获得新的德性的过程，是师生道德文化图式完善发展的过程。

因此，基于文化理解的德育课程是发展的课程，可以促进学生创新意识与创造素养的提升。

二、基于文化理解的学校德育课程体系

根据上述基于文化理解的德育课程观，我们建构起如图6-4所示的基于文化理解的中学德育课程结构图。

178

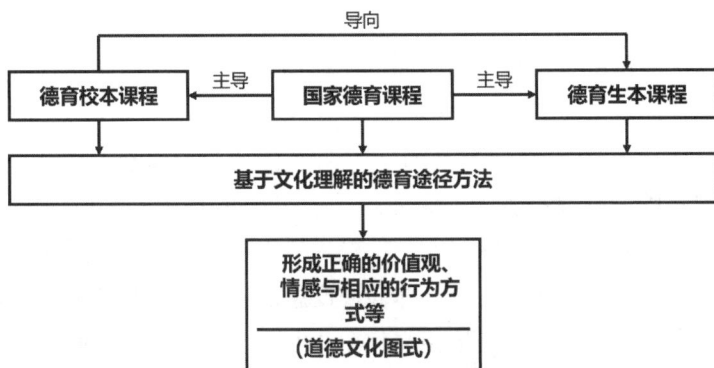

图 6-4　基于文化理解的中学德育课程结构图

国家德育课程是为实现国家的德育目标而设定的课程。在学校,包括显性的《公民》《道德与法制》等课程,同时包括语文、历史、地理等学科的德育内容。所以,国家德育课程从目标、内容等来说,是为实现国家、社会意志而设定的,故学校必须完整地实施,这才能保证实现"为党育人、为国育才"的教育使命。国家德育课程从德育方法策略途径来说,则可以根据学校、当地社会、学生、学科特点等来实施。

德育校本课程,主要就是指根据国家的德育目标要求,依据当地社会、学校与学生整体的特点,遵循德育规律而形成的德育内容、方法、策略途径等。所以,德育校本课程的第一个内容就是要根据国家的育人目标与学校的实际,形成校本化的育人目标;其次是为实现这样的育人目标而形成的相应的德育内容、途径、方法策略等。

根据基于文化理解的德育原理,德育生本课程要从学生现有的道德文化图式出发,也就是从学生成长、发展与生活实际出发,从学生思想品德发展的现状、问题和需要出发,尊重学生已有的生活经验,根据国家与学校的育人目标形成德育课程。这样的课程还有一个特点:课程是面向学生逐步扩展的整个生活世界,从封闭的教科书扩展到所有对学生有意义、有兴趣的题材。

上述三类德育课程要关注的一个问题是:这三类课程不是并列的。国家德育课程不仅提供德育教材(内容),更重要的是提出了学校教育的德育目标。校本德育课程是在国家德育课程目标导向下,根据学校特点形成的德育内容途径方法等；而生本德育课程，是在国家德育目标与学校育人目标的导向下，根据学生已有的道德文化图式形成的德育内容途径方法等。

同时，我们必须强调，基于文化理解的德育课程必须通过"基于文化理解的德育途径方式"来实现。根据上文理论，其主要特征是，让我们学生的道德文化图式充分地融入我们所设计的目标道德文化模式或图式中去，在充分交流、体验、反思的过程中，改变或丰富原有道德文化图式，实现学生道德文化图式的改变或丰富，从而实现学生的发展。

三、基于文化理解的德育课程的上闵外实践案例

由于国家课程的内容与主要的实施方法、途径等整体上是共性的，故本节内容不再赘述。下面，我们主要围绕德育校本课程与德育生本课程进行阐述。

为了更形象生动地说明这些德育课程，我们就以上闵外为例来说明如何在"基于文化理解的中学教育"思想指导下，进行基于文化理解的德育实践探索。

（一）明确学校育人目标与整体基于文化理解的德育课程的架构

上闵外是一所以外国语教育为特色的实验性示范性高中，学校秉持"明德笃志 学贯中外"的办学思想，践行"基于文化理解的学校教育"的教育理念。在育人目标方面，学校依据国家育人的总目标思想，根据学校办学思想与当下时代背景，倡导培育"言有物而行有格，具有民族情怀（V）、学术素养（A）、跨文化能力（G）的新时代公民"，概括言之，即培育具有 VAG 特质的新时代公民（如图6-5）。

提出培育具有"VAG 特质的新时代公民"，是对学校办学思想和教育理念的具体化描绘，也是教育哲学的形象化展示。作为一所中国的外国语中学，"民族性"是其立校的根基，是对中华民族美德和优

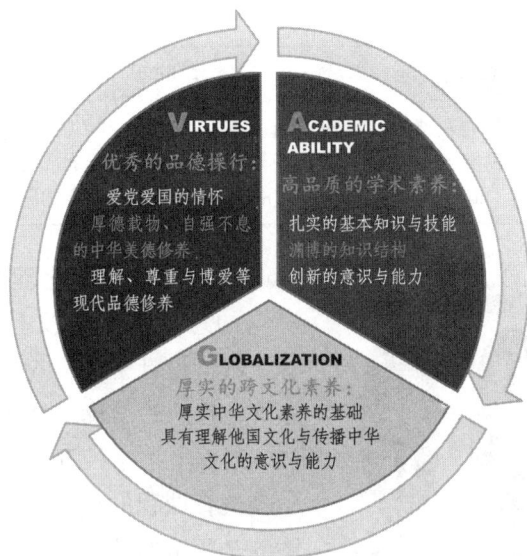

图 6-5　VAG 的具体内涵

秀文化的继承，厚植家国情怀，立志成为社会主义事业的建设者和接班人；"国际视野"是办学的特点，也是历史赋予这所外国语中学的使命；拥有高品质的学养和能力，培育跨文化的素养是今天这个时代学生必须具有的。所以，这样的育人目标是符合今天全球化时代的特点，是可以为党育人、为国育才的。

根据上面的办学哲学思考，根据学生的实情，我们制定了各年级学生培养目标，如表 6-1 所示：

表 6-1　各年级学生培养目标

育人目标：培育具有 VAG 特质的新时代公民	
高一年级	正确人生观价值观初步形成；学科思维方式和学习方法开始形成；养成良好的生活、学习、为人习惯；感悟传统文化，了解世界多元文明，丰富人文积淀，发展理性思维。
高二年级	基础知识和基本技能扎实；敢于质疑，勇于探究；善于合作，具有一定的创新精神和实践能力；理解外语背后的文化，具有独立的世界观、价值观。

（续表）

育人目标：培育具有 VAG 特质的新时代公民	
高三年级	具有个人志向和责任担当，具备社会适应能力，学会自我调适与自我反省；具备扎实双基与一定创新意识能力；具有民族文化自信，同时尊重和理解文化的多样性，具备一定的跨文化素养。

图 6-6　基于文化理解的学校德育课程结构图

根据"基于文化理解的中学教育"的思想及其学校上述的育人目标，我们设计了如图 6-6 所示的"基于文化理解的学校德育课程结构图"。

根据上述学校育人目标和我们对学校德育课程的理解，我们建构起如图 6-7 所示的基于文化理解的学校德育课程体系。

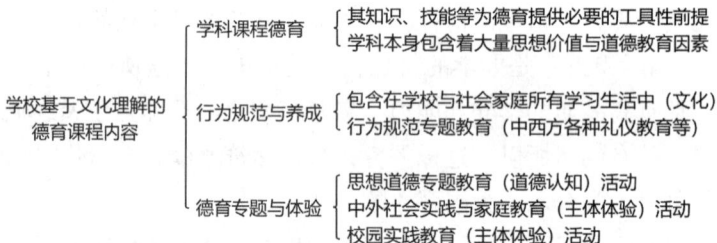

图 6-7　基于文化理解的学校德育课程体系

学科课程德育在学校德育中占有重要地位，不仅包含德育所需要的知识与技能，更重要的是学生的认知过程与学科本身包含大量的思想价值与道德教育元素。所以，学科教育不仅是提高学生道德认知，养成学生优秀品质与习惯的主阵地，还为学生进一步的道德学习提供知识与技能等工具性知识。所以，在学科教育过程中，我们不仅要重视教育的内容，更要注重教育的方法与途径等。

下面，我们重点就学生良好的行为规范与养成教育课程和德育专题教育与体验课程两个方面作重点介绍。

（二）良好的行为规范与养成教育课程

1. 行为规范课程设计的心理学依据

从西格蒙德·弗洛伊德（Sigmund Freud）心理学看来，人格结构可分为本我、自我、超我（如图6-8所示）。其中本我是与生俱来的人类基因，表现为生物性的一面，是非理性、非社会化、自私的；自我与超我都是来自后天的人生经验，自我追求现实并保护自己，超我是超越自

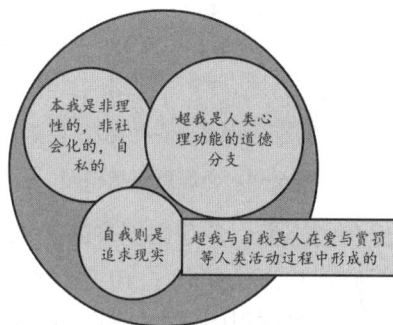

图6-8　弗洛伊德的人格心理结构图

我与本我，更多表现为社会性一面，是服从于社会道德的。一般而言，人格的这三个方面相互作用，并保持一定的平衡，使自身表现为一个正常的人。当超我在一个人的人格结构中占据统治地位时，这个人就表现为毫不利己、专门利人的雷锋式的人物；当自我占据统治地位时，这个人表现为自私但又不违法，是一个阴暗的人；当本我占据统治地位时，这个人的人格表现为失去理智。

依从弗洛伊德的这个理论，行为规范教育应更多地培养孩子们的超我人格，但又要同时照顾他们的自我人格的完善，让他们在行为规范的教育与自我实践中体悟与认识到：一个人具有良好的行为规范，不仅可以让这个社会变得更文明，还可以使自己成为一个有修养的人，更受社会欢迎，使自己得到更好的发展。

另一方面，从弗洛伊德心理学中的心理结构理论来看，人的精神活动包括欲望、冲动、思维、幻想、判断、决定、情感等，这些会在不同的意识层次里发生和进行。不同的意识层次包括意识、潜意识（包括前意识）两个层次，好像深浅不同的地壳层次而存在，故称之为精神层次。其中意识（conscious）即自觉，凡是自己能察觉到的心理活动就是意识，它属于人的心理结构的表层，它感知着外界现实环境和刺激，用语言来反映和概括事物的理性内容。潜意识

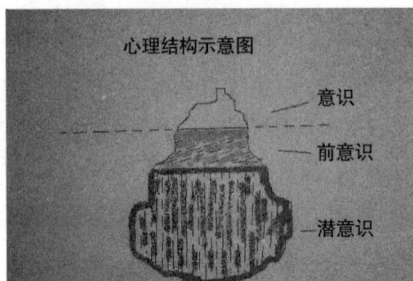

图6-9 心理意识结构图

（subconscious，又称无意识、下意识），是没有被意识到的心理活动，代表着人类更深层、更隐秘、更原始、更根本的心理能量。它包括人的原始本能以及后天人类在活动过程中形成的习惯等心理能量。所以，人的潜意识一方面是来自遗传，但我们认为，潜意识更多的是来自我们在社会生活中积成的习惯品行等心理状态，如开了10年汽车的驾驶员，其驾车时四肢的活动更多的不是受意识的作业，而是其潜意识的表现。人的德性更多的表现为人的一种潜意识。

什么是学生的行为规范教育？行为规范教育就是按照社会一定的行为准则开展的系列教育活动。从中我们可以看到，作为未来的社会公民，从小对学生进行行为规范教育不仅是必须的，也是可行的。学校通过系列、长期的行为规范教育，使之形成良好的学习生活习惯，形成优秀的文化品质。那么，学生行为规范教育的特点是什么？根据弗洛伊德的心理人格理论，依据上述分析，我们不难得出一个结论：学生良好行为规范的形成主要是一种养成教育，是让学生在无数次地重复正确的行为中养成的良好习惯与品质（一种潜意识）。当然，在这样的行为规范教育过程中，道德概念的灌输与一定时间内行为的规范是必须的。但是，对中学生来说，根据文化理解的理论，他们已经形成了比较成熟的道德文化图式。此时，要他们接受教师希望的行为规范教育，其实他们是抗拒的。所以，对中学生来说，灌输道德概念一定是低效的，靠教师权威迫使他们规范行为也是低效的。

我们的解决方案便是——文化理解。

2. 确定各年级行规的教育目标

教育目标的确定非常重要，对教育行为起着引导、评判、修正的作用。因此，我们首先根据学生的心理特点与发展要求，依据学校的办学目标与社会要求制定了各年级的行为规范目标。如表6-2所示：

表 6-2　各年级行规教育的重点目标

高中年段	指标	行规教育侧重点	实施载体	达成标志
高一目标：懂规则 好学习 会理解 爱集体 初立志 高二目标：讲规则 有理想 会沟通 爱及人 有担当 能包容 高三目标：讲契约 做君子 勇拼搏 会尊重 爱社会 走四方	生活习惯	文明用餐；文明礼仪；集体劳动；住宿文明；作息时间；家务劳动；体育锻炼。	1. 组织学习《中学生守则》《上岗外一日常规》；2. 教师陪伴学生，家委会督促落实；3. 每天一小时体锻活动；4. 对话人生导师。	用餐文明，生活有序，友爱同伴，尊敬师长；养成劳动习惯、寝室文明；各类体锻活动参与率100%，并形成活动爱好。
	学习习惯	主动学习，善于思考，积极探究，学习有方法；作业不抄袭，考试不作弊；制订个人生涯发展规划。	1. 落实各科教学规范要求；2. 教师指导开展小课题研究；3. 老师指导学生制订生涯规划；4. 对话人生导师、上外大学等考察；5. 立志定位，形成人生理想。	学习有计划，作业规范，课堂学习气氛主动活跃；相互帮助，有问题意识；每人有一个小课题研究；每人制订一份生涯发展规划。
	交往礼仪	穿着整洁重仪表；主动问候懂礼貌；尊重他人隐私，友爱同学，尊敬师长；域外文化礼仪教育。	1. 实施《礼仪教育》校本课程；2. 对话人生导师；3. 聆听专题讲座；4. 挫折磨难、悦己纳人、尚知力行教育。	校服整洁，穿着率100%；师生问候率达95%以上；社会实践系列活动参与率100%；各类主题班会主体明确；能与外国友人正常交往，理解他文化。
	集体规范	遵守学校各项制度；两操动作到位；参与校园主题节日活动；提意见讲程序讲规则；各类集体活动与社会实践。	1. 组织学习《中学生守则》《上岗外一日常规》；2. 加强体育教学及训练质量；3. 开展八大主题节日/活动月；4. 实施校园听证制度、各类社会实践。	学生无校纪违纪违规，温馨教室、温馨寝室、温馨办公室；各类活动整齐进出场有序，特别是两操；学校主题节日主动参与，社会实践活动100%参与。

（续表）

高中年段	指标	行规教育侧重点	实施载体	达成标志
	社会公共规范文化理解	爱党爱国，关心人类命运；遵守社会公德，爱护公共财物；爱护校园、生态环境；具有民族情怀，理解他文化。	1. 实施《礼仪教育》校本课程； 2. 加强信息科技与生态环保教育； 3. 上外专家家国情怀等系列讲座； 4. 感恩教育，18岁成人礼仪，社会实践； 5. 中外交流，他文化体验。	社会实践举止文明，社会生活体现良好上闵外学子文明风采；每人自觉维护网络，文明上网；自觉维护生态环境；每人参与中外文化交流，理解他文化。

对这些行为规范的目标要有一个正确的理解，即这些目标既是各学段的重点目标，同时也是所有学段持续培养的目标。例如理想与奋斗，是高三的重点目标，同时也是所有学段都要培养的目标。

3. 形成有效的行规教育内容

根据上述行规教育目标，上闵外结合国家德育课程，开发了基于学生特点的行为规范教育内容，如图6-10所示。

学校行规教育课程体系 {
良好行为规范教育课程，包括学校生活、学习、日常礼仪等规范
学校仪式教育，包括各类活动、仪式、人际关系等规范课程
民族文化传统教育课程，包括具体优秀传统教育课程、各类节假日活动等
对国际文化的理解与尊重，包括国际文化课程、国外文化体验课程、国际交流等
行规文化实践体验课程，包括民族优秀文化体验学习、学军、学农、学工等
优雅学生行为的课程，如与NDI合作的"舞向未来"、引入赛艇运动等
}

图6-10　学校行规教育课程

4. 形成基于文化理解的行为规范教育方式——理解、陪育、体验、自主（U-ICE）

（1）建立学校理解文化与有文化的校园（Understanding）。

首先在校园里形成理解文化，即学校与教育者要理解学生的所思所想与所表现出的行为方式，哪怕是与学校倡导的行为方式有所冲突，我们也要学会包容他们行为合理性的一面。同时，学校与教师要学会

引导学生通过文化理解，理解自己的不足之处，并通过自己的行动来改变自己。在这样的过程中，学生逐步形成理解老师与老师教育的素养，从而与老师、同学建立起理解的关系，校园形成一种理解的文化。

其次，学校高度重视学校空间文化建设，形成温馨、向上、多元的校园文化环境，潜移默化地引导学生成长。

（2）全员导师制，德育由"培育"到"陪育"（Company & Care）。

上闵外的学生来自全上海各所学校，他们的生活、学习、交往等习惯各不相同，对学习、对未来等的观点也不一样。根据文化理解的理论，他们原有的文化图式与新的文化模式，与同伴、老师等的文化图式发生冲突。这时候，他们需要的是温暖与引导。因此我们在全校范围内提出，老师要通过更多地陪伴学生获得学生的信任，在陪伴的过程中与学生共成长。

- 学习陪伴，形成良好的学习习惯

从小学进入初中，从初中进入高中，学生首先不适应的是学习。因为，各学段学习的方式、强度等发生了巨大的变化，很多学生由于不适应，学习一落千丈。所以，从学生进入上闵外的第一天起，我们通过全员导师制，给每一位学生配上学生心仪的导师，帮助他们逐步熟悉中学的学习方式与强度，一步步养成良好的学习习惯，包括听课、提问、合作、探索、做作业、自学等。

- 行为陪伴，形成良好的行为习惯

上面提到，初到上闵外，学生的行为习惯各异，一下子很难适应校纪校规，也对周边同学的行为有看法。老师从学生入学的第一天开始，通过各种活动、交流、班会等，首先让学生认识到上闵外校纪校规的合理性与必要性，然后在每一个行为上要求学生遵照学校的相关规定，如待人接物的礼仪行为、各类仪式、二操、会议等。

- 生活陪伴，形成良好的生活习惯

上闵外65%的学生住宿，98%的学生上完晚自修才回家，学生除了睡觉，绝大部分时间是在校园里度过，良好的生活习惯对学生来说非常重要。因此，上闵外的老师牺牲了大量的个人休息时间，在校园里陪伴学生生活学习，尤其是在高一与六年级的第一学期，帮助引导学生在学习生活中、在润物细无声中形成良好的生活习惯。

* 心理成长陪伴，保证学生健康成长

最新的中国中学生心理问题调查表明，初中阶段学生的抑郁检出率约为三成，重度抑郁检出率为 7.6%—8.6%；而到了高中阶段，学生的抑郁检出率接近四成，其中重度抑郁的检出率为 10.9%—12.6%[1]。由此可见，中学生的心理问题随着学生年龄的增大变得更严重。所以，学校采用全员导师制，陪伴学生走过生活与学习中的一个个难关，保证及时疏导学生可能发生的心理问题。

（3）体验美德，帮助学生形成优良的行为习惯与品德操行（Experience）。

根据基于文化理解的德育模式理论，德育不仅是道德符号的灌输，更重要的是美德体验。对中学生来说，有效的行为规范教育，需要让学生认识到自己的行为方式是自己的重要修养，对自己与社会文明会产生作用。但这些还远远不够，更重要的是让学生在认识人的正确行为规范的重要性同时，到美德中去亲自体验反思，才能更好地获得正确的行为方式。这就是我们提出的，中学德育有效的方式是"知-行"，即由知到行，并达到知行合一。

为此，学校教师与学生一起设计了三类美德体验。

校园文化体验。除了上面提到的建设学校优美、积极向上的学校空间文化之外，上闵外在全年 9 个月的校园学习生活中，为学生设计了 9 个"文化节"，每个文化节几乎都延续一个月，让学生在校园体验到真实的、经过设计的美德，从而达到我们的教育目的。

表 6-3　学校校园主题体验课程

序列	月份	主题	实践及价值导向
主题一	9 月	体育文化月	运动会 / 团队精神

---

[1] 2020 年中科院《心理健康蓝皮书》关于青少年心理健康状况调查。

（续表）

序列	月份	主题	实践及价值导向
主题二	10 月	特长展示月	闵外小舞台／个性展现
主题三	11 月	感恩活动月	中外感恩文化及赠言／心怀感恩
主题四	12 月	国际文化节	各类比赛、表演／跨文化学习
主题五	2 月	假期分享会	Ted 演讲／志愿服务
主题六	3 月	绿色文明月	植树节／环保意识
主题七	4 月	传统文化节	尚鸣辩论赛／民族情怀
主题八	5 月	闵外达人秀	达人展演／创新精神
主题九	6 月	毕业怀念季	毕业典礼／师生情谊

社会文化体验。根据基于文化理解的德育理论，真实的、蕴含在社会生活中的美德体验，是德育最有效的途径。所以，上闵外高度重视学生的社会文化体验反思。

在上闵外，除了大家熟悉的学工、学农、学军及国内各类文化体验外，最有特色的是海内外社会生活文化体验。这是上闵外办学特征所决定的，也是为了实现学校的育人目标：培养具有跨文化素养的一代新人。为了实现这样的办学目标，我们在海外与 21 所中学结成姊妹学校，并与这些姊妹学校达成互访、短期留学的协议。姊妹学校之间，互派学生到对方进行短期留学，时间是 3 周左右，主要内容有 3 项，即到对方学校插班学习，与对方学校学生结对并住在小伙伴家，考察当地主要文化景观等。

学校、家庭、社会角色体验。我们要求每一位学生在校学习期间，都要担任学校的某一角色，如班长、主持人、社团负责人、宿舍长等。要求学生在家里做好家庭里的角色，并要承担家庭一定的家务。学校与学生发起了社会志愿者活动，每位学生均要担任某一方面的志愿者，并通过研究性学习与基于项目的学习（PBL），调查研究自己感兴趣的社会问题。

（4）强化自主，提升学生形成优良行为习惯的内在需求。

从理解、陪伴到体验，从基于文化理解的德育理论来看，学生已经形成了基本的道德文化图式，但要想使学生形成的优秀德性为他人与自己的未来服务，并形成可以自主发展的道德文化图式，对学生来说，还有非常重要的一步，那就是学生达到"文化自觉"，即学生能根据外来优秀的文化模式或文化图式，自觉改变已有的文化图式，并使自己得到发展。为此，学校帮助学生设计了自主管理、自主学习、自主生活。

管理自主：学校学生日常行为规范的检查、评价、表彰是由学生完成；学校内大部分的学生活动、校园文化节等学生活动均是由学生自己设计、组织、评价表彰。

学习自主：学生在老师的帮助下，自主制订生涯规划，自主安排选课、社会实践、课题探索、学习过程、学习反思等。

生活自主：校园内的学习、休闲、活动、休息、用餐等均由自己安排。

（三）德育专题教育课程

根据学校的教育实际情况，学校专设德育专题教育课程，包括三个方面：思想道德教育、社会实践课程和校园实践课程。

1. 思想道德专题教育

对中学生来说，他们已有了比较成熟的道德文化图式，对外来的道德教育有自己的判断。要使我们的德育有效，道德认知是他们开展道德行为的开始。而思想道德主题教育主要就是根据国家的育人目标，依据学校、学生的实际开展的针对性的思想道德教育，其主要表现为提升学生的道德认知。在上闵外，根据育人目标，学校通过主题班会、英模报告、与先进人物对话、专家讲座、时事大讲堂、每周一次的升旗仪式及各类主题教育活动等来实现。

2. 学生社会实践体验活动课程

道德认知是有必要的，但我们认为，道德知识具有认知、理解、体验的性质，而人获得德性的过程则重在体验，所以德育更多的是美德体验而非道德符号的灌输。图6-11是学校高中学段开展的社会实践德育课程体系。

```
        ┌ 高一 ┤ 文化之旅：上外大学一日文化考察、苏杭二日文化之旅、国外文化体验等
        │      └ 社会工作生活体验：一周军旅生活、一周农村生活、一周社会实践等
        │
学校    │      ┌ 文化源探访：上海文化之源考察、绍兴二日社会考察、博物馆访研
社会    ├ 高二 ┤ 社会生活之旅：一周学工、一周东方绿洲军训、一周社会实践等
实践    │      └ 每位学生一个课题研究（生活、社会、科学等方面）、项目学习（PBL）
课程    │
体系    │      ┌ 文化社会主题活动：南京自主体验探索活动、十八岁生日活动等
        ├ 高三 ┤ 人生导向：上外大学优秀学生结对、与教授专家对话、人生导航等
        │      └ 大学生体验：在上海交大、上外大学等大学做一天大学生
        │
        │        ┌ 外教进课堂（每周一节）；引进全英文steam课程、NDI等
        └ 国外文化体验 ┤ 与美国等友好学校互访交流；外国学生住在学生家里；外企调研
                  └ 出国访问交流；开设国际文化节；外国文化深度研学等
```

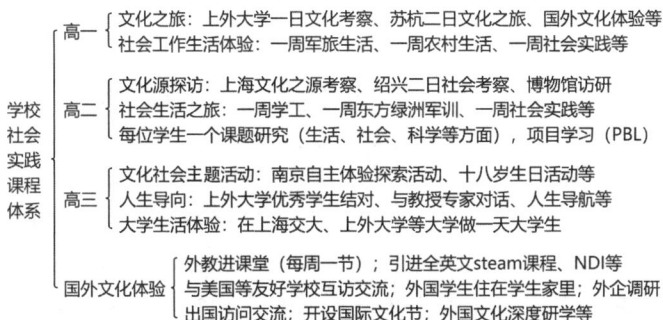

图 6-11　中学生社会实践体验课程

3. 特色课程，涵养优雅全人品格

　　作为一所外国语中学，我们不仅要让学生获得中华传统文化礼仪，同时要求学生在理解外国文化的过程中，成为一名中外文明礼仪兼容的跨文化人才。所以，学校与中外教育机构合作，引入了一批中西文化融合的艺术、体育类课程，提升学生外在形象与内在的文化修养。下面，我们就以与全美舞蹈协会（NDI）合作，引进自美国的"舞向未来"项目为例来说明这些课程对学生文化修养提升的作用。

图 6-12　美国的"舞向未来"项目活动

特色课程案例：

文化理解，让舞蹈艺术教育在这里跨越中外时空[1]

——舞向未来在上闵外

艺术，是人对美的形象与美的精神追求的统一。好的艺术一定具有为人们接受的生动、具体、感人的艺术形式，还应该是用来表达人们对美好生活与精神世界的追求。同时，在人们的艺术创造和艺术欣赏活动中，艺术所表达的情感不仅要与艺术形象联系在一起，也要与审美认知联系在一起，提高受众的审美认知，从而经过审美认知，及其复杂的思想活动，人们生活中的美才能被发现、被感悟。这是艺术重要的目的。同样，作为受众所喜欢的艺术，艺术的表现也一定反映受众的意识形态，即达到艺术的美与意识形态的统一。在中国，在上海，我们的艺术创造与艺术欣赏，不仅仅体现现代的，为大众喜闻乐见的，还要是世界的，是中华民族的，是中外优秀艺术的融合。

但现实的问题却又呈现在艺术教育者面前。

在信息化时代来临之前，在理性主义与科学主义主导下，艺术的外在形象与内在意识形态的变化是缓慢的，甚至是几十年不变。人类的交往面小，故其所面对的是源自其生活的属于他们文化圈的艺术。故对我们的生命长度来说，这样的艺术几乎可以长盛不衰。

但在今天的信息化时代，根据摩尔定律，人类创造的包括艺术在内的信息与知识每18个月翻一番，现代艺术所表现出的文化性、相对性、多样性的特征，对传统艺术的统一性、规范性产生巨大挑战。

另一方面，信息化促进了全球化进程，同时导致各个民族

[1] 吴金瑜，田欣宇："文化理解，让舞蹈艺术教育在这里跨越中外时空"，《教育家》，2020年第8期。

文化的融合加速。2019 年 3 月，习近平总书记在北京召开的亚洲文明大会上又进一步提出通过文明互鉴实现人类命运共同体，为我们艺术教育实现中外优秀艺术的融合指明了方向。

故在今天这样一个瞬息万变的信息化时代，这个问题主要表现在：在时间上，几十年，甚至几年前的艺术形式与意识形态，对今天的人，特别是对现在的孩子来说，已经"out"了，淡出他们的视野；在空间上，代表各种民族文化的艺术精彩纷呈，人们不知所措，特别是对文化图式还不健全的孩子来说，只凭着自己的感觉器官的喜好接受某种艺术形式。

所以，我们如何让我们的孩子在这样一个时代，接受传播正能量的艺术，为他们的健康成长提供一条充满美的路径，并使之成为他们未来生活的一部分，丰富他们的生活。其中就包括我们优秀的传统戏剧与国外优秀的艺术。这成为我们教育界与艺术界共同的问题。

2015 年，我们与中福会少年宫团队、全美舞蹈协会合作，在学校全面开展"舞向未来"的舞蹈艺术教育研究实践，取得了让人欣喜的成果，让优秀的舞蹈艺术跨越了时间与空间，成为孩子们的最爱，成为我们学校最靓丽的教育风景线，并帮助孩子们树立起正确的人生观价值观，让他们健康成长。

那么，上海外国语大学闵行外国语中学（下面简称上闵外）为什么开展形式源于美国的舞向未来？又是如何实现这样的舞蹈艺术教育目标的？

上闵外是一所以外国语教育为特色的实验性示范性中学。首先，我们希望我们上闵外的学生成为具有 VAG 特质的未来公民：优秀的品德操行（Virtues）；高品质的学术素质（Academic ability）；厚实的跨文化素养（Cross-cultural literacy）。其次，我们认为，要有效提高学生外语素养，其中的一个重要支撑点就是学生对外语背后的文化的理解。而艺术是文化的一种重要表现方式，同时又是人类共同的语言，她用独特的美的形式反映了人们对美好生活的追求。所以，艺术教育是上闵外培育 VAG 特质学子的最主要的方式之一。而舞蹈综合了音乐、体操、表演等艺术元素，恰恰成为上闵外实行育人目标最合适的艺术方式。所以，上闵外从开办的那一天起就将舞蹈艺术教育纳入学校最重要的教育内容！并提出了上闵外舞蹈教育理念：享受舞蹈（Enjoy dancing）、润泽心灵（Nourish the soul）、优雅气质（Be elegant）。

什么样的舞蹈方式与内涵受学生欢迎并达到我们的育人目标呢？

在长期的艺术教育实践中我们发现，传统的舞蹈课堂教学都是以严格的形体训练为主，虽然在教育过程中也会贯穿一些激励性教育方法，但"知易行难"，要真正让零基础的孩子喜欢这样的舞蹈、敢于跳这样的舞，谈何容易！

所以，我们在中美文化协会主席杨雪兰女士的帮助下，与中福会少年宫团队合作，分析研究全美舞蹈协会（NDI）30 年来在美国开展舞蹈普及教育的经验和做法，把适合中国学生的方法进行归类总结，和 NDI 专家共同研制出具有美国舞蹈形式、中国文化魂的"舞向未来"舞蹈教育方案。具体来说，舞向未来项目的舞蹈形式首先选择了为青少年喜闻乐见的、在美国已深受学生欢迎的源自青少年日常生活的舞蹈形式，如"洗衣舞""摘星舞"等几个 NDI 经典舞步。同时，逐渐将我们自己的民族民间舞、现代舞、街舞以及生活中的一些典型舞蹈形式融入进去，我们的教师还创造性地将校园生活方式融入到舞蹈中去，从而形成了学生喜好的、属于我们学生自己的舞蹈方式。

在舞蹈教学方式上，"舞向未来"教师以 NDI 教学方法："你先我后""少说多做""旋转教室"等先进的教学方法为基础，同时也将舞蹈教师自己的教学经验整合进去。如舞蹈教师将自己体育、舞蹈的教学风格融入课堂教学；音乐教师则将民族乐器加入教学伴奏，形成受学生欢迎的舞蹈教学方式。这些努力使得"舞向未来"既有国际范儿，更有中国味、上海味。舞向未来舞蹈更受学生欢迎。

在舞蹈内容上，舞向未来将学生喜好的这种舞蹈形式与我们的培养目标结合起来，反映我们教育的价值追求。所以，"舞向未来"的内容坚持以中国文化为主体，吸收其他优秀的文化元素，形成各种优秀文化的融合，实现习总书记的"文化互鉴"目标。在舞向未来舞蹈项目实践的10年中，舞向未来每年确定一个舞蹈教育主题，突显中国文化特点，从"美丽中国·少年梦"，到"多彩校园""梦想起跑线"等。同时，将这种优秀传统文化、家国情怀与校园生活、当下国内外优秀文化艺术相结合，形成学生喜好，但又有积极价值观导向的舞蹈内涵。

例如，2016年，我校高中部师生编排了一部反映校园生活的现代舞"爱在身边"，内容反映了当下中学生面对生活中的困难老人所表现出来的尊老敬老的精神追求。这部表演舞使用的舞蹈形式既有我们中国传统的民族舞步，也有欢快的爵士舞

图6-13　上闵外获全国一等奖的舞蹈

与街舞形式，更有源自生活的生活舞步。一群零舞蹈基础的高中生，竟将这部舞蹈演绎得感人至深，深受欢迎，并获得2017年全国校园春晚金奖。这群学生不仅仅喜欢上了舞蹈，而且通过这样的舞蹈，心灵受到滋养，形象更加美丽，素养进一步提升。

这样的舞蹈形式与内容深受学生欢迎，今天，上闵外几乎所有的孩子都能跳上一段他所喜欢的舞蹈。例如，上闵外2016届125位学生，竟有115位学生组成4个舞蹈团参加市、区各类舞蹈表演比赛，并拿回来市、区一、二等奖。记住，这几乎都是舞蹈零起点的孩子。

为了进一步了解舞向未来舞蹈项目在我校的情况，我们进行了全校性的调查分析。

结果发现，艺术基础素养方面，多数学生表示学会"和着音乐节奏跳舞"，以及"舞台表演仪态"，49.3%的学生表示学会"编简单的舞蹈动作"。孩子们还改变了"跳舞是女孩子的事""身材好才能跳舞"的看法。

在团队合作意识与能力方面，93.2%的学生表示，在"舞向未来"学习活动中和同学的合作状况"非常默契"或"比较默契"，80.8%的学生认同，"舞向未来"让班级同学关系更融洽。

在想象力与创造力方面，"舞向未来"教学过程中，给予学生自主创编舞蹈动作的机会。学生和家长都肯定了参与舞蹈创编有助于想象力与创造力的发展。还有73.2%的学生表示，"舞向未来"挖掘了自己的潜力。

在情绪方面，83.6%的学生表示"舞向未来"课可以释放压力、放松心情。在个性发展方面，"自信"是学生、老师、校长和家长提及最多的"舞向未来"带来的改变。

从中可见，舞向未来项目初步实现让"舞蹈"成为学生美好生活的一部分。

图 6-14　校园舞蹈一景

同时，我校的舞向未来艺术团年均推出 1—2 个新创舞蹈作品，近几年陆续登上了多个高规格舞台。如上海各界人士春节团拜会、上海国际艺术节"音乐连接青年和未来"交流演出等。艺术团还受邀赴意大利参加米兰世博会"意大利之夏"交流演出等活动，赴美国纽约参加 NDI"中国年"大型演出，受到广泛好评。

基于文化理解，舞蹈，在上闵外实现了时间与空间的跨越。

4. 学生校园德育实践体验课程

校园是学生学习、生活最重要的场所，也是学生进行美德体验最主要的地方。因此我们非常重视学生校园德育实践课程的设计与实施，而且让学生成为这种课程的主人。如"校园听证制"让学生体会如何做校园的主人；"模拟联合国"，让学生体会联合国的机制与各国的文化。学生成为学校各管理岗位的主持人，成为学校的主人，体验真实的成人世界。

与此同时，学校重视让学生通过自己的校园文化节日体验课程提高道德素养。

课程案例：
学校读书节的活动课程方案

一、读书节主题：

读书，让生命更精彩。

二、读书节目的：

1. 进一步丰富校园文化生活，营造积极向上、健康文明的和谐校园氛围。

2. 关注生命教育，将生命教育自然渗透在学生读书活动中，展现学生的个性风采和学校整体精神面貌，使读书节成为教育教学的有力载体。

3. 引导学生通过各种阅读形式，零距离开展各种读书体验活动，进一步认识生命意义，把握生命内涵，提升生命的质量，实践生命价值。

三、读书节口号：

认识生命，理解生命，感悟生命，讴歌生命。

四、读书节时间：

一个半月。

五、读书节内容：

本届读书节设置60项学生自主体验活动。主要有以下方面：

1. 第一阶段：认识生命。

① 一天读书，即放弃所有课程，组织学生读自己喜欢的书，并开展相关活动。

②"珍惜生命"系列活动：安全教育讲座、心理健康讲座、安全疏散演习和安全知识竞赛。

2. 第二阶段：理解生命。

①"探索生命"作家谈人生：著名作家陈村、赵长天、王小鹰主讲。

②"走出生命的困惑"系列：电影周、感恩之旅、十八岁成人仪式。

3. 第三阶段：感悟生命。

① "关注汶川，关注生命"辩论赛。

② 区"奏响生命的最强音"作文赛。

③ "奥运感人瞬间"演讲比赛。

④ 感悟生命价值"家长论坛"。

4. 第四阶段：讴歌生命。

"生命礼赞"系列活动：诗词颂读比赛、"谱写和谐的生命旋律"主题班会展示、合唱比赛、美术书法摄影比赛和管乐比赛。

第四节　基于文化理解的德育创新实践

根据上述研究成果，我们用了多年时间，在上海多所学校进行了大量的实践研究，形成了大量的基于文化理解的德育策略与方法。

一、基于文化理解的学校德育策略与方法

德育是规约性的教育，是指导人由自然人变为社会人的过程，但其过程必须是为德育主体所理解的（人性化的）。因此，基于文化理解的德育过程必然是教师引领学生自主认识、体验、感悟、抉择、践行美德的过程，是师生主体性与主体间性均得到合理张扬的过程。德育过程中，若教师的主体性过分张扬而压抑了学生主体性的发挥，就会导致灌输式德育方式的出现；反之，学生主体性过分张扬，对于未成年的学生来说，又会失去道德的方向性，易出现极端个人主义。所以，基于文化理解的德育强调了师生主体间要保持理解性、通融性和

共识性。基于文化理解的德育要达到主体性与主体间性的相互融合与合理发挥。我们在实践中探索出了一些基于文化理解的德育的操作策略。

1. 德育导师制，促进情感认同

我国的传统教育一直以来是自上而下的教育方式，教师承担着传道授业解惑的崇高使命，在引导学生不断成长的同时，由于师生之间的视域不同，师生之间产生了一定的隔膜，甚至是相互误解。同时，随着应试教育不断抬头，师生间的情感距离呈现出越来越拉大的趋势，严重阻碍了德育工作的深入开展。所以，缩短师生的情感距离，寻求彼此的情感认同，是使德育工作顺利开展的重要前提。在实践中，我们采用德育导师制，促进师生之间的情感认同。

德育导师制是将学校班级德育的诸多目标、任务分解到担任"导师"的任课教师身上，导师对学生进行"思想引导、学业辅导、生活指导、心理疏导"。在德育导师制推行前，学校召开学生动员大会，设计调查问卷，了解学生的困惑与实际需求，并制订"受导"学生档案、家访联络、谈心交流、特殊案例会诊等一系列制度，使得德育导师制一经推出，便受到了学生和家长的普遍欢迎。

随着德育导师与学生的正式结对，师生的交流突破了时间、场地、方式的限制，包括课前课后、校内校外、电话短信、网络对话、每周的促膝谈心、每月的家访电访等形式。地理教师、历史教师、美术教师、体育教师等，那些以往徘徊在德育工作边缘的学科教师，有了接近学生的理由，在成为学生贴心朋友的同时，又扮演着学生成长引路人的角色。

2. 校园听证制度，促进价值认同

学校管理者（教师）与被管理者（学生）之间往往存在着由于立场不同、价值差异（文化图式的差异）而造成的矛盾，学生与学校之间也是如此。当今时代，虽然身处校园，学生自主意识的觉醒也促使他们在校园中不满足于被动的角色，对很多问题都有着自己的见解和想法。在面对学校管理时，相对于曾经习惯于服从权威、服从家长教师的一代人而言，00后的孩子们更有可能批评甚至放大学校制度的某些弊端，而网络的出现，又使得这种不满传播得更为迅速、更为广泛。这些批评意见的产生，可能源于学校制度的不完善、学生对学校制度的不理解、学校决定的不透明……而这种不完善、不理解、不透明，又使得学生在学习生活中的"犯规"行为频频出现。学校与学生、学生与教师间的矛盾冲突似乎不可避免。为此，我们采用了校园听证会制度解决这一问题。

"听证制"是来自英国的舶来品，源于英国古老的"自然公正原则"，即任何权力都必须公正行使，对当事人不利的决定必须听取他的意见。后来，"听证制"被运用于法庭审判和行政决议等方面。在学校里，"听证制"的范畴创造性地与中学生日常的班会结合在一起，二者碰撞出了奇妙的火花。校园听证制度，是指在学校规章制度的制定、实施、处分过程中，由学校行政部门、教师、学生或家长等利益相关人提出听证请求，学生自主委员会协调学校、学生、家长和其他利益相关者参与，就拟制定的规章制度、处分决定进行公开辩论、共同协商，为规章制度和处分决定提供重要参考。我们成立了共青团领导下的三级听证机构：班级听证、年级听证、学校听证。通过公开、公正、公平的听证程序，让学生对学校生活的方方面面有了充分的发言权，学生真正成为能做主的学校主人。

比如，学校德育处针对毕业年级学生学业紧张的特殊情况，拟对住宿生实施分级分时段熄灯规定，以推迟毕业年级熄灯时间。于是学生自主管理委员会在做了大量学生调查的基础上，召开了由各年级住宿学生代表、部分家长、行政、教师代表参加的校级听证大会。会上就是否实施这项制度以及如何实施进行了讨论交流，非毕业班学生提出了对部分寝室晚熄灯后造成的干扰的处理意见；毕业班学生则要求学校已推迟至10点30分的熄灯时间再进一步推迟至11点30分；而家长则从学生身体健康的角度提出了科学安排的意见；生活教师从寝室管理的角度提出了自己的想法。

虽然该次听证会没有形成统一意见，但无疑给德育处对相关措施的制定提供了科学思路。会后，德育处和总务处改造了相对僻静且集中的部分寝室，专供毕业班学生复习使用，而毕业班学生熄灯时间再进一步延长的要求，因学校考虑到疲劳作战不利于身体健康而未被采纳。经过修改后的人性化熄灯制度在第二次听证会上得到了大部分代表的赞同，这使得该制度得以人性化、科学地实施。制度制定过程中的征询性听证，不仅使学校的制度措施更具科学性，制度的贯彻落实也更为顺利，而且吸引了学生最大程度上参与到制度制定的过程中。多方位考量学生因素，从而使得制度制定走向多元主体，更加人性化。制度的实施与执行，如果能摆脱只依靠行政命令的方式，而选择通过公开、公平、公正的民主管理方式，寻求双方的价值认同，在动态的平衡中达到知与行的有效统一，那么无论什么制度都能达到它的预期效果。

近年来，学校就学生处分、学校管理制度、春秋游等内容每年约举行了近 20 次听证会，每一次的听证会都能整合多方意见，不仅使生校关系变得更为融洽，也让每一次听证会的决议得到了更好的贯彻落实。

3. 人生导航活动，促进目标认同

目标对于人生的重要意义不言而喻。为了使高中学生树立远大且符合实际的目标，学校利用大学附校的优势，依托大学丰厚的人文资源，开展人生导航活动。人生导航活动包含两方面内容，即由大学教授主导的"科学家讲坛"和由大学优秀学生为辅导员的"感悟·体验·实践"活动。近年来，由上海交通大学副校长印杰教授挂帅，由刘西拉、马红儒、王瑾教授等交大名师组成讲师团，来学校开设数十场讲座。讲座既有与学科密切相关的"化学化工与日常生活"，也有指导中学生如何成才的，如"一个优秀中学生应具备的素质"，等等，讲座内容丰富多彩。在传授科学知识的同时，科学家们还传递了科学精神，为学生树立正确的价值观、人生观以及人生目标提供了宝贵的意见。

有目标并不等同于成功，目标还要具有可操作性。因此学校每学

期还聘请了 60 多位交大优秀学生辅导员给予学生具体指导。例如，面向全体高中学生的"感悟生命"的主题班会让同学们体会到了生命的沉重与宝贵；面向高一学生的"走进高一"的经验交流会让同学们及时走出迷茫，步入高中生活的正轨；面向高三学生的高考复习经验交流会则从复习方法、心理调节到饮食营养等全方位介绍了高三一年该注意的事项；面向高一、高二的社会实践活动则在各班级辅导员的指导下根据自身情况制定活动主题、活动时间。

高一的实践小组在充分调查的基础上，撰写了长达 15 000 多字的调查报告《关注全球变暖在校园》，其中提出了不少节能减排措施，并已获得校行政会认可，正逐步在学校推行。高二的关爱流浪猫志愿者小组也是翔实调查、广泛宣传、切实行动。其他还有诸如前往肿瘤医院，为绝症患者做心灵按摩的"临终关怀"小组；前往民工聚集区，调查民工子弟生存状态的"同在蓝天下"活动小组，等等。这些实践小组各具特色，各有所长，既锻炼了学生自身的能力，又为和谐社会的创建贡献了力量。

除此以外，学校论坛上开通了名为"E 路有我——与交大学子共读书"板块。学生在平时的学习生活中存在什么问题，只要在论坛上留言，就会有交大的学生们来解答。

由于担任辅导员的交大优秀学生基本上都是大一大二学生，都是高考佼佼者，所以在共同策划、活动、体验的过程中，学生感受并接受着优秀大学生们各种丰富的经验，使得自己的奋斗目标转化为各种具体的实践行为，从而逐步接近自己的目标。

4. 设置理解室，帮助情绪发泄

被人误解后，被误解者常常内心十分痛苦，情绪不安或闷声不响，拒绝别人的帮助。这个策略的目的是让被误解者发泄内心的不满情绪与苦闷，吐露心里话，直至情绪稳定、心情愉快。这个策略可在不对他人造成负面影响的前提下随时运用。如当被误解者受委屈后很生气时，交往者可启发他痛哭，或允许其不伤害他人的某些过激行为如踢打墙壁等；或者当被误解者说些过激的话时，不仅不予否定反而

给予肯定，待其情绪稳定后，再进行疏导。这是一般情况下的发泄。

这个策略还借助理解室实施。理解室类似实验室，由三个空间组成：一是发泄空间，设置供师生发泄的模拟人物（用沙袋等代替）等，人物身上写着"我误解了你，你可惩罚我"，发泄者可以通过惩罚模拟人物宣泄自己的情绪。此外还设有跑步车、笔墨纸张等。在跑步车上狂跑，或用笔墨涂画，都可起到发泄的作用。二是舒缓空间，有缓解学生情绪的奇异的图画和雕刻、电脑游戏等，这些强刺激能很快吸引学生的注意力，使之心情平静下来。三是对话空间，即心理咨询教师或当事人在发泄者情绪稳定后，与之交心，使误解消除。

适当发泄不仅能减少学生的痛苦，避免一些身心疾病，而且发泄时的高情绪低理智状态往往易使学生说出心里话，以便获得他人的帮助。理解室不同于心理咨询室，是教师与学生谈心的理想去处。它不仅发挥心理咨询作用，而且发挥教育作用。人们知道，由于某些误解，许多学生害怕进心理咨询室，面对进理解室则很坦然。

学生自己进理解室发泄；除在最后环节有心理咨询老师与之对话外，其余环节学生可按照自己的意愿进行。因此，教师要注意运用这个策略的过程与基本要求：①区别受误解学生的情况，对情绪反应强烈或内心非常痛苦者，或对别人的引导显得麻木者，可激励他们使用此策略。②巧妙地观察发泄者的情绪变化，或事后请发泄者谈感受。③兼用其他策略。④注意引导学生不要把理解室当成游戏室。

5. 兴趣融合策略，转变不良态度

由于某种原因造成态度严重对立后，双方直接沟通往往有感情上的障碍，而共同兴趣是人际吸引的重要力量。通过这种吸引力缩短双方的距离，态度改变时的痛苦会极大减少，往往在不知不觉中改变。兴趣融合策略就是依据这一原理开发的。面对态度严重对立的双方，以双方感兴趣的话题或事情为中介，形成兴趣融合点，再逐步扩大对话范围，直至对方态度改变。这个主要用于对立情绪严重，不愿和对方对话，或心境灰暗、对交往丧失信心的自暴自弃者。

例如，李老师开始执教理解教育实验班的数学时，发现部分学生

上课大声吵闹，不愿做作业，却很喜欢踢足球、打篮球、唱歌。于是，他经常在放学后与这些学生玩球、唱歌、聊天。过了一段日子，师生感情深了。学生觉得"老师真够意思，对我们这么好！"作为回报，他们开始专心听课，认真写作业。表面看来，李老师开始对不喜欢数学的学生"放任自流"，是不严格教育学生的表现。其实，"退"是为了"进"，先让学生满足合理的需要（如果需要不合理则不能满足，应改用其他策略），再将其打球的兴趣与学习数学的兴趣结合起来，形成共同兴趣。

运用这个策略的过程要求是：①先了解学生，发现他们有特殊意义且合理的兴趣。②组织学生参加满足他们的兴趣或需要的活动，教师投身其中，或给学生提供服务，或参与具体的活动，与学生打成一片。③当学生对教师的态度开始发生变化，感情初步融合起来时，教师巧妙地引导学生自己说出学习或其他方面的要求。④观察并记录学生态度变化的情况。⑤结合其他策略使用。

6. 校内留学策略，给予学生调试机会

缺少平等的待遇是许多学生发展不好的重要原因。因此，要尽可能让学生在学校里享受平等待遇。平等待遇包括物质待遇，如获得的物质类教育资源，还包括精神待遇，如得到的精神鼓励等。如果一个学生在班级里经常受到教师的训斥、同学的嘲讽，在班上抬不起头，那事实上这个学生就没有享受到同样的待遇，因而他有权力找到更适合自己发展的群体。同时，对于已处于弱势地位的后进生来说，与其在原有班级苦苦挣扎，不如换个环境"东山再起"。事实上，校内留学不是简单地改变学生空间位置，而是改变了学生的发展状态，由原有的挫折状态改为激励状态。此外，校内留学体现了对教师的理解，有利于减少教师与这些学生的直接冲突，从重负中解放出来，以便更好地教育其他学生。

校内留学就是学校为满足学生的发展需要而采取的一种让学生在本校范围内改变学习环境的措施，包括两种形式：一是学籍上更换班级的留学，即由 A 班调往 B 班；二是到其他班级学习某门学科的留

学，即班级不变，可到其他班级听数学课、外语课等。这个策略主要适用于教师或学生的关系过于紧张且短期内又难以缓解的学生。

运用这个策略的过程与要求：

（1）要转变师生的观念。从教师方面来说，主要转变四种观念：一是"留学处罚观"，即认为留学对象是有问题的学生，他们要么性格怪僻、不合群；要么行为异常、习惯甚差；要么学习困难、成绩低下。原有班级的常规对他们已经失效，不如让其换个环境"改邪归正"。二是"留学卸担观"，即认为留学对象的种种"劣迹"既影响了班级的荣誉、同学的发展，又影响了班主任的"业绩"，如果将其"留学"他班，则可恢复原有班级的"宁静"。三是"留学无能观"，即认为留学对象一旦自己提出要转出他班，就证明原班的教师无能，没有将学生教好。四是"留学伤情观"，即持这种观点的教师认为：我对学生很负责任，可为什么学生不大领情，偏要留学他班让我难堪呢？从学生的角度而言，要转变的观念主要有：留学是一种逃避现实的最好办法；留学说明我是一个问题学生；留学是我对原班级教师的一种报复等。上述观点都是对"留学策略"的误解，当属改变之列。

（2）成立留学指导小组，负责指导并协调留学工作。

（3）诊断学生发展状况。实施留学策略的根本目的在于促进学生的发展。但如果在不了解学生原有的发展状况的情况下就贸然实施留学策略，将适得其反。因此，应该全面诊断学生的发展，即学生发展的水平、学生发展的环境、学生发展与环境的关系等。在这个基础上，再挑选出适宜留学的对象。

（4）论证和设计学生留学发展方案。留学对象确定后，教师、学生、家长一起论证实施留学策略的合理性，并共同设计适合该学生实际情况的留学发展方案。

（5）举行有关的留学仪式。一般情况下，与留学有关的原有班级的师生将全面评价留学生的发展情况，留学生拟去的班级将致欢迎辞，并当场对留学生委以重任，学校行政则宣布接受留学生申请的决定。

（6）实施留学方案。由于留学方案是个性化的，因而在实施过程中将出现不同的操作程序。

（7）定期举行留学生汇报活动。根据留学生的留学性质和具体情况，学校将举行不同形式的留学生汇报活动。对于受误解较深的留学生可采取文体娱乐活动的形式汇报；对于"怀才不遇"的留学生可采取"我是主持人"的活动形式汇报；对于"求新索异"的留学生可采取报告会、展览活动的形式汇报。

（8）同时运用其他理解策略，不断跟踪记录。

校内留学策略教育案例：
长期校内留学

　　小晟同学性格内向，班里几乎没有一个同学与她谈得来。而且有几位男生总是给她搞恶作剧：把盛满水的盆子搁在教室门上方，待她进教室时水从天而降，她便成了落汤鸡。她的家长向学校反映情况，那几位学生十分恼火，决定对她实施孤立政策。因此她所处的环境更加"恶劣"。此时，小晟萌生换班之念，学校领导和班主任多次商量，并与家长沟通，最后作出了"同意小晟到平行班级留学"的决定。与此同时，学校指导小组老师对小晟同学的发展情况进行了诊断，认为她的主要问题是胆小、缺乏信心，不愿与人交往，学习成绩较差。在明确问题的基础上，留学指导小组制定了以培养小晟同学的自信心为重点的留学方案。

　　在实施留学方案的过程中，理解教育的理念得以逐步实现：

　　一是谈话促理解。小晟刚到留学班，尽管很多同学真诚且热烈地欢迎她，但她仍默然无语。无论上什么课总是低着头，下课后总是呆呆地坐在自己的座位上。对此，班主任多次找小晟谈话，让她了解新的班级和同学，了解老师的想法和做法。

　　二是表扬促理解。为了让同学们更了解她，班主任（音乐教师）上课时尽量请她回答一些她能回答的问题，并借机表扬她。此外，她上课安静守纪，作业也能完成，因此，班主任又常表扬她，并授予她班级"行为规范好榜样"的称号。这样一来，她在同学们的心目中留下了较好的印象，这就使得她与同学之间的理解沟通成为可能。

三是交流求理解。在小晟逐渐被同学理解的同时，班主任又为她安排了一个理解型伙伴，在学习上进行交流。在理解型伙伴的帮助下，小晟学会了"聊天""提问"和"告状"，自信心增强了，心情愉快了，成绩也进步了。在小晟同学留学取得了明显进步的时候，细心的班主任发现她在无人聊天的时候，仍眉头紧锁。班主任经过巧妙的试探，得知她家父母不和。于是，班主任开始家访，既劝告家长，又安抚学生，减轻了小晟的心理压力。父母与子女、教师与学生、家长与教师之间的相互理解逐步加深，小晟的进步也在加快。随着学期末的临近，小晟毅然决定：下学期继续留学。

二、社会美德现象课程化的实践范式

所谓社会美德现象课程化，就是让师生有目的地用自己的眼睛去发现社会生活中承载当代美德的社会现象，并努力使自己进入这种现象，将自己作为这种现象的一部分，去体会、记录（用各类媒体）与反思这类现象，然后在课堂上以某种方式去重现这类现象，引发师生深入讨论反思并内化为自己的优秀道德品质、外显为学生的美德行为的过程。

此类德育范式的基本过程如图 6-15 所示。

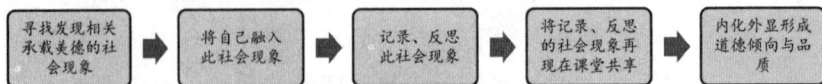

图 6-15　社会美德现象课程化范式

下面用高中案例来说明这种模式的具体做法。

"社会美德现象课程化"的高中实验案例

高中学生已有一定的道德认知与道德体验，但缺乏深层次的道德体验与反思，故他们并未形成稳定的德性。根据高中生的这个特点，利用高一年级的一个单元的语文学习，进行了一次教育实验。

高一（2）班的36名学生学习了高中语文第二册第一单元，这个单元的学习主题是："平凡的人"。该单元有杨绛的散文《老王》（刻画了忠厚而质朴的底层劳动者，传递出对不幸者的悲悯和愧怍），莫泊桑的小说《项链》（讲述身为小职员的太太玛蒂尔德向往上层社会的奢华和虚荣，为了一夜的风光换来十年的辛酸，最终却坚守了作为平民的自尊），臧克家的诗歌《当炉女》（塑造了一位失去丈夫的劳动妇女，勇敢而坚强地承担起不幸的命运，凸显了一个普通劳动者坚忍苦斗的人生态度）。

自然，这个单元的一个重要教学目标就是引导学生体会普通民众的生活和命运，感受平凡人物的内心世界，感受作家的平民意识和情怀，从而进一步加强学生对社会人生的认识，丰富情感体验，加深对生命意义的理解。

单元教学任务结束后，语文老师给学生布置了一项作业：在一个月内，利用休息的时间，到生活中去，用你的双眼去观察发现你心中的平凡的人。同时，记下那些美丽的瞬间，写下你的感受，将相片与感受制作成幻灯片上传至老师的邮箱。

对于这项作业，学生感到很新奇，很兴奋，连续一个月的星期五、星期六、星期天，老师的邮箱爆满。分享会上，每个人踊跃上台交流分享。

如今，很多学生都具有一种自负和期待，他们精英意识浓厚，却从未想过将来的自己很可能就是社会中的一个普通劳动者，而我们的教育恰恰应该告诉每一个受教育者：不论是精英还是平民，只要踏实奋进，在自己的领域里有所成就，就会找到幸福。如果有幸成为这个社会的精英，身份不该是你用以炫耀的资本，而是为民众谋福的机会和责任。

我们的教育必须重视培养学生奋进的精神和悲天悯人的情怀。这种德性对现代学生来说太重要了，而单纯地通过语文课的符号灌输是无法达成我们的目标的。所以，当学生走进生活，发现隐藏美德的社会现象，由此而触动心灵世界，才可能让学生形成德性。

第七章

现代外国语中学的教学与教学管理

中华人民共和国成立以来主要经历了三次重大的课程教学变革。1952 年 3 月颁布的《中学暂行规程（草案）》是中华人民共和国成立后出台的关于基础教育管理的一项重要法规，旨在规范中学教育的管理和教学活动，促进中学教育的发展和进步。该规程的出台，标志着我国中学教育进入了一个新的发展阶段，也为今天的中学教育奠定了基础。《中学暂行规程（草案）》中提出中学的教育目标之一是使学生获得"现代科学的基础知识和技能"，首次明确提出了"双基"的概念。20 世纪 70 年代末期，全国中小学教材编写工作会议提出了编写教材应"十分重视和精选基础知识"，"为了加强基础，必须重视基本技能的训练"。此后，国家陆续出台了中小学教学计划、各科教学大纲和教科书，自此，中小学各学科教学都突出强调"双基"教学。

进入 21 世纪，社会经济的发展呼唤教育教学变革，根据邓小平同志提出的"教育要面向现代化，面向世界，面向未来"的要求。2001 年教育部印发《基础教育课程改革纲要》，全面推进素质教育。此次课程改革的主要目标是"改变课程过于注重知识传授的倾向，强调形成积极主动的学习态度，使获得基础知识与基本技能的过程同时成为学会学习和形成正确价值观的过程"，具体落实到课堂教学中即教学的"三维目标"：知识与技能、过程与方法、情感态度价值观。

这一时期的教学观强调"以学习者为中心"，旨在促进人的全面发展和个性发展，要求在教育教学过程中实现学习者在知识与技能、过程与方法、情感态度与价值观等多方面的综合发展。所谓"知识与技能"强调的是学科的基本知识与基本技能，这与传统的"双基"要求是一致的，是对传统教学理念合理内核的继承；所谓"过程与方法"强调的是让学生了解和体验学习的过程和方法，养成善于发现、思考和解决问题的学习习惯，这是以往传统教学较为忽略的，反映了教学观的创新与进步；而所谓"情感态度与价值观"关注的则是"形成积极的学习态度，健康向上的人生态度，具有科学精神和正确的世界观、人生观、价值观，成为有责任和使命感的社会公民等"，这也是对传统教学观的重大突破。

随着新技术日新月异的迅速发展，世界逐步成为"地球村"，习近平总书记提出了建设"人类命运共同体"的倡议。在这样的社会发展大背景下，国家建设、社会发展对人才提出了新的要求，也推动了教育理念与方法的大变革。随着新的高考改革方案及《中国青少年发展核心素养》等文件的发布，中国新一轮的课程教学改革应运而起，中国基础教育真正进入了以培养学生发展核心素养为目标的育人阶段。

当前新课程背景下的学校教学发生了以下几个转变：

（1）教学观的转变：新课程背景下的教学观以学习者为本位，旨在促进人的全面和富有个性的发展，教学目标由传统的、确定的、具体的知识技能教育转向不确定的面向未来的学生发展核心素养教育。

（2）教学主体的转变：不再以教师为教学过程的中心，而是把学生作为教学的主体和中心。教学目标的制定以培养学生发展核心素养为中心，以学生当前的基础为起点，符合学生认知发展的规律。

（3）教学方式的转变：学生从以往以学习教材为主的文本学习更多地转向真实情景下的体验式学习，学生的学习不再仅仅是被动地"接受"知识的过程，而是在教师指导、帮助下主动"探求"新知的过程。

（4）教师角色的转变：教师从传统的"传道授业解惑"者转变为学生成长的指导者和陪伴者。学生成长、发展的过程本质上是其文化图式改变的过程，而这一过程是通过交流、对话来实现的，因此，教学的过程也即对话的过程，包括师生对话、生生对话，以及学生与客观世界包括课本的对话。这样的学习过程也就成为师生"教学相长"的过程，是师生思想、情感交融，积极互动、共同发展的过程。

面对着这样的教育大变局，现代外国语中学的教学与教学管理作出怎样的调整呢？本章以上闵外为实例，论述"双新"背景下，现代外国语中学的教学与教学管理变革。

第一节　现代外国语中学的教学规律的探索

一、教学模式构建的要素和原则

所谓教学模式，"是指在一定教学思想或理论指导下为设计和组织教学而在实践中建立起来的各种类型教学活动的基本结构，它以简化的形式表达出来。也可以把它理解为是开展教学活动的一整套方法论体系。"

教学模式主要包含指导思想及理论依据、功能目标、操作策略和评价标准等。

指导思想：所谓指导思想是指建立该教学模式的背景和意义，即建立该教学模式的现实性与必要性。理论依据，包括教学观、教学思想等，则是该教学模式所赖以建立的基础，是其深层内涵的灵魂，决定了该教学模式的方向性和独特性，同时指导操作程序、操作策略和评价标准的制定。

功能目标：任何教学模式都是为了完成特定的功能目标而设计创立的，其在教学模式的构成因素中居于核心地位，影响教师对于教学方法和策略的选择，也是教学评价的标准和尺度。而功能目标的实现程度往往又作为一种反馈信息，帮助教师调整操作策略，使教学模式日臻完善。

操作策略：这是指能使教学模式得以有效实施，完成目标的一系列途径、手段和方法体系，是教师运用该教学模式应遵循的原则、方法和技巧。

评价标准：每个教学模式都应有相应的评价标准。由于不同的教学模式有不同的教学目标，因此评价的标准方法有所不同。

二、新课程背景下教学模式构建的主要理论支撑

（一）多元智能理论

多元智能理论是在 20 世纪 80 年代，由美国著名的发展心理学家、哈佛大学教授霍华德·加德纳（Howard Gardner）博士提出的，20 多年来该理论已被广泛应用于世界上许多国家的教育领域。加德纳博士指出，人类的智能是多元化而非单一的，他提出八种不同的智能来解释儿童和成年人更为广泛的人类潜力。这些智能包括：

• 语言智能（"文字智能"）

这个领域与口头或书面语言有关。语言智能高的人能够使用语言和词汇来展示自己的能力。他们通常擅长阅读、写作、讲故事、记忆词汇和日期；他们学习的最佳方式往往是通过阅读、记笔记、听讲座、讨论和辩论；他们通常也擅长解释、教学、演讲或说服性演说。具有语言智能的人学习外语非常容易，因为他们拥有很强的语言记忆和回忆能力，以及理解和操作语法和结构的能力。

拥有这种智能的人适合的职业包括作家、律师、警察、哲学家、记者、政治家、诗人和教师。

• 逻辑数学智能（"数字／推理智能"）

这个领域与逻辑、抽象、推理和数字有关。人们通常认为，拥有这种智能的人天生擅长数学、象棋、计算机编程和其他逻辑或数字活动，但更为准确的定义并不太注重传统的数学能力，而更多地强调推理能力、抽象的识别模式、科学思维和调查，以及进行复杂计算的能力。它与传统的"智力"或 IQ 概念密切相关。拥有这种智能的人适合的职业包括科学家、物理学家、数学家、逻辑学家、工程师、医生、经济学家和哲学家。

• 空间智能（"图片智能"）

这个领域可以说涉及空间判断能力以及使用想象力进行可视化的

能力。拥有这种智能的人适合的职业包括艺术家、设计师和建筑师。拥有空间智能的人也擅长解谜。

- 身体–动觉智能（"身体智能"）

身体–动觉智能的核心是控制身体运动和熟练地操作物体的能力。Gardner 阐述说，这种智能还包括时间感、对身体动作目标的明确感，以及训练反应能力形成反射的能力。

理论上说，拥有身体–动觉智能的人通过肌肉运动（例如，在学习过程中起身走动）能够更好地学习，且通常擅长体育活动，如运动或舞蹈。他们可能喜欢表演或演出，通常他们擅长建造和制作东西。他们经常通过一些身体活动而不是阅读或听觉来学习。拥有强烈的身体动觉智能的人似乎使用了所谓的肌肉记忆——他们通过自己的身体来记忆事物，如言语记忆。

拥有这种智能的人适合的职业包括：运动员、舞者、音乐家、演员、外科医生、建筑工人、警察和士兵。虚拟模拟虽然可以复制这些职业，但不能产生这种智能所需的实际物理学习。

- 音乐智能（"乐曲智能"）

这个领域与对声音、节奏、音调和音乐的敏感度有关。具有高度音乐智能的人通常拥有良好的音高，甚至可以拥有绝对音高，并且能够唱歌、演奏乐器和作曲。因为这种智能拥有很强的听觉成分，在这个领域做得最好的人可以通过听讲座来学习最好的东西。基础智能为音乐智能的人，他们的语言技能通常高度发达。此外，他们有时会用歌曲或节奏来学习。他们对节奏、音高、节拍、音调、旋律或音色十分敏感。

拥有这种智能的人适合的职业包括乐器演奏家、歌手、指挥家、唱片师、演说家、作家和作曲家。

- 人际智能（"人群智能"）

这个领域与互动有关。理论上说，人际智力高的人通常是外向的，其特点是对他人的情绪、感情、性格和动机较为敏感，并有合作能力，以便作为群体的一部分工作。他们能有效地与他人沟通并容易与他人产生共鸣，他们可以是领导者或追随者。他们通常通过与他人合作达到最好学习效果，经常喜欢讨论和辩论。

拥有这种智能的人适合的职业包括销售、政治家、经理、教师和社会工作者。

● 内在智能（"自我智能"）

这个领域与反省和自我反省能力有关。具有内在智能的人通常凭直觉感知，通常比较内向。他们善于解读自己的感受和动机。他们对自我有深刻的理解：我的强项／弱项是什么，什么使我独一无二，我是否能预测自己的反应／情绪。

拥有这种智能的人适合的职业包括哲学家、心理学家、神学家、律师和作家。具有内在智能的人也更喜欢独立工作。

● 自然主义智能（"自然智能"）

这个领域与自然有关，与培育自然环境和相关信息有关。拥有这种智能的人适合的职业包括博物学家、农民和园丁。

Gardner 的理论认为，拓宽教育的视野将更好地服务学生，教师应使用不同的方法、练习和活动来接触所有学生，而不仅仅是擅长语言和逻辑智能的学生。

多元智能理论的应用使课程的构建和实施发生了重大的变革。基于这种理论，学生成为教育教学活动的主体，学校的课程设置和教师的教学设计必须重视对学生的多种潜在智能进行训练，大力培养学生的创造能力。学校应为学生提供多元化的学习环境，通过情境教学、模拟教学、技能操作等多种方式，有意识地营造一个立体多维的学习氛围，为学生提供一个能激发创造性的环境，进而提高学生的多元智能，提高学生的实践能力。

（二）建构主义学习理论

建构主义学习理论关注学习者是如何使新信息变得有意义的。根据建构主义的观点，"学生通过积极地建构过程发展新知。学习者不是单纯地消极接受或复制教师、课本里的输入性知识；相反，他们积极斡旋于其中，尽量使知识变得有意义，并和与主题有关的已知知识联系起来"。以建构为导向的课程与教学策略关注学生对学习材料的思考，并通过对提示和问题的慎重考虑，使学生对新的材料有更深刻的理解。在诸多建构主义课程与教学方法当中，研究已经证明如下实践是有效的：①设置课程的目的在于培养学生今后无论在校内还是校外都有用的知识技能、价值观与人格特性；②教学目标的重点是在一种实用的环境内部，强调对知识的概念理解以及自我调节的应用技能等情况下，培养学生成为专家；③教师的角色不仅仅是呈现信息，还要为学生努力搭建脚手架和提供支持；④学生的角色不仅仅是吸收或复制输入性的知识，更重要的是积极构建意义，他们需要生动的"第一手"经验，需要通过参与相关的实践活动来使用和检验他所学到的知识、技能、理论等；⑤学习是层层渐进，由易到难的，同时也是多方面的。学生在进行学习时，获得的并不仅仅是学习材料提供给他们的知识或者教师传授的技能，同时还包括情感和态度的发展；⑥学习是一种社会行为，学习者同他人的交流互动，与其对知识的应用一样，都是学习过程的一部分，学习不仅仅是单纯发生在学习者和学习材料之间的一对一的关系。

（三）学习与学习者特征分析

尽管有许多理论和截然不同的观点，心理学家普遍认为有效学习有几个共同的特点。

1. 学习是有目的的

每个学生都是一个独特的个体，其过去的经历影响学习准备和对学习要求的理解。换句话说，每个学生都有特定的意图和目标。他们的个人需求和态度可能决定他们学习的内容。学习过程中，学生的目标是至关重要的。要想学习有效，教师需要想办法将新学习过程与学生目标联系起来。

2. 学习是经验的结果

学习是个人单独的过程，教师不能替学生学习。学生只能从个人经验中学习，而任何人的经验都不相同，即使观察同一事件，两人的反应也不同；根据对个人需要的影响，他们从中学到不同的东西。

所有学习过程都根据个人经验，以不同形式、不同丰富程度和深度进行。教师面临的问题是如何提供有意义、多样和适当的学习经验。如果某次学习经历对于学生的能力非常具有挑战性，需要学生进行感情、思想、过去经历和身体活动的全面参与，那么这比仅仅依赖于记忆的学习更加有效。

3. 学习是多方面的

如果教师认为他们的目标只是训练学生的记忆力和肌肉，那就低估了教学情境的潜力。如果学生能够充分锻炼他们的思想和感情，学习到的内容就能比预期多得多。例如，学习如何应用科学方法解决问题时，可以通过尝试解决实际问题来进行学习。这样做的同时，学生也参与到语言学习和感官知觉中来。每个学生都使用先入为主的想法和感受来完成任务，对许多学生来说，这些想法和感受会因经验而改变。因此，学习过程可以包括语言要素、概念要素、感知要素、情感要素，所有这些要素都同时发生。

学习也是多方面的。学习手头科目的同时，学生也可以学习其他东西。例如，他们可能正在根据他们的经历培养对教师的态度。在有经验的教师的指导下，他们可以学会自力更生。这种学习有时是偶然的，但可能对学生的全面发展有很大影响。

4. 促进有效学习应遵循的主要原则

（1）让学生做好学习的准备，这意味着一定程度的专注和渴望。当学生有清晰的目标和明确的理由去学习，学习效果会比没有动力的学生进步更多。

（2）适度而有效的练习是取得学习成果的必要条件，教师必须为学生提供练习机会，同时确保练习过程的目的性。同样地，学生必须有机会实践他们所学的知识。

（3）积极的反馈：当学习伴随愉快或满意的情绪时，学习过程会得到强化；反之，学习过程则会被削弱。无论怎样的学习环境，都应该包含一些积极的影响因素，给学生一种满足感。实践证明，学生需要满意的经验来培养和保持学习兴趣。

（4）强度原则：生动的、戏剧性的或令人兴奋的学习经历比例行的枯燥的经历会让学生学习到更多的内容，即学生能从真实事物，而不是替代物中学习到更多。因此教师应运用想象力和各种教学辅助手段尽可能创设接近现实的真实情境。

（5）习惯养成：任何学习过程都需要一开始就形成正确的习惯模式，这对于进一步学习和学习结束后的正确表现是不可或缺的。因此，教师有责任帮助学生形成正确的习惯模式。从一开始就养成正确的习惯比之后纠正错误习惯容易得多。

学习者是一切教育活动的中心。正如人们在许多方面不同一样，他们的学习方式也不同。一部分差异表现在每个人需要学习的经验类型不同，以及获得一项技能需要的时间和实践量不同。因此，教师在制定计划、设计教学活动时必须关注学习者的特点、能力和经验。

三、新课程理念下教学模式应具备的特点

新课程理念以培养学生发展核心素养为中心，强调转变学生的学习方式，在这种理念下，传统的课堂教学模式必然会发生变革。

传统的课堂教学是以教材为本，强调预设课程的忠实实施；新课程背景下的课堂教学是以学生为本，强调生活课程的自主体验。前者要求灌输与训练，后者提倡建构与对话。新课程理念下的课堂模式应该是：学生是自主的，是课堂里积极学习的主体；教师则是学习活动的组织者，引导和帮助学生进行学习。

新课程理念下的课堂教学模式应具备以下特点：

（1）充分尊重学生在教育教学过程中的主体地位，让学生成为课堂教学的主人，充分调动其学习的积极性、主动性和创造性，发挥其

才能，发展其个性。在这样的课堂中，教师不再是课堂教学中权威的象征，而是学生自主学习的辅助者和促进者；教师要创造一种积极的课堂氛围，在学生的学习过程中及时给予正向反馈，当学生获得成功时给予鼓励，并提出新的目标，当学生遇到困惑时给予引导，为学生指明方向，允许有不同意见和争论，鼓励学生提出质疑和有意义的问题。

（2）课堂是开放的。在教学内容上，既不拘泥于教材，也不局限于教师的知识视野，学生同样是课程构建的参与者。在思维空间上，教师要重视对学生进行开放性的思维训练，不能轻率地否定学生的探索。在教学结果上，不满足于课本、权威或教师的所谓标准答案。鼓励学生质疑问题，允许学生发表与教师不同的意见和观点；鼓励学生质疑权威，提出与课本或权威不同的看法，并通过自己的探索来求证自己的质疑。

（3）重视学生学习的过程，改变以往将现成的结论直接告诉学生的灌输式教学，把课堂教学的重心由教学生记忆现成结论为主转到引导学生探索未知上来，重视知识发生过程的教学，同时展开对学生的思维训练，培养学生的创新思维能力。学习自问题开始。教师要设计出有思考价值的问题，让学生带着疑问投入学习活动之中。通过培养学生"发现问题——分析问题——解决问题——发现新问题"的能力，激发学生求异创新的欲望。

（4）关注学生的差异性。学生是具有差异性的个体，这种差异性表现在学生的智慧类型、学习速度、个性特征等各个方面。新课程理念下的课堂教学应关注每个学生的个体发展，在教学中让每个学生都能发挥自己的优势，开发自己的潜能，都有表现的机会。通过实施差异教学，让学生在原有的基础上获得最佳的发展，最大限度地满足学生个体差异性发展的需要。

（5）倡导互助合作学习。互助合作的意识和能力是现代人所应具有的基本素质。新课程理念下的课堂教学应打破教师"一言堂"的局面，努力创设有利于人际沟通和合作的教育环境，使学生学会交流信息，分享大家共同学习的成果，培养和发展乐于合作的团队精神。教师应通过多种方式和不同的渠道，使学生在争论与合作过程中学会共同生活，教他们学会求知、学会做人、学会发展。这种互助合作学习的意义已经远远超过学习的本身，这将为学生今后走向社会进行工作创造有利的条件，奠定良好的基础。

四、新课程理念下外国语中学教学模式构建策略

（一）基于单元设计的教学

　　传统的课堂教学教会了学生可以用纸笔等工具进行表达的、孤立的、具体的、稳定的知识技能，而今天，我们希望学生不仅有扎实全面的双基，更重要的是获得可持续发展的核心素养，也就是说，学生获得的知识应该是结构化的，他们的学习方式也应该主要表现为高阶学习。基于单元设计的教学是实现这种突破的很好方法。

　　基于单元设计的课堂教学中的"单元"包括两个方面，其一是知识单元，即有一定关联的知识组成的一个单元，如数学中的"一元一次方程"就是一个单元；其二是学习单元，即主要是相近学习方法组成的单元，如物理的"理想模型"。

　　由此可以看出，基于单元设计的课堂教学具有"结构性、整体性、情景性、实践性、发展性、反思性"等性质。基于单元设计开展课堂教学，能很好地实现新课标的教学目标。

1. 课例

● **课例 1**：高一语文第三单元教学设计（课例来自上闵外高中语文教研组）

　　部编版语文必修上册教材第三单元，属于"文学阅读与写作"任务群，在"生命的诗意"人文主题下，汇集了魏晋、唐、宋三个时期不同诗人、不同诗歌体式的诗词名作。

　　根据课标以及教材"单元学习任务"提示，结合本单元诗歌特点，本单元确定的教学目标主要有五个方面：结合诗词意象、欣赏诗

词意境、感受诗人的精神世界以及采用的不同风格，并能将风格品鉴的方法迁移运用到其他诗词中；准确定位体现"虚"与"实"艺术特点的诗句，体会作者的表达意图，编写艺术特色条目，选取示例并评析；通过群词鉴赏，比较不同诗人作品的相同文化、精神所指或同一诗人不同时期词作所体现的诗人生命的韧度；区分不同诗词的情感基

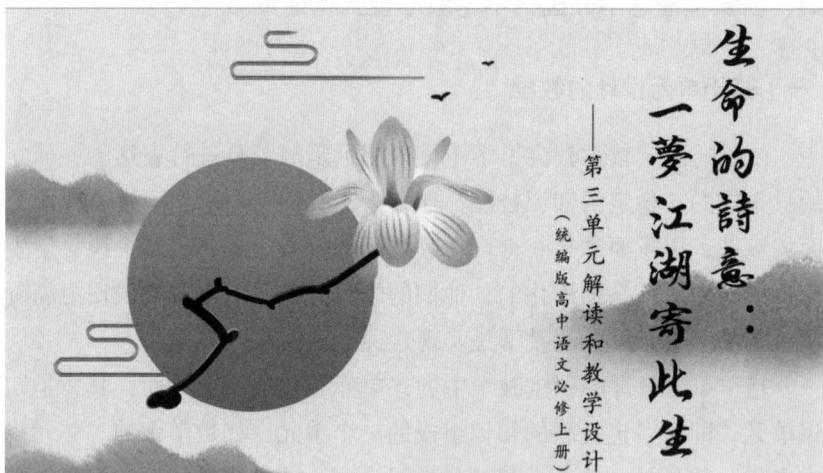

图 7-1　高一语文第三单元设计

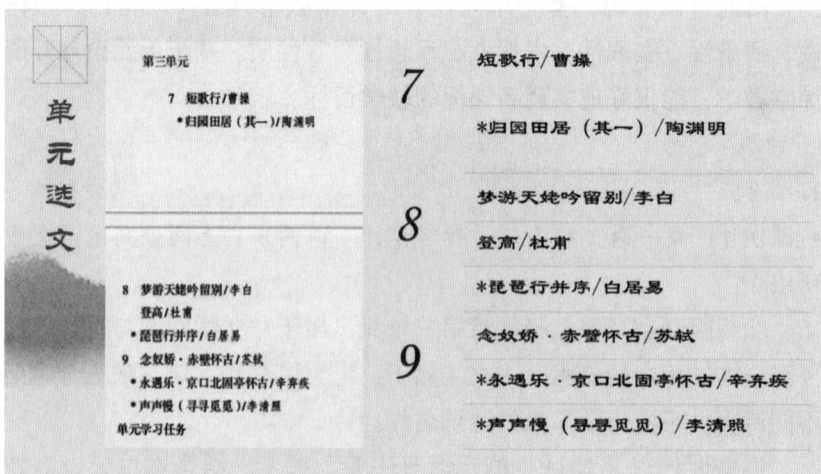

图 7-2　高一语文第三单元设计之单元选文 1

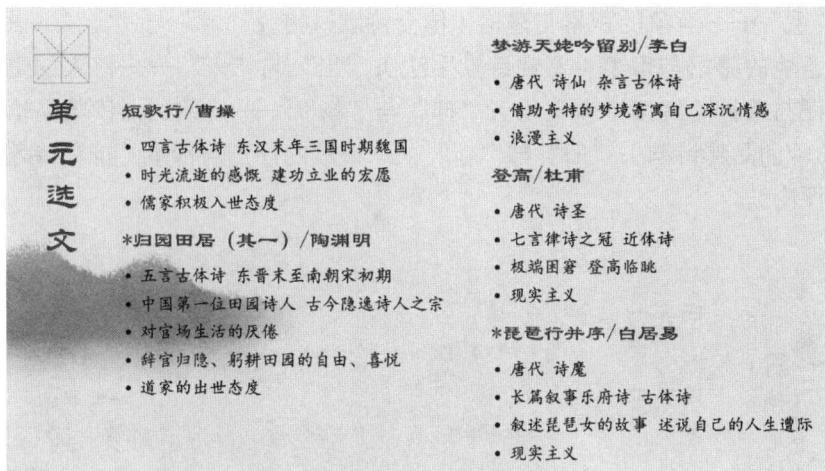

图7-3　高一语文第三单元教学设计之单元选文2

单元选文

短歌行/曹操
- 四言古体诗　东汉末年三国时期魏国
- 时光流逝的感慨　建功立业的宏愿
- 儒家积极入世态度

*归园田居（其一）/陶渊明
- 五言古体诗　东晋末至南朝宋初期
- 中国第一位田园诗人　古今隐逸诗人之宗
- 对官场生活的厌倦
- 辞官归隐、躬耕田园的自由、喜悦
- 道家的出世态度

梦游天姥吟留别/李白
- 唐代　诗仙　杂言古体诗
- 借助奇特的梦境寄寓自己深沉情感
- 浪漫主义

登高/杜甫
- 唐代　诗圣
- 七言律诗之冠　近体诗
- 极端困窘　登高临眺
- 现实主义

*琵琶行并序/白居易
- 唐代　诗魔
- 长篇叙事乐府诗　古体诗
- 叙述琵琶女的故事　述说自己的人生遭际
- 现实主义

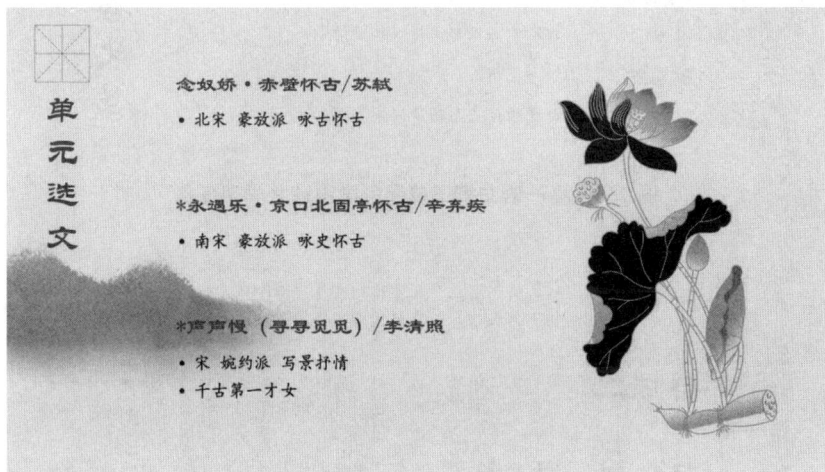

图7-4　高一语文第三单元教学设计之单元选文3

单元选文

念奴娇·赤壁怀古/苏轼
- 北宋　豪放派　咏古怀古

*永遇乐·京口北固亭怀古/辛弃疾
- 南宋　豪放派　咏史怀古

*声声慢（寻寻觅觅）/李清照
- 宋　婉约派　写景抒情
- 千古第一才女

调和音韵节奏，用声音、表情、动作共同演绎诗歌情感，表现不同的语言艺术，自主录制完成诗歌朗诵作品；从不同角度，结合具体诗句，有理有据地完成文学短评，运用论据去论证和评述论点，在表达实践中发展形象思维、逻辑思维、批判思维与创造思维。

　　在教学目标的统领下，本单元确定的学习任务主要有："轻"与

"重"——意象的积累与建构（体会诗歌风格）；"虚"与"实"——意境的感悟与审美（鉴赏诗歌手法）；"出"与"入"——诗人的责任与选择（解读诗歌文化）；"抑"与"扬"——诗歌的诵读与品悟（吟诵品味诗韵）；"旧"与"新"——诗歌的评点与传承（撰写诗歌评论）。

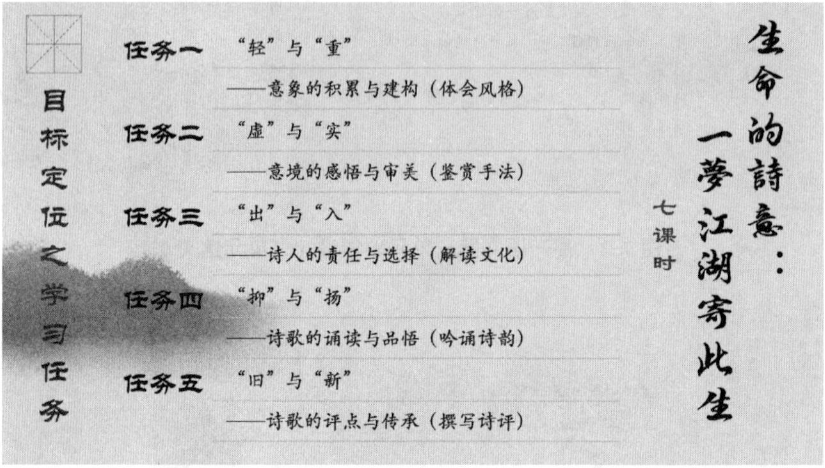

图 7-5　高一语文第三单元教学设计之学习任务

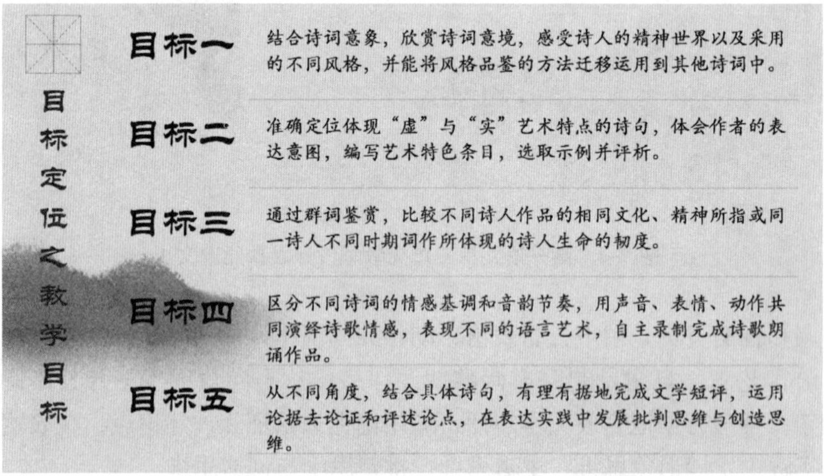

图 7-6　高一语文第三单元教学设计之教学目标

单元教学整体设计结构如下

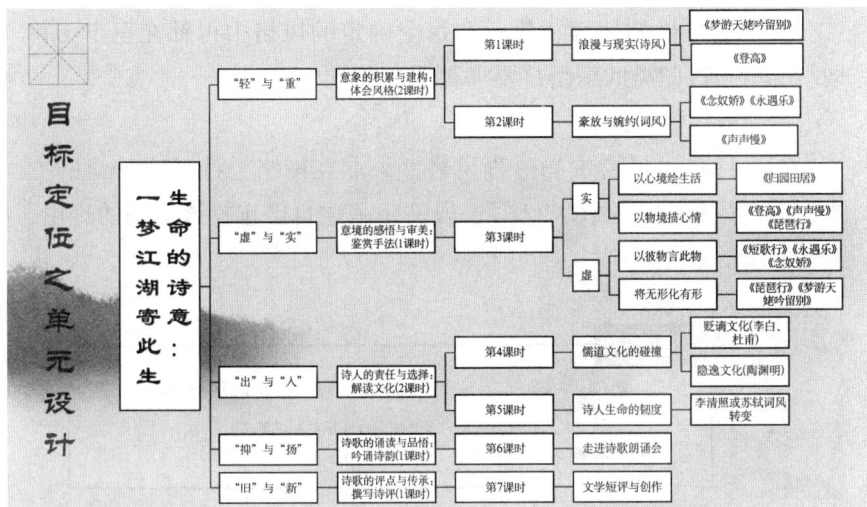

图7-7　高一语文第三单元教学设计整体结构图

围绕主要的学习任务，设计系列学习活动，以任务一为例说明。

根据任务一设计的学习活动：

活动一：品读《登高》，体会诗歌表达"以重写重"。

①宋代评论家罗大经说颈联，他品出了八层意思，那我们也来品一品，看能品出几层意思来。②从颔联我们读出离家多年、有家难归，晚年多病、孤苦无依之悲，尾联你还读出什么悲呢？③王国维说"一切景语皆情语"。首联、颔联选用了哪些意象，表现了诗人什么样的感情。

活动二：品读《梦游天姥吟留别》，梳理李白的人生经历，探究诗歌表达的"以轻写重"。

活动三：定诗品。

①阅读教师提供的《二十四品》选文，选择和三首词相似的审美风格。②研读书中审美风格的介绍，体会该风格所描绘的审美意境。③确定三首词的风格分别是什么，写一段文字阐述理由，要求有理有据。④在学习小组中展示自己的学习成果，进行互评并修改，选出小

组最佳成果并分享。

活动四：补一词。

①结合自己的阅读积累，在每个确定的风格中再补充至少1首词。②写一段归类的理由，要求有理有据。

活动五：配一图。

①选择自己最喜欢的一种风格，采取在网络上选择或手绘的方式，为该风格配上插图。②写一段文字阐述自己选择该插图的理由，附在配图的下方。

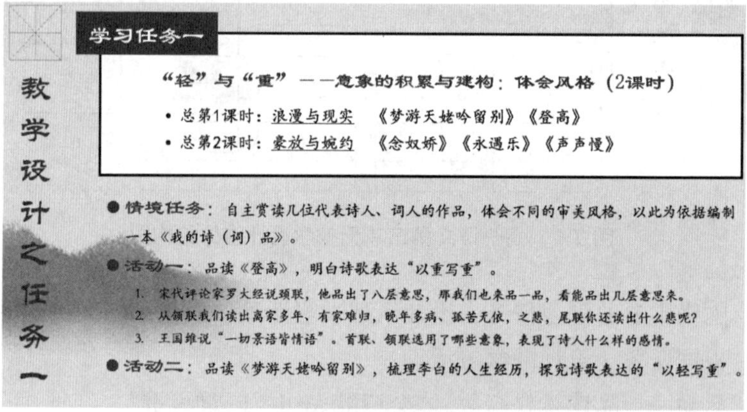

图7-8　高一语文第三单元教学设计学习任务1

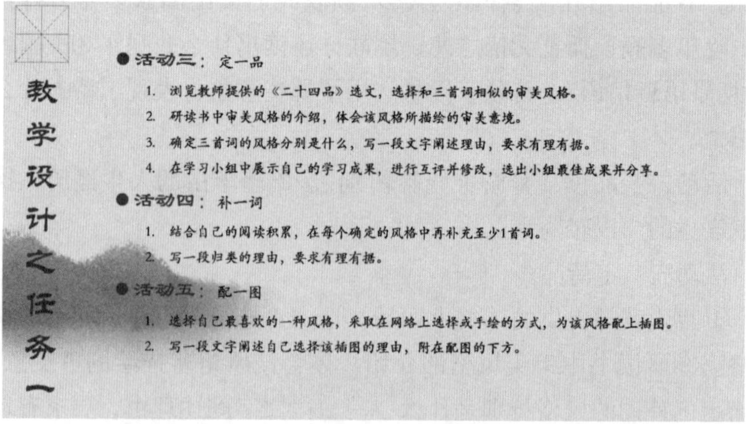

图7-9　高一语文第三单元教学设计学习任务2

需要关注的是，在以任务为驱动的教学过程中，对学生的学习能力提出了很高要求，比如对于相关诗词具体内容的理解，需要充分发挥主观能动性，并且学生要有足够的时间与空间去完成相应的任务。如果学生没有完成任务的条件，那么所谓基于任务驱动的教学设计只能流于空想。

课例 2：初中英语 6A Module 2 Unit 6 Going to school 单元设计方案（课例来自上闵外初中英语教研组）

单元教学内容分析：

本单元为《英语（牛津上海版）》六年级第一学期 Module 2 第二模块 Places and Activities "地方与活动" 下的 Unit 6 第六单元 Going to school "去上学"，该主题属于 "人与社会" 范畴，涉及 "个人感受与见解"。本单元围绕上学路上的所见所感、所花时间展开，核心素养在本单元的落实基于阅读、听说、写作教学内容展开，涉及四个语篇：包括一组对话、两组配图说明性短文，以及一组问答。

语篇 1 是四位学生日常上学方式及时间，旨在让学生读懂及调查不同的上学方式的表达及所花时间；语篇 2 是对话，拓展和延伸了 "places" 这一主题内容，呈现了去不同地方所花的时间，使用询问时间及回答的基本句式。语篇 3 是 Simon 在上学路上所见所想，语篇有助于引导学生表达对早起努力工作的人的赞赏，形成积极的情感体验，养成勤奋的习惯。语篇 4 是问答，拓展和延伸到自己在上学路上的所见所想，为学生提供了深度思考和语言实践的空间。本单元各语篇与单元主题之间，以及各语篇之间相互关联，构成了子主题 "上学路上所花时间" "去往不同地方所花时间" 及 "上学路上所见所感" 展开，既相互独立，又相互联系，学习活动按照学习理解、应用实践、迁移创新三个层次逐步展开，循序渐进，螺旋上升。学生将零散的知识点有意义地联系起来，构建基于主题的结构化知识，发展语言运用能力，形成正确的价值判断。

单元教学目标

- **语言能力**

（1）掌握与话题"Going to school"相关的核心词汇和短语的读音、词形和词意：travel, about, minute, hour, a few, a lot of, when, housing estate, when, advertisement board；

（2）运用不完全爆破的读音规则朗读相关短语：get to, get there, it takes, half an hour, about ten；

（3）在语境中正确使用一般现在时；

（4）理解以下词汇在听读等语言活动中所表达的含义：a few, a lot of, some；

（5）运用相关词汇及句型描述上学路上或去不同地方所花时间及所见所感；

（6）通过阅读获取图片中有关活动的信息；

（7）在听说活动中获取简单对话中与所花时间所相关的信息；

- **思维品质**

（8）能清晰表达自己上学途中所感；

单元教学目标	要素	学段目标
2. 运用不完全爆破的读音规则朗读相关短语：get to, get there, it takes, half an hour, about ten。	语言知识：语音知识	根据读音规则和音标拼读单词。
3. 在语境中正确使用一般现在时。	语言知识：语法知识	在语境中运用所学语法知识进行描述、叙述和说明。
5. 运用相关词汇及句型描述上学路上或去不同地方所花时间及所见所感。	语言知识：词汇知识和语用知识	围绕相关主题学习并使用主题范围内单词进行交流与表达；根据具体语境的需求，初步运用所学语言，得体表达自己的情感、态度和观点。
7. 在听说活动中获取简单对话中与所花时间所相关的信息。	语言技能	在听的过程中有目的地提取、梳理所需信息。
11. 通过不同的交通方式，体会生活的便利。	思维品质	能比较事物、行为之间的相似性和差异性。

图 7-10　单元目标所对应的新课标学段目标

- 学习能力

（9）能借助柱状图直观呈现调查内容；

（10）同伴互助进行口头交流，有合作学习的意识；

- 文化品格

（11）通过不同的交通方式，体会生活的便利；

（12）深入思考单元话题对生活的积极意义，对早起努力工作的人的赞赏，激励自己勤奋学习。

教学设计	教学材料		☑教材中的素材　□训练题　□作业　□其他_____			
	学习活动		输入活动数量：5		输出活动数量：5	
	评价方案		评价形式	☑评价过程　□纸笔测试　□口试　□其他_____		
			评价时机	☑随堂　☑课后　☑单元结束后		
	单元学习时间		____5____课时			
课时	教材内容	课型	目标			对应单元目标
Period 1	Travelling time to school	阅读	1. 理解核心词汇travel, about, minute, hour的意思和用法，并正确朗读； 2. 根据连读和不完全爆破的规则朗读it takes、half an hour、about ten等； 3. 正确使用How long进行时长提问，运用it takes描述上学路上所花时间； 4. 运用柱状图呈现上学路上所花时间的调查结果，并进行口头表述。			1、2、5、9、10
Period 2	Going to different places	听说	1. 运用不完全爆破的读音和规则朗读如：get to, get there； 2. 听懂讨论去不同地方所花时间的对话与相关表达，并正确使用How long及It takes进行提问和描述； 3. 运用一般现在时描述去不同地方的时间； 4. 通过不同交通方式的体会生活的便利； 5. 在听说活动中获取简单对话中与所花时间所相关的信息。			2、3、5、7、11
Period 3	Simon's way to school	阅读	1. 理解核心词汇和短语a few, a lot of, when, housing estate, hotel和advertisement board的意思和用法，并正确朗读； 2. 运用When引导的时间状语描述上学路上的所见所想，表达对早起努力工作的人的赞赏。			1、4、5、6、8、12
Period 4	On the way to school	写作	1. 理解核心词汇light rail, department store, temple的意思和用法，并正确朗读； 2. 正确运用含有When引导的时间状语从句描写上学路上的所见所想。			1、5、8
Period 5	Review	复习	1. 巩固与话题相关核心词汇读音、意思及用法； 2. 运用How long和It takes进行提问及描述； 3. 运用When时间状语从句描述路上所见； 4. 通过描述，体会生活之便利。			1、2、5、8、11、12

图 7-11　教学设计

2. 以学习主题为核心的全学段整体教学设计

从教材上某一册书的某一个具体的教学单元扩展开来，我们也可以以某个学习主题为核心，对整个学段的教学进行整体设计。以高中古诗词教学为例，上闵外语文教研组针对课标的要求和学生学习的现状，对整个高中阶段的诗词教学进行了整合设计，推进基于文化理解的校本化古诗词教学模式。案例来自上闵外高中语文教研组长王德高老师。

（1）分析课标的要求。

课程标准要求高中古诗词阅读教学要让学生能诵读经典古典诗词，理解古典诗歌词句的含义和作品的思想内容，背诵一定数量的名篇佳作；在教学建议中，明确提出要重视培养学生语言文字的理解运用能力。要求能根据诗歌不同的艺术表现方式，从语言、构思、形象、意蕴、情感等多个角度欣赏作品，获得审美体验，认识诗歌作品的独特美学价值，发现作者个性化艺术创造。能够选择中国文学史上不同时期、不同类型的一些代表性诗歌作品进行精读，充分体会其精神内涵、审美追求和文化价值。能在特定的社会文化场景中考查阅读传统诗歌经典作品的能力，以客观、科学、礼敬的态度，认识经典诗歌作品对中国文化发展的贡献。带领学生在具有一定阅读量的基础上，展开交流和专题讨论，就传统诗歌作品的历史价值、时代意义和局限性等问题，用历史和现代的观念进行审视，表达自己的看法。能够借助联想和想象不断丰富自己对文学作品的体验和感受，能品味语言，感受诗歌的语言美；能运用多种形式表达自己阅读诗歌的体验和感受；能对具体的诗歌作品作评论。在鉴赏中，能够秉持正确的价值观，体现出优秀的审美素养与高雅的审美追求。

这些要求、建议都指向学生在诗歌学习过程中要有真实的言语实践活动。例如要高度重视古诗词教学过程中的诵读活动，通过诵读充分领会、理解古诗词包孕的汉语音韵美，体现出的古典诗歌最基本的特质，即古典诗词是可以啸咏的"歌"。古典诗词创作的年代背景久远，今人与古人的生活背景差异悬殊，诗人独特的命运遭际和对世界的触感，甚至诗人个性化的表达思维习惯，都影响了我们对古典诗歌的阅读理解。为了更好理解诗歌，我们需要熟悉相关背景和诗人的人生经历，理解诗歌字词句的含义。诗歌思想内容的理解可以说是诗歌"阅读解码"的过程。但是，我们的"解码"只能基于学生的言语实践，而不是通过毫无边界的背景和介绍等来生硬地帮助学生理解，从而让古诗词学习的感觉能在具体的言语实践过程中丰富起来。力求在贯通诗歌发展历史的诵读过程中，真正实现语文四个方面核心素养

（语言建构与运用、思维发展与提升、审美鉴赏与创造、文化传承与发展）的共同提升。

（2）分析现实中的问题。

上闵外是上海市闵行区实验性示范性高中，学生有比较好的学习基础，但是学习能力与学科素养还有待进一步提升，迫切需要实现从知识学习到能力培养的跨越。学习过程中，学生存在以碎片化的做题代替细腻全面的涵泳诗词的现象，以贴标签式的机械记忆代替热切真挚的兴味体察的情况。诗词教学要真正带领学生走进诗词美妙的艺术世界！

教学过程中经常机械套用现有理论，总结出所谓的方法，类似的功利性的阅读无法读出古诗词中的"诗情"。汉语表达的一大特征是不讲求词语的线性排列顺序，而追求依托心灵感受的个性化表达，将词语排列得自由灵活，富有弹性。一般来说，西方文化注重的是自然时空，而且特别偏重空间的自然真实性，中国文化注重的是心理时空，而且特别偏重时间；如果说西方语言的句子是一种物理空间体，那么汉语句子是一种心理时间流。

诗歌诵读不能够系统化，缺少立体的文学史意识。例如最典型的问题是，总有学生到高三了还搞不清楚古体诗、近体诗、乐府诗、新乐府、元曲、宋词等不同时期诗歌体裁特征和风格变化。同学们经常对于出现了近体诗之后的唐朝诗人，还创作了不少新乐府等古体诗的理解有些障碍、困难。仅仅以知识为目的的古诗词教学，无法培养真正的古诗词阅读鉴赏能力。支离破碎的知识只能成为学生用来应付考试，填充答题套路的工具。对于落实真正理解所阅读诗词的学习目标，还有距离。

（3）组织校本资料编写。

基于以上思考，我们组织教研组老师编写了《高中古诗词诵读300首》校本资料。编写过程中，首选教材中没有选录但课标推荐诵读的诗歌篇目。为了和教材紧密结合，保证所选诗词的相对完整性，教材中已选入"古诗词诵读"部分的典型代表诗词，也会选编入校本资料。所选入诗词按照时间顺序编排，力求选取各历史时期典型代表性诗歌作品，主要包括典型题材、各类体裁中代表性诗词、个人不同风格的典型诗词作品，借以帮助学生梳理并掌握诗歌发展历史。

参照教材的学习提示，为学生提供学习思考的借鉴、参照，学习提示主要包括诗歌背景、题材、文学流派等文学常识、针对每首诗独特的思辨鉴赏（诗歌语言、诗中情感、主旨思想）、与相关诗歌比较品读等，尽可能扣合新教材内容，拓展教材相关内容的思考空间，学习提示300字左右。每首诗词提供的注释主要包括：写作背景简介、作者介绍、文体介绍、重要字词解释、不同版本介绍等。

根据诗歌难度以及和教材的相关性，把300首诗歌分成高一、高二、高三不同年级不同阶段诵读，每个年级兼顾不同历史朝代、不同阶段，从作者的代表性作品中选取100首左右。编写的时候，编者先斟酌值得选录的诗歌目录，具体按照不同历史时期进行分工。先秦两汉、两晋、南北朝、元明清选编100首诗词；隋唐五代选编100首诗词；两宋（辽夏金）选编100首诗词；最终选入各年级的诗歌目录，参编的老师一起商定。编写过程中主要参考书目有：朱东润主编《中国古代文学作品选》、莫砺锋主编《中国古代文学史》《唐诗鉴赏辞典》《宋词鉴赏辞典》等。

（4）推进校本教学实践。

基于文化理解的古诗词校本化教学实施过程中，三个年级，每个年级落实100首左右诵读任务。一个学期50首，每周3首，主要通过隔天20分钟的早读时间落实诵读任务。在期中考试以及阶段性素养检测中，备课组把相应古诗词确定为检测范围，以测促读。

在诵读过程中，采用老师领读和学生分析讲解相结合的方式。较为简单或者学生比较感兴趣的古诗词，以请学生讲读为主；阅读难度比较大，需要老师重点串讲的古诗词，则由老师重点讲解。在诵读过程中，教师会有意识地引导学生根据诗歌表达的意象把不同作品进行比较，以达到融会贯通的效果。例如研究并分享李白组诗《将进酒》《月下独酌》《宣州谢朓楼饯别校书叔云》《行路难》等诗歌中酒意象所表达情感的异同等。

为帮助同学们体会不同诗词体裁的表达特点，教师还会请同学们尝试将五言诗改为四言诗，将杂言改为七言诗，将元曲改为古体诗，将宋词改为律诗等，变式练习语言表达，培育学生语感。

例如，将《朝天子·咏喇叭》改写为绝句《喇叭》。

朝天子·咏喇叭

王磐

喇叭，唢呐，曲儿小腔儿大。官船来往乱如麻，全仗你抬声价。军听了军愁，民听了民怕。哪里去辨甚么真共假？眼见的吹翻了这家，吹伤了那家，只吹的水尽鹅飞罢！

改写为绝句：

喇　叭

金作铜声鼓喧天，雕舫群出江淮间。

未解真假绕梁意，官宦喇叭吹无边。

小令语言表达通俗易懂，绝句简洁明快，学生会在改写的过程中得到充分体认。

（二）创设情境，基于实际生活中的问题打造探索的课堂

人类的知识是人类在改造自然、认识自然、探索自然规律的过程中形成的，在皮亚杰看来，个体的知识就是个体在与环境交互作用的过程中逐渐建构的结果。所以，最有效的学习方式就是创设或模拟所要学习的知识原先发生的那种环境，让学生在真实或尽可能接近真实的环境中体验、学习。以上闵外杜娟老师的一节数学课为例：

• 课前

请一个小组的同学观察并记录水从沸点降到45℃所需要的时间及其过程中温度变化的情况。将水降温的过程拍摄、剪辑、制作成视频。

• 课上

（1）引入网上一篇报道：人们日常饮用水时既不能喝生水，也不

能喝过烫的水。生水含有大量的寄生虫，过烫的水不仅会损伤牙釉质，还会强烈刺激咽喉、消化道和胃的黏膜，长期饮用热水会导致各种器官发生病变。因此推荐：饮用的最佳水温为 45℃。

（2）教师提出问题：面对以上实际情景，你能提出哪些问题？全班分成 8 个 5—6 人的小组，进行小组讨论，并将组员提出的问题归纳、整理，写在活动单上。

教师设计了这样一个开放性的问题，让学生通过自己熟悉的情境，进行小组合作交流讨论，从实际情景中抽象出数学问题，培养了学生提出问题、分析问题的能力。教师的问题是开放性的，预设学生的回答会涉及各学科领域，拓展了学生思维的广度。在交流各组问题的过程中，教师引导学生评价提出的各个问题的意义及合理性，从中选出大部分同学关注的且和数学相关的问题进行研究，进而引出本节课要研究的问题——在室温下，一杯烧开的水从初始温度开始，大约经过多长时间可以冷却到 45℃？

（3）播放课前准备小组制作的视频，请各小组根据视频，自由选择一次函数模型、二次函数模型、指数型模型进行拟合并求解。在这个过程中，学生带着问题主动探索，不断交流尝试，比较可能的函数模型优劣，进而选择初步最佳的函数模型。

（4）各小组代表展示、分享本组的讨论结果。在分享的过程中，学生在教师的引导下在实际问题的检验中不断修正，最终确定了函数模型。学生在整个探索的过程中感知了函数拟合的思想，并总结出函数建模的基本步骤，体验到了解决问题带来的喜悦。

教师"以学生为主体，以问题为载体，以活动为手段，以学科素养提升为目的"，通过"报道引入—设计问题—提出课题—数学建模—展示交流—解决问题"六个步骤，打造了一个以问题为导向，让学生在真实情境中进行探索的理科课堂，使学生不仅学会了"借助图形计算器的技术辅助求解函数模型"这一具体知识点和技能，更重要的是让学生对于数学本身、数学语言和数学思考方式有了更深的理解，从而达成了培养学生数学学科核心素养的目标，同时也培养了学生的小组合作能力、沟通表达能力等核心素养。

（三）打造文化理解的课堂：以历史教学为例

● **课例：** 文化渗透，提高学生的历史学科素养——高中历史"叙事教学策略"（课例来自上闵外高中历史教师陈文涛）

在科学化理念的影响下，中学教师为了彰显历史学科的科学严谨，不自觉地就开启了简单化的"史料教学"模式，课上依托于大量的史料呈现，力求言之确凿，"史料＋问题"的方式，成为现如今大多数历史课堂所流行的教学模式，这也就成为课堂相对枯燥的根源。这种模式，窄化历史的同时，过多强调了科学性和严谨性，缺乏历史本身叙事的呈现，失去了历史本身该有的魅力，让学生淹没在晦涩的史料之中，也成为学生不喜欢历史课的主因。更重要的是，学生这样学习历史，无法对历史史料背后的文化产生认同感，或说通过历史成为这种历史的文化人。

如何让历史课堂恢复其本该有的魅力，并提高学生的文化素养？除了注重史学的科学性之外，亦不能忽视史学的艺术性，故应致力于探索"历史叙事教学策略"。

意大利著名历史学家克罗齐曾说："没有叙事，就没有历史。"那究竟何为"叙事"呢？实际上，叙事"指的是这样一种话语模式，它将特定的事件序列依照时间顺序纳入一个能为人理解和把握的语言结构，从而赋予其意义"[1]。

通俗意义上，叙事可以被等同于"讲故事"，但在严格的学术意义上，叙事和讲故事也有很大不同。叙事和故事虽然同属于一类话语模式，但是历史叙事必须依托于客观真实的史料，而故事则有时更具主观性的色彩，甚至可以指向完全虚构的事件，这是二者最根本的区分。

明末金圣叹曾言："《史记》是以文运事，《水浒》是因文生事。"[2]其意为，历史著作是着眼于"事"（史实），"文"是服务于记

---

[1] 彭刚：《叙事的转向》，北京：北京大学出版社，2009年，第3页。
[2] 金圣叹：《金圣叹评点才子全集（第3卷）》，北京：光明日报出版社，1997年，第19页。

"事",这叫"以文运事"。文学作品则不同,文学作品着眼于"文"(艺术形象),而"事"(故事情节)则是根据整体艺术形象的需要创造出来的,这叫"因文生事"。所以,历史叙事与通俗意义上的讲故事有着本质上的区分。

历史叙事不是对过去的所有事件的照搬和机械模仿,而是在对原有资料进行整理、加工、提炼的基础上,将其变成一个完整的具有内在逻辑结构的故事。

与传统的"史料教学"相比,"历史叙事教学"是"叙事优先",而非"史料优先"。当然,叙事化课堂不可能脱离史料而存在,因为史料是学习历史的最基本要素。

下面,以《明清对外贸易》一课为例来介绍一下"历史叙事教学策略"的具体做法。《明清对外贸易》一课,有难度有挑战。其一,时间跨度长,属于长时段历史,牵涉明清两朝;其二,空间范围广,属于中外关系史的内容,由中国对外政策至西方新航路开辟之后形成的世界性的"太平洋丝绸之路";其三,内容相对枯燥晦涩,属于经济史的内容,学生兴趣不高。所以,本课若想讲得既浅显易懂又生动有趣,对教师是一个不小的挑战。

A. 小处着眼·微观入手

《明清对外贸易》一课论述的主题在于明清两朝对外贸易政策的转变及其影响,属宏观历史的论述。此处导入过程中,可以设想从微观入手。备课时,选取了明朝万历皇帝和清朝康熙皇帝所钟爱的"地图"为切入点,由地图上所呈现的皇帝御览图的变化,思考其原因,来引出本节课的主题。

• 课堂叙事教学片段 1:

师:今天,我想先讲两位皇帝,一位是明神宗万历皇帝朱翊钧,另一位是清圣祖康熙皇帝爱新觉罗·玄烨(PPT 呈现两位皇帝的画像)。两位皇帝分别是明朝和清朝在位时间最长的皇帝,万历皇帝在位 48 年,康熙皇帝在位 61 年。康熙皇帝是中国古代在位时间最长的皇帝。除了在位时间长的特点外，两位皇帝还有一个共同的爱好，即喜欢观察地图，在他们的宫廷之中，都悬挂着各自最钟爱的地图。

师：对比这两幅皇帝御览的地图，你的最直观的感受是什么？

生：对世界的所知的范围越来越小。

师：由明至清，时间越来越晚近，为什么所了解的世界却越来越小了呢？

生：清朝逐渐开始了闭关锁国，隔绝于世界之外。

师：很好！那我们来学习，由明到清，中国是如何逐渐走向闭关锁国的。

此处导入，选用了《坤舆万国全图》和《康熙全览图》，将其嵌入在整个对万历皇帝和康熙皇帝的教学叙事之中，引出明清时期的对外关系政策，明朝的对外开放交流和清朝后来的闭关锁国形成强烈的反差，带学生进入本课的主题。遵循着"大历史从小处着眼，宏观历史由微观入手"的原则，一方面拓宽学生的视野，另一方面激发学生学习本课的兴趣。在高一年级的历史教学中，从实际效果来看，达到了教学设定的目标。

B. 立足教材·论史求通

中学历史教材只是提纲挈领的文本，很难充分展现历史的丰富性和趣味性，假如只是"教教材"，课堂的枯燥在所难免。这一点，外国的历史课堂也是一样，比如美国历史教师比格勒也曾抱怨："目前的课本非常枯燥，我们需要讲故事般地叙述历史。课本选择的话题本身是有吸引力的，但却将之抽干成一两句话，剥夺了历史的生命。它们用来做参考是可以的，但是我们需要更好的学习材料。"叙事化的课堂正好可以补教材之弊，一方面可以弥补教材文字的枯燥感，增添趣味性；另一方面也可以丰富教材的内容，让学生把握历史的内在脉络，通观历史的演进，真正做到"论史求通"。

以《明清对外贸易》一课为例，教材开篇介绍了明初期的"朝贡贸易"、明中期的"倭寇甚烈"和明后期的"隆庆开关"。教材中，这三个历史事件被分成三段给予扼要介绍，形成三个貌似相对独立的历史事件，但其实三个事件有内在的逻辑演进。对于三者的内在关联，教材虽语焉不详，但却需要教师补充相应的史料予以串联，帮助学生更清楚地理解明朝对外政策的演进，形成连贯的历史叙事，此为"论史求通"。

- 课堂叙事教学片段2：

师：明朝初年，为了巩固统治的需要，实行非常严厉的海禁政策，但却保留了由官方控制和垄断的"朝贡贸易"。但是到明朝中期，"朝贡贸易"却让皇帝感觉压力山大，很头疼，是什么原因呢？

材料一：有贡，即有赐……计其贡物，时值甚廉，给之太厚……所贡之物不过数百金之值，而供亿浩繁，何啻数十倍。——《明英宗实录》

生：厚往薄来的赔本生意，国力下降，难以为继。

师：所以，这个时候明朝的皇帝就出台一个政策，阅读这则材料，看看皇帝采取了什么措施？

材料二：入贡既频，劳费太甚，朕不欲也。令遵古典而行，不必频烦……乃定琉球两年一贡，高丽三年一贡，日本国十年一贡。——《明史》

生：限制朝贡贸易。

师：对，皇帝想要限制朝贡贸易。但是我必须实事求是地告诉你，其实这个措施不太管用。因为很多国家还是找各种理由来朝贡，比如日本，不信？请看材料：

材料三："（日本国）一岁常再贡、三贡，贡事有进贡、补贡、贺正旦、谢恩、贺登基、进香、告讣、请赐冠服、迎册封等，数不胜数。"——《明史》

日本不仅不遵守"十年一贡"的规定，甚至受利益的驱使，一年之中，找各种借口，一年来好多次。最终明朝的皇帝忍无可忍，明朝嘉靖皇帝时期做出了一个大胆的决策，这个决策也影响了明朝中后期的历史。

材料四：嘉靖三年（1524），首辅大臣夏言上奏："日本国所贡非期，且多携兵器，议停市舶，罢朝贡"，嘉靖帝随即批准。——《明史》

师：嘉靖皇帝采取了什么措施？
生：停止了与日本的朝贡贸易。
师：那你觉得为什么我刚才会说这个决定影响了明朝中后期的历史呢？
生：引发了更严重的倭寇入侵。
师：聪明！当官方的朝贡贸易停止以后，倭寇入侵更加猛烈，引发了明朝中后期的倭寇之患。

设计意图：通过朝贡贸易的"厚往薄来"和"官方限制"的特点，补充史料，呈现日本不顾日期限制，仍旧频繁入贡，以及嘉靖皇帝禁止日本入贡，最终引发明中后期严重的倭寇入侵的情况。此处的设计意图在于串联起明初期的"朝贡贸易"和明中期的"倭寇甚烈"，形成一个连贯的叙事结构。

• 课堂叙事教学片段3：

师：明朝中后期的倭寇入侵，成为明朝中后期的心腹大患，嘉靖皇帝也起用戚继光进行抗击倭寇（出示戚继光抗倭示意图）。用武力一定程度上扫平倭患，但是并未从根本上消除。结合之前所讲的知识，你认为如果想从根本上消除倭患，应该采取什么措施呢？
生：恢复朝贡贸易。
师：建议不错，但是朝贡贸易是赔钱的生意啊？

生：那就恢复正常的平等的对外贸易。

师：好主意！明朝的一个官员也曾经上书皇帝，提出了和你相同的建议。

材料一："寇与商同是人，市通则寇转为商，市禁则商转为寇。片板不许下海，于是海滨人人皆贼，诛不胜诛也。"——福建都御史徐泽民

师：所以，在这种背景之下，明朝中后期，在隆庆皇帝在位时期，重新开放海禁，允许百姓出洋经商贸易，史称"隆庆开关"。

设计意图：在叙事教学片段3中，通过补充戚继光抗倭和徐泽民的上书等内容，让学生自己思考如何消除"倭寇之患"，进而引导出恢复正常的海外贸易，成功串联起"倭寇入侵"和"隆庆开关"，理顺其中的内在逻辑结构。

在叙事教学中，对史料的使用是将其嵌入整个叙事结构之中，成为支撑叙事结构的重要一环，而不是单独直白地呈现。对教材的叙事整合，也体现了教师发挥自己的主体意识，认识到自己是课程资源的开发者和教育教学的研究者。教师充分地研究教材，挖掘教材，合理地对教材进行整合，在创造性地使用教材的过程中，也是一个自我提升的过程，真正地体现"用教材教"，而不是在"教教材"，使得课堂真正达到"论史求通"的境界。

C. 思维导航·宏观思辨

历史的时间性，注定了逝去就不再复返。而依托于史料重构过去，就成为历史学家努力追寻的目标，"求真"一直是史学家的梦想。但除了历史的客观静态要素（史料）之外，历史还有主观动态的要素，即历史思维及价值判断。美国历史学家贝克尔曾说："人人都是他自己的历史学家"，每个人都有对历史的记忆或思考，每个人都可以对过去任意评说，但囿于个人的智识水平，判断或偏激或公允。历

史教育的核心任务之一便是帮助学生形成批判性的历史思维，学会独立思考的方法，帮助学生正确地回顾过去和认识现在。

《明清对外贸易》一课，在价值观层面，要求认识对外开放交流促进国家经济和文化的进一步发展，而闭关锁国只能导致闭塞与落后，在资本主义大潮到来之时，进一步拉开了与世界先进地区的差距。补充相应的史料，让学生通过分析论证和质疑辩驳等方式，来评价这一历史阶段闭关锁国的危害性，提升学生的历史思维。

● 课堂叙事教学片段 4：

师：明朝和清朝都历经了建国初期的海禁，中期的开禁，在"进退之间"，最终明朝和清朝却走向了不同的结局。明朝的"进"：

材料一：太平洋丝绸之路与汉唐时代的丝绸之路是不可同日而语的，"马尼拉大帆船"是穿越沙漠地带的骆驼商队无法比拟的，是一种近代意义的跨越洲际的远程贸易，中国长期处在出超的地位，源源不断的白银货币流入中国，其总量约占全球白银产量的三分之一。——樊树志：《"全球化"视野下的晚明》

材料二：16 世纪中期到 17 世纪中期（明中期到明末）百年间，由欧亚贸易流入中国的白银约 7000—10000 吨，约占当时世界白银总产量的 1/3—1/2。整个世界经济秩序当时是以中国为中心的，当时的世界经济中心不在欧洲，而在中国。——弗兰克：《白银资本》

师：明朝中后期继续开展海外贸易，从两则材料中，获得了哪些信息？

生：白银流向中国，增强了明朝的国力；明朝成为世界贸易的中心。

师：对！明朝当时处于世界贸易的中心，国力强盛。与之相对应的是清朝，清朝中后期，采取的什么措施呢？清朝的"退"：

材料三：1757 年（乾隆二十二年）清廷下令关闭漳州、宁波、云台山三处对外贸易港口，只余广州"一口通商"，以后在 1759 年（乾隆二十四年）先后又颁布了《防夷五事》《防范夷人章程》等条令。

材料四：（乾隆帝致英王乔治三世"敕谕"）"天朝物产丰盈，无所不有，原不借外夷货物以通有无。特因天朝所产茶叶、磁器、丝筋，为西洋各国及尔国必需之物，是以加恩体恤。"——《粤海关志》卷二十三

师：从材料来看，清朝采取了什么样的措施？

生：闭关锁国。

师：为什么要闭关锁国？

生：统治者心态的盲目自大。

师：导致了什么结果？

材料五：一个人口几乎占人类三分之一的大帝国，不顾时世，安于现状，人为隔绝于世界并因此竭力以天朝尽善尽美的幻想自欺。这样一个帝国注定最后要在一场殊死的决斗中被打垮。——马克思

师：这场马克思所说的"殊死决斗"指的是什么？

生：鸦片战争。

师：结合初中的知识，你知道这一时期的西方发生了什么变化？

生：资产阶级革命；工业革命。

师：此一时期的中国面临着什么局面？

生：开始落后于西方，与世界的差距越来越大。

师：从明朝的"进"和清朝的"退"，可以对比出，不同的政策，呈现出的不同的结局。在全球化的初期，明朝的对外贸易，曾处于世界的中心位置，而清朝的闭关锁国，则导致了闭塞与落后，逐渐拉开了与世界的差距。

设计意图：叙事教学片段 4，主要运用历史比较研究的方法，通过补充相关资料，形成完整的叙事逻辑结构，通过分析论证和叙事描述，对比明朝的海外贸易和清朝的闭关锁国，在"明进"和"清退"之间，置身于全球化体系的背景中，体会闭关锁国的危害性，同时感知中国现在对外开放的必要性。

对于课堂的持续思考，源于对课堂的不满意。草撰此文，只是对自己过去点滴思考的一个小结，算是对自己教师五年生涯的一个不圆满的交代。所有的思考，都是试图在既有的考试选拔制度和培养学生的历史思维能力之间做出调和。

史学家贝林认为，史学的目标不是要把这些不同维度的事件在时间的某一点上分离出来，而是要显示它们在一个演进的叙事中持续不断地互动。课堂中的历史，不应当成为陈列古老史料的橱窗，教师应当将课堂转化为思想互动的场所，用叙事去弥补教材的不足，用叙事去消解史料的枯燥，真正展现历史的魅力和趣味，展现历史的文化内涵。

从中我们也可以看到，历史叙事教学策略，不是简单地在课堂之中穿插几个有趣的故事，从根本上来说，是建立在坚实的史料基础上，将历史史实与文化结合起来，从而让我们的学生不仅仅产生对历史的兴趣，而是建立起正确的历史观、人生价值观，从而成为一个文化人。

第二节　现代外国语中学的外语教育的特征与内涵

一、现代外国语中学的外语教学的基本特征与内涵

《语文课程标准》明确指出，"语文是最重要的交际工具，是人类文化的重要组成部分。工具性与人文性的统一，是语文课程的基本特点。"同理，作为某些特定民族或地区母语的各类外语课程，"工具性与人文性的统一"也应该是它的基本特点。

21世纪是跨文化交流全球化的时代。跨文化交流需要两种能力——语言运用能力与文化理解能力，即通常所说的语言能力与文化能力。语言能力于交流的作用已经人所共知，但对文化能力作用的认识还有待于深化。其实，交流中出现的不和谐、误解以至摩擦大都因为文化能力欠缺，不能超越无形的鸿沟。

随着我国改革开放的不断深入，加强外语教育成为人们的共识。在我国，外语教学经历了"语法·翻译"教学法→听说教学法→交际教学法的三段主要发展历程。在这个过程中，文化因素对语言教学的影响逐渐得到研究者和外语教师的重视。20世纪90年代起，受到加拿大的沉浸式（Immersion）外语教学理论的影响，一批学校开始实施双语教学。但限于大的国家环境、课程目标、教育教学目标、师资力量等因素，这种探索还是有较多现实的问题要克服，所以实施下来效果并不是很好。这种教育教学法在幼儿园以及小学低年级用得比较多，在中学，逐步走向形式主义。与此同时，国内很多学校开始直接引进外教与外国课程，直至进行中外合作办学，特别是初高中，试图在丰富学校课程教育内容的同时，从源头上解决外语教学问题。但在目前的中国，这种尝试更多的是功利性的，即是为了让学生出国留学服务，很少涉及育人问题。

进入新世纪后，中国进一步融入世界。国内教育界积极推进"国际理解教育"（Education for International Understanding）项目，努力增进不同文化背景、不同种族、不同宗教信仰和不同区域、国家、地区的人们之间相互了解和相互宽容。但在这个项目的推进过程中，学校和教师更多聚焦于部分文化知识和表层文化现象的传授，而缺乏对文化差异的分析以及对多元文化理解力和跨文化交际能力的培养。

尽管如此，这些外语教学（育）或项目的研究实践，还是极大推动了我国的外语教学，一方面克服了动笔不动口的应试式外语教学，提高了学生外语的运用能力与素养；另一方面也正在提升外语教学的育人功能，并在一定程度上推进不同国家文化的融合。

在中国，人们从来没有像现在这样需要具备外语能力。面对变化

了的形势，外语教育的目标也必须进行调整。新课程背景下，教育部
颁发了普通高中《新课程标准》，明确了各学科教学的核心素养培养
目标。外语学科（包括英语及其他小语种）从语言能力、文化品格、
思维品质和学习能力四个方面提出了具体要求：

- 语言能力

语言能力是在社会情境中借助语言，以听、说、读、看、写等方
式理解和表达意义的能力。通过本课程的学习，学生能进一步发展语
言意识和外语语感；掌握外语语言知识并在语境中整合性运用所学知
识；理解口、笔语语篇所传递的意义，识别并赏析其恰当表达意义的
手段；有效使用口、笔语传递意义和进行人际交流。

- 文化品格

文化品格指对中外文化的理解和对优秀文化的认同，是学生在全
球化背景下表现出的知识素质、人文修养和行为取向。

通过本课程的学习，学生能获得文化知识，理解文化内涵，比
较中外文化异同，吸收文化精华，形成正确的价值观念和道德情感，
自信、自尊、自强，具备一定的跨文化沟通和传播中华优秀文化的
能力。

- 思维品质

思维品质指人的思维个性特征，反映其在思维的逻辑性、批判
性、创新性等方面所表现的水平和特点。通过本课程的学习，学生能
辨析语言和文化中的各种现象；分类、概括信息，建构新概念；分
析、推断信息的逻辑关系；正确评判各种思想观点，理性表达自己的
观点，具备初步用英语进行多元思维的能力。

- 学习能力

学习能力指学生积极运用和主动调适外语学习策略、拓宽外语学
习渠道、努力提升外语学习效率的意识和能力。

通过本课程的学习，学生保持对外语学习的兴趣，具有明确的目
标意识，能够多渠道获取学习资源，有效规划学习时间和学习任务，

选择恰当的策略与方法，监控、反思、调整和评价自己的学习。

从以上可见，新课程背景下的外语教学从原来主要强调听、说、读、写、译等语言运用与传达能力的培养，转变为同时强调文化能力的培养，即通过学习，使学习者较深地理解本国和外国文化，具备与不同文化背景的人们共同生存、共同劳动的能力。从这个意义上讲，外语教学的目的开始更多的是起着育人的功能。成功的外语教学（教育），不仅应该提升学习者的语言技能，更应该培养他们具备良好的跨文化意识和跨文化能力。

作为外国语中学，我们更应该认识到，外语教学目标应是培养学生的语言应用能力，在各种情境下运用外语进行有效交流和沟通的能力，以及更进一步的，能够运用地道的外语，以外国人愿意接受的方式讲好中国故事的能力，在国际社会上有效发出中国声音的能力。以往只强调语言形式和内部结构的结构主义教学，割裂了语言形式与语义及功能的联系，用这种教学方法教出的学生可能很会做专项语言形式、结构的试题，即书面的应试能力很强，但却缺乏语言交际能力并最终难以学好外语。交际能力离不开对所学语言国家文化的了解。外语课程和教学属于语言课程和教学的范畴，但从本质上说，外语学习是一种基于语言知识学习的文化学习和多元文化教育。

语言是人类思维的工具，是社会文化的载体。"教语言亦教文化"已经是当今外语教学界公认的事实，但目前我国外语教育中的文化教学还不够完善，主要是在跨文化交际能力的培养上还比较缺乏。当前的外语教学主流上仍然是重语言形式的学习而轻语言在实际场合的运用，忽视了中西方文化的差异，重视了文化知识层而忽视了文化理解层，忽视了将文化渗透到交际实践中。

基于此，我们进行了"基于文化理解的中学外语教育模式"研究和实践，并形成了尤其适用于外国语中学的外语教学模式和策略。

二、现代外国语中学的外语教育——基于文化理解的外语教育

从文化、语言及其外语教育之间的关系，我们可以看到：外语教育与各民族的文化模式的内涵是有直接和密切的联系。厘清这两者之

间的关系，深刻理解外语所对应的文化模式的特点，对外语教育效益的提高是正相关的。

教育是人类特有的文化现象，故其具有文化的一些基本特征。同样，教育对文化也有巨大的作用，文化因教育得以更好地传承与发展，甚至其形态也会因教育而改变。外语教育是指通过各类显性或隐性的教育活动，不仅让学生熟练掌握外语的基本语言功能，如听、说、读、写，更重要的是在此基础上通过外语学习，使学生理解外语背后所承载的外国深层文化。同时，与祖国文化比较，发现民族文化之优势，吸收外民族文化之优点，辐射传递中华民族之优秀文化，从而成长为一个具有民族情怀与国际胜任力的优秀人才。

从上面的论述中我们可以看到，文化理解最终落实到的还是人，是人对他文化的理解。同样，说明人对他文化的理解不仅是人自己的感受，更重要的是他文化对人的这种理解的反映。

可见，人与人之间的理解只有当此人进入彼人的文化图式，并通过某种形式的交流，达到"文化图式的融合"，彼此的理解才可能达成，也就是可能达成文化理解。文化理解需要彼此语言的交流，但更需要我们进入语言所代表的文化模式。对文化理解来说，不是此文化对彼文化的同化，而是不同文化模式的融合。

从中我们也可以明确地看到，达到文化理解的人一定可以在理解本民族文化模式的基础上，达成对他民族文化模式的理解，并通过文化融合的方式表现出来。这样的人我们可以认为是跨文化的人，像林语堂、辜鸿铭这样博通中外文化的人就是跨文化的人才。

要达到文化理解，必须要进行交流，而最有效的交流方式显然是语言交流，因为民族的语言是一个民族文化外显的最重要的表现方式。那么，学会了另一个民族的语言就一定达到对对方文化的理解吗？答案显然是否定的，因为语言不是文化的全部；而且语言有时只是文化的一个表征符号，不同的文化情景，语言的解释又是不同的。所以，只知文化表象的语言，而不知语言的文化内涵，这说明真正的外语教育并未完成。基于这样的理解，我们提出了文化理解视域下的中学外语教育。如下图所示。

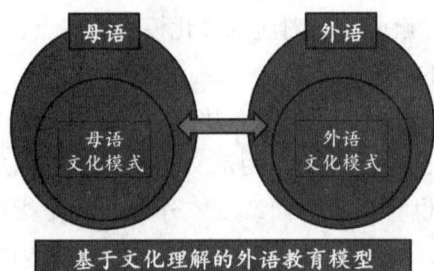

图 7-12　基于文化理解的外语教育模型

基于文化理解的中学外语教育，要处理好如下几个问题：

（1）对于我们今天的中学生来说，要处理好祖国文化与外国文化的关系：在较好理解本民族语言与文化的基础上，进行基于文化理解的中学外语教育。

首先，从语言本身来说，我国著名的语言教育专家、华东师大王斌华教授对基于母语的外语教育理论进行了梳理，他批评了早期的平衡理论，极力推崇其他三个理论：思想库模式、阈限理论和依存理论。其中平衡理论认为，一种新语言的掌握一定会削弱原有语言，这已经被外语教育实践证明是错误的。而后三种理论均论证了第一语言的优势对外语学习是有帮助的。依存理论认为，外语水平部分取决于母语的语言能力水平。所以，基于文化理解的外语教育模式要求首先学好母语，并深入理解本民族文化的模式。

其次，从教育目标来说，我们不是为了培养外国公民，而是为了培养为中华民族振兴、人类发展需要的未来人才。这就意味着，我们需要的是具有跨文化交流能力的、具有民族情怀的世界公民。所以，在这种外语教育模式中，我们要求学生具有较高的本民族语言修养。这样做并不会让我们的学生排斥外国文化。上面提到的思想库理论也认为，尽管两种语言与文化在大脑中保持各自的特征，但两种语言与文化会共同促进学生大脑思想库的成长发育，其中母语的高度更是决定了外语学习的水平。

（2）基于文化理解的外语教育并不排斥学好外语语言本身，相反，良好的外语语言基础是推动实现基于文化理解的外语教育的最好的基础。

首先，语言本身是文化最重要的内涵之一，也是人类情感、生活方式、思想、信仰等的外在表现方式之一。故学好语言，本身就是对代表这种语言文化的一种理解，同时，通过语言可对这种文化模式有一个表象的认识。

其次，语言是文化的表现方式之一，故语言的意义也是由文化所决定的。同时，语言对所对应的文化发展也会起促进作用。

最后，由于语言的上述两种性质，故学好语言对了解、理解其对应的文化内涵可以起到事半功倍的作用。

所以，基于文化理解的中学外语教育，不仅重视外语的语言功能教学，更重视外语教育的育人功能。

（3）基于文化理解的外语教育，不是单向地去了解、理解、包容外国文化。从上面对文化理解的概念论述中可以看到，对一种他文化的理解不仅要融入对方的文化模式，更重要的是通过交流实现相互了解而非单向了解，并实现相互尊重条件下的价值认同。故在进行基于文化理解的外语教育时，我们可以根据不同学生的价值认知水平，开展不一样的教育方式，切不可一刀切！同样，我们在开展这种方式的教育实践时，让学生开展不同文化模式间的充分交流是必须的。我们从思想库理论得到启示，对外国文化的理解也会促进学生对本民族文化的理解，同时会让学生融合两种文化的优势，成为优秀的跨文化人才。

（4）这里我们要特别提出的是，基于文化理解的中学外语教育是否成功，其重要标志是学生能否在掌握外语语言交流功能的同时，了解更多语言背后的文化。但这不是全部，甚至不是最重要的，最重要的是学生能否在这样的教育过程中，基于自己的民族文化，了解、理解、包容外国文化，最终形成自己正确的价值观与行为方式。

第三节　现代外国语中学的外语教育的模式与策略
——LAC 教学模式

LAC（Language Across the Curriculum）教学模式，通常被译

为"跨学科语言教学"模式，其理念是将语言教学贯穿在整个课程体系中，而不再仅仅局限于外语学科教学本身；CLIL（Content and Language Integrated Learning）模式，即"内容与语言整合性学习模式"，其理念是语言学习不应该是孤立进行的，而应该与其承载的内容融为一体，即语言学习不能脱离语境和内容，语言学习绝不仅仅是单词和语法的记忆和操练，更多的是基于不同语境对内容的理解、掌握和运用。

LAC/CLIL 模式最初流行于 20 世纪 70 年代的英国学校，面向全体以英语为母语的学生，并很快在许多以英语为母语的国家展开。20 世纪 90 年代以来，CLIL 模式作为一种同时关注课程内容与语言内容的教与学的教育手段在欧洲开始实践，并吸引了教育领域的许多研究学者、教师、教育工作者及教学管理者，特别是将英语语言作为外语/第二外语/附加语言的国家与地区，受到了全世界许多国家与地区的认可。正如我们学好语文并不仅仅是为了提高语文学科的成绩，也是为了更好地运用语文知识与能力学好其他所有学科，更好地在学习、工作等社会领域发挥自己的才能。英语作为工具性语言，意在发展学生语言能力的同时，也能为理解不同的课程知识提供帮助。LAC/CLIL 模式在课堂教学中的有效使用，能让学习课程内容与操练语言能力这两个教学活动目标产生关联，达成有效平衡。

在国内多年以来的外语教学实践中，始终将培养学生"听、说、读、写、译"等各方面的语言能力作为不断强化的目标，更多地强调对词汇和语法规则的掌握；而在外语使用的实际情境中，外语作为语言本身只是内容的载体和人们进行沟通交流的工具，会涉及政治、经济、人文、科学、社会等各个不同的领域，每个领域都有各自的专业术语和表达方式，只有语言技能而缺乏广泛的学科知识背景和对不同文化的理解，远不足以满足当前国际化背景下的跨文化交际需求。因此，外语教学必须从过去的关注学科知识和技能，转向关注培养学生的综合语言运用能力，从关注语言教学本身，转向跨学科知识与语言内容本身的融合。

上闵外引进 LAC/CLIL 教学模式，借鉴其教学理念，从课程设计到教学环节，从教学环节到评价反馈，再到课外活动的设计，都注重培养学生全方位的知识结构，在语言教学中贯穿跨学科知识，在多元化课程内容中渗透语言内涵。在学校的整体课程架构上，我们关注外语与其他学科学习内容的融合，开设了以英语为教学语言的世界文化课程、戏剧课程、STEAM 课程等，让学生更为广泛地接触不同领域的英语语言，在理解、掌握了学科知识的同时也理解、掌握并能够熟练地运用该学科专业、地道的英语语言表达。

在外语课程的设置上，我们着重关注学生对不同领域的外语语言体验和实践，开设了大量的英语报刊阅读、英语新闻听读、英语经典与当代文学作品阅读、美剧赏析、英语歌曲赏与学、科普英语等课程，阅读内容涵盖人文、历史、科学、时事、社会生活等各个方面，让学生大量接触来自不同国家不同领域、不同语言难度的英语语言素材，让学生在首先理解语言的基础上，通过编辑、撰写阅读摘记、读后感／观后感、制作好书推荐海报、进行 5 分钟演讲等方式，让学生将自己理解、内化后的语言输出出来，从而更好地掌握这门语言。

一、系统而扎实的外语课堂教学

（1）推行外语"沉浸式"教学理念，外语课堂教学采用全外语授课是基本要求；积极创造条件在合适的学科中推进双语教学的实施，为学生创造更多使用外语的环境与机会。

（2）外语课堂教学中遵循"听说领先，读写跟上"的原则，注意训练学生语音、语调，积极推进"情景教学法""交际法教学法"等先进的教学理念与方法，全面进行英语听、说、读、写技能的综合训练，提升学生的外语运用能力，凸显外国语中学外语技能要求。

（3）打造基于文化理解的外语课堂，在语言教学中渗透文化知识的普及和跨文化理念与意识培养，培养正确的文化品格；提升文化辨析能力，培养批判性思维能力。

（4）课前 5 分钟演讲成为日常外语课堂教学的必备环节，培养学生自主探索、自主学习的能力。

英语课前演讲，指的是讲课前几分钟交由各学生个人或团队围绕着某一话题进行一个事先准备充分的英语演讲，要求学生的演讲过程必须用全英语进行，鼓励学生使用多媒体（PPT、视频、音频）进行辅助。我们坚持进行英语课前演讲的目的和意义在于：

① 激发学生的学习兴趣，让学生"走近课堂"。

课前演讲是一次展示自我的机会，而且可以让学生在教师的指导下选择自己感兴趣的话题，让学生充分体会到了作为演讲者的快乐。因此随着时间的推移，学生越来越愿意参与其中，体会其中的成就感与满足感。

需注意的是，固定的演讲形式难以带给学生长久的新鲜感，且会让学生产生厌烦情绪，从而直接导致学生参与课前演讲的积极性降低。为了保证英语课前演讲的实际效果，教师需要鼓励学生借鉴一些优秀的课前演讲形式，不断推陈出新，让学生对课前演讲保持新鲜感，从而拥有参与课前演讲的内在驱动力。

② 体现学生在课堂中的主体地位，让学生"走进课堂"。

课前演讲的时间完全交由给学生，在整个演讲中，学生是课堂的主人，充分体现了他们的主体地位。老师也要适时鼓励学生敢于开口，帮助学生克服口语表达的困难。与此同时，台下的学生聆听者也需要仔细聆听，因为稍不留神，他们就可能会忽视演讲中的某些细节，从而无法在之后的评价环节中做出准确客观的评价。由此看来，课前演讲不仅需要演讲者的思维创新，也锻炼了听者思维的逻辑性与批判性。

③ 将书本知识运用到实践中，提高学生英语口头表达能力，让学生"走浸课堂"。

在课前演讲中，话题的选择十分灵活多变，教师若能指导学生选择一些与课本主题相关的话题，就能让学生从不同角度了解这一话题，也能激发学生对同一话题的更深层次的理解。例如高三一篇试卷中的完形填空介绍了三种时下较为新潮的职业，于是教师鼓励学生利用课前演讲介绍多几个新兴职业。学生以 An introduction to three hot occupations 为题介绍了 hotel sleep tester（酒店试睡员），babysitter（育儿嫂），drone trainer（无人机训练师）三种职业，既锻炼了演讲者的语言能力，又拓宽了听众的知识面，一举两得。

教师在进行英语课堂教学之前，组织学生进行课前演讲，不但营造了良好的英语语言环境，为学生创造了锻炼口语的机会，而且活跃了学生的思维，使学生在良好的心理状态下参与接下来的学习活动，既能提高学生的英语口语表达水平，也可以提高学生英语综合能力发展，其优点毋庸置疑。然而教师在起始年级推进课前演讲活动时往往会面临以下困难：

① 学生词汇量的匮乏。这种状况主要会导致以下两个问题：一是演讲者无法用较为准确的语言进行描述，语言生硬；二是演讲者无法将网上查阅到的资料进行内化，转化成自己的语言，只会原搬照抄，使得演讲语言过于书面化，难以让听众听懂。

② 学生自信心的不足。自信不足的演讲者往往在演讲时无法与观众进行有效互动，包括有效的眼神交流、正确的身体语言等。与此同时，由于自信不足，他们的演讲声音往往较轻，无法让所有同学听清，而这种情况往往与演讲准备的不充分有关。

③ 学生知识面狭窄。这种情况主要会导致学生在进行话题选择时较为局限，只能够关注到以个人为重点的话题，而无法延伸到当下社会中的共性话题。

④ 多媒体使用不当。大部分学生都会选择 PPT 进行辅助演讲，而真正能做好一份精美 PPT 的人少之又少。背景过于花哨，字体过小，布局不合理，图片选择不恰当等都是 PPT 制作中最为常见的问题。

针对以上问题，教师在组织课前演讲活动时应关注以下要点：

① 精心设计、选择课前演讲主题，丰富学生演讲展现形式。

一个让学生感兴趣的话题往往是一个演讲成败的关键。因此，如何选题十分关键。通常在新高一进行第一轮演讲时，教师会给予学生一些与他们生活息息相关的话题选择，例如 my hobby, my best friend, my favorite movie/book, my high school life, a person I admire 等，这些看似固定实则开放的主题可以让每一个学生都有话可说。而在第二轮演讲时，教师会把更多的选择权交给学生，即给他们一个与课文相关的主题（例如 animal protection, transport, environmental protection），具体的话题选择由学生自己做主。在前两轮话题选择的基础上，学生已对如何选择话题有了一个基本概念，此时教师会鼓励学生多关注一些当下较为热门的社会现象，例如 Sharing Economy（共享经济）、Trade War（贸易战），Phubbing（低头族）等，以此为基础自选话题。

而在演讲形式上，老师鼓励学生选择多媒体进行辅助，一份制作精良的 PPT 不仅能够将演讲者所想表达的关键信息清晰呈现，而且能帮助观众更好地抓住演讲者的大意，在最短的时间内听懂演讲。与此同时，与主题相关的音频、视频有时也能为这段演讲锦上添花。而有些同学在演讲过程中专门设计的 Q&A 环节也能为整个演讲过程增加不少趣味互动。

② 关注课前演讲过程，指导学生口语表达技巧。

英语口语表达技巧的提高需要学生具备扎实的英语语言知识，包括准确的语音语调、正确的语法结构、丰富的词汇句式、灵活的现场应变能力。尽管高中生具备了一定的英语基础，但整体来看，高中生英语口语表达能力仍然较弱。鉴于此，在组织学生进行课前英语演讲时，教师不能只为学生提供平台和机会，还需要密切关注学生的演讲表现，及时发现演讲中存在的问题，包括单词发音不够准确、句子语法结构混乱等，有意识地教授学生一些切实有效的英语口语表达技巧，从而提升学生的英语口语表达能力。

③ 建立合理的评价机制，帮助学生得到及时反馈。

英语课前演讲虽然是课堂教学中的一个热身活动，但其对学生口语训练和创设课堂学习环境的积极作用不容忽视。在学生完成课前英语演讲活动之前，教师可将"英语课前演讲评价量表"发给同学，事先明确演讲的评价标准。在课堂演讲结束之后，可以参照量表请每位同学进行"生生互评"，要求学生对演讲者进行及时客观的评分。与此同时，教师也应给予学生及时与准确的反馈意见，完成"师生评价"，让学生了解自己的演讲表现，认识到自己的不足之处，明确今后努力改进的方向。需要注意的是，教师在点评学生课前演讲时，需要以鼓励为主，不断增强学生的兴趣和信心，注重良好口语表达习惯的培养。

表 7-1　课前演讲评价表（Evaluation Sheet for Presentation）

Items	Requirements	Score
Topic (20%)	The topic is well chosen, appropriate and thought-provoking.	
Content depth (20%)	The presentation is factual and informative. Major points are delivered clearly and concisely so that listeners can gain insights from it.	
Structure (20%)	The presentation is well organized, logical and clear.	
Language skills (20%)	The speaker is confident, eloquent with an accurate pronunciation and well-structured sentence patterns. The presentation is paced for audience understanding. It is NOT reading of a paper. Words are well chosen for their precise meaning.	

对学生来说，通过这样"演讲—点评反馈—学习改进—再次演讲"的一轮轮练习、体验，前面提到的四个问题都会逐步得到改善，学生无论在口语表达、眼界拓展还是自信心提升方面均会不断进步，提升对英语学习的兴趣和主动性，促进英语能力的提升，形成英语学习的良性循环。

二、遵循第二语言习得"输入—输出"理论，课内外结合，加大学生语言输入量，为学生搭建语言实践和展示自我的平台

（一）将英语报刊阅读引入课堂

英语报刊作为一种源于生活的课程资源，具有信息量大、时代感强、语言地道、题材丰富、贴近生活等特点，选择适合中学生不同学段阅读的英文报，在内容上还能做到和教材内容的话题相一致，是教材的有效补充和拓展。推动学生进行英语报刊阅读，对于扩大学生词汇量、开拓视野、促进阅读速度、提升理解能力、激发思维品质都大有帮助，是真正培养学生英语核心素养的有效途径。上闵外英语教师通过以下方法和途径，指导学生进行有效的英语报刊阅读。案例来自

上闵外初中英语教研组长周秀丽老师。

指导学生养成摘抄的习惯，培养学生自主阅读的能力。摘抄包括：①对于生词以及难以理解的句子，这些词一部分有文末注释，另一部分需要借助词典自己解决，寻找并判断最符合句意的那个意思。②对于文章中一些生动描述的语段和精彩的评论在阅读过程中有目的地进行标记，然后进行摘抄、记录。③对于自己感兴趣的实事新闻适当进行点评，谈谈自己的看法。

做好摘抄可以达成以下目标：

首先，这是一个加强记忆的手段。当学生把生动的文字用笔写一遍的时候，对于这些文字的记忆比单纯看过或者读过一遍肯定印象要深很多。其次，学生在摘抄的过程中潜移默化地学到了一些字词句的运用，懂得了如何规范地道地表达句子，从而会把这种表达自然地迁移到自己的写作中去，有效提高语言基本功和写作能力。最后，对于新闻每个人读后会有不一样的感受，新闻只是陈述事实，但是读者的观点各不相同，让他们写下自己的感想是一种很好的激发学生思维的方式。

养成摘抄的习惯，也是让学生明白，在课堂中学习的知识是有限的，无数的新知识都是靠课外在日常生活中自学所得，从而鼓励学生养成课外阅读的意识和习惯。

（1）课堂分享，激发思维，养成互动学习的习惯。

报刊阅读作为英语教学的辅助手段，和平时的精读课文授课模式有所区别。如何使一周一节的报纸分享课发挥它最大的效能，既能检测学生阅读质量，又能摆脱枯燥，让学生积极参与其中，同样需要老师的精心设计。秉承以学生为主体的原则，为充分发挥学生的主观能动性，以下为学校的实践案例。

a. 每周一期的报纸由 3 个小组（总共 6 组，隔周轮流）来进行新闻分享活动。

b. 每个小组分享一则新闻，包括"新闻陈述（报纸内容）+新闻关键词/新闻相关链接（补充内容）+学生问答互动+老师提问"4 个环节。

c. 每个环节设置评分，最后决出冠亚季军小组。

表 7-2　SSP 报纸分享活动学生评价指南

评价环节				
内容陈述	● 能完整清晰陈述新闻或文本内容 ● 能用正确语音语调流利表达 ● 能脱稿陈述内容	● 能有逻辑、有条理地整合新闻内容	● 能发现文本背后的文化因素	● 能自主获取与文本有关的背景知识 ● 小组合作，合理分工完成 PPT 的准备与制作 ● PPT 简洁精美，文字大小合适
词汇解释	● 能用简洁清晰的语言解释一些关键的新闻词汇（3-4 个重点词汇，一词一分）	● 能灵活运用肢体语言、简笔画等多种方式解释词汇	● 能解释词汇背后的文化内涵	● 能利用工具书寻找与文章意思匹配的词意释义
互动问答	● 能就陈述的新闻内容设置合理问题与观众互动，检验观众是否认真听讲和理解	● 能就报纸内容提出有逻辑、有思维含量的问题	● 能挖掘语篇中的文化信息进行问答 ● 能在问答中解释文化现象	● 小组配合默契、互帮互助
自由答辩	● 能针对老师的提问大胆陈述自己的观点，表达情感态度	● 能多角度、辩证地看待事物和分析问题	● 有正确的价值观和积极向上的情感态度；回答中表现出自信自强的良好品格	● 能合理把控时间，在规定时间内完成演讲答辩
评价分值得分说明	根据评价标准进行小组互评，做到一条就得 1 分。			

注：1. 4-6 人一组。2. 每组挑选该报纸的某一个语篇进行分享。3. 组员进行任务分配。4. 限时 13 分钟。

d. 制定小组评比积分表，使每个环节清晰明了，学生明确要做什么、怎么做。

纵观四个环节，在难度上对学生的挑战是由易到难。第一环节：新闻陈述，学生只要认真看过这篇新闻，能够借助画面（PPT）把新闻内容复述一遍即可。主要考查学生对这则新闻的了解程度。第二环节：新闻关键词。一则新闻当中总有 3—5 个关键词让我们更能读懂新闻。学生需要先自学，再教授给同学，同时可再展示几个句子来运用这些词汇。在这个环节中，学生还会分享一些与此条新闻相关的背后故事或其他一些信息。那么学生就需要借助网络等手段去查找，然后再选择并呈现，这锻炼了学生收集整理信息的能力。第三环节，学生互动问答。在这个环节中，听众同学要针对新闻陈述的内容或者补充的信息进行提问，这既要求分享的小组非常熟悉这则新闻，也要求所有的听众同学对这则新闻有自己的思考，才能问出问题来，而提问和回答都是不能拿着报纸的。最后一个环节是老师设置一个开放式话题，让整个小组进行思考，而每一个小组成员必须发表自己的见解。这个环节其实对于初中的孩子是很有挑战性的。因为他们需要在有限的时间内去整理自己的思路，并且用自己的语言表达出来，这对于孩子口头能力的表达是一种锻炼，也是一个挑战。

比如，某个小组分享了这样一条新闻"武汉出现了共享化妆间"：

A new trend (风潮) of "shared make-up rooms" aimed at women is causing debate in China. Some think they are an affordable way to get to use expensive make-up, while others are not willing to share a lipstick (口红) with a stranger. 对于这一新兴的事物，学生既表达了好奇，也有迷惑。

老师提出的开放性问题是这样的：① Do you think it is a good or bad idea to offer "shared make-up rooms", why?（你认为共享化妆间的想法是一个好主意还是坏主意？为什么？）② If there is something you can share in your class, what do you suggest being shared?（如果有什么东西你可以在班级里分享使用，你觉得什么东西可以被分享？）

这两个问题既激发了学生对新闻事件的思考，也让他们思考和自己的班级生活相关的事情，让他们有话可讲。事实上，学生虽然只有几分钟思考讨论的时间，他们给出了很多精彩的回答：有一些同学持同意态度，他们认为现代女性注重自己的形象，有时候参加 Party、重要会议需要有一定的妆容、打扮，有时都市女性因为工作繁忙而忘记带某些化妆品，有这样的共享化妆间带来很多的便利。持不同意态度的同学认为，共享化妆品往往因为用的人多而杂，导致不干净，卫生问题堪忧。双方都很有道理。第 2 个问题，学生认为 books（书）、tissue（纸巾）、dictionary（词典）、a public pencil box（有各种文具的公共笔盒）都是可以分享的东西。

当学生的思维被激发了，他们常常可以给予老师一些意想不到的东西，而老师需要做的就是在课前也要好好读报，去设置一些有意义的、值得让他们探讨且有话可讲的话题，这样既能锻炼学生的口语表达能力，又能提升其思维品质，这也正是培养核心素养的切实体现。

（2）与教材挂钩，研究灵活且有效的报刊阅读检测题型。

课堂上报纸新闻分享注重的是学生的思维能力、口头表达能力、小组合作能力的培养，落实到笔头上的检测也是必不可少的。毕竟学生要参加中考、高考，阅读的大比分占比是不容忽视的事实。除了理解还有很多答题的技巧和规范性需要培养和落实。既然报纸篇章的阅读难度高于教材文本的内容，老师在命题的题型上也更要体现灵活性和多样性，从而形成具有校本特色的题型模式。比如以下这些：

- 对比分析题型

对于学生在教材里面出现的话题，报纸上常常会有相关话题的文章出现。此时可以让学生将教材文本和报刊文本进行对比分析，从语言知识、写作手法等角度进行类比。如谈到人与环境这一话题，牛津教材 6BU9 中以说明文的形式介绍了海洋中的生物及对水资源、对人类的重要性。而相应的报刊阅读中有一篇也是关于这一话题的文章，是一个岛屿上的国家——塞舌尔。他们的总统在海洋之下的一篇讲话，告诉人们海洋生物受到的伤害，敦促人们保护海洋的紧迫性。两篇文章体裁不一样，在陈述方式上肯定不一样，而知识上既有相关又有不同。教师通过设计对比表格，让学生能更直观地理解分析两篇文章的阐述内容和角度，从而很好地检测学生对文本的理解程度。

- 常识检测题型

在报刊中常常有一些缩写名称，有些是一些组织机构的缩写，这些名称是需要了解的常识，学生以后会在各种媒体看到听到，这就需要学生平时积累，常识检测题型可以是这样的：

Translate the following terms into Chinese. (Note: the complete form is REQUIRED if the term is an abbreviation)

BBC _____

UNESCO _____

WTO _____

CEO _____

FIFA _____

- 改写新闻标题

把新闻标题改成完整的句子。或者让学生根据新闻内容，自己重新改写一个比较吸引人的标题。这是对学生批判性思维培养的一种尝试。

① From Pop Culture to Peep Culture

_____

② "Hair Loss" a Buzzword Among Young Chinese

_____

③ Think "Inside" the Boxes

_____

- 缩写（概要写作）

把文本内容缩写成一篇 60 字左右的即时新闻报道，必须涵盖新闻的基本要素，时间、地点、事件、背景等。

推广英语报刊阅读活动之后，经过我们的对比研究发现，学生的阅读速度明显加快，阅读方法和技巧的运用也日趋合理，学生的阅读理解能力不断增强。报纸上一些不同领域的术语及固定表达，可以作为学生课本词汇的有效补充，极大地丰富了学生的英语知识，拓宽了学生的视野，学生英语实际运用能力也日渐提高。在市级英语阅读竞赛中，学生获奖比例相当高。初始年级的学生受到词汇量的限制，会觉得读报是一件相当困难的事情，但在老师的正确引导下，就会慢慢树立信心，跟上节奏。学生们普遍认为阅读报纸是学习英语的良师益友。

（二）开展国际文化节，让学生进入其中体验语言背后的文化，并成为其文化的一部分，从而深刻理解语言背后的文化

学校设立了为期一个月的国际文化节，时间是每年 11 月到 12 月，原因一是这个时间段是我国学生传统的辞旧迎新活动开展期；原因二是这期间有感恩节、圣诞节等西方著名的节日活动，两种文化容易融合。在这场长达一个月的大型主题活动中，学生通过外语影视剧配音比赛、外国风情秀、中西方的课本剧展演、各国文化展示活动、国内外学生联欢等活动，打开国际视野，感受多元文化的碰撞与融合，在各类活动中培养学生对多元文化的尊重、认可、适应并进而对之评价。具体做法是：

首先，在具体文化内容布置中初探多元文化。在国际文化节开展前期，围绕本届国际文化节的主题，各班将抽取各自负责的代表国家，并根据代表国家的特色文化进行班级文化布置，在此过程中引导学生了解代表国家的文化习俗，对各国文化形成初步了解。该国的国旗、知名人士、著名作品、特色运动、特色美食……多元的文化在方寸间的教室中绽放，同学们在布置的过程中，也对该国的文化有了基本的认识。

其次，在文化特色展示中演绎多元文化。

精美的服装、特色的舞蹈、恰当的解说，每届国际文化节的风情秀现场都充满着浓浓的异国风味。各国的文化不单单是教室里平面的展示，在舞台上，表演者们生动演绎着不同国家的风土人情，带来了一场场充满风情的视听盛宴。游园会上的各个摊位就像是各个国家特色文化的窗口，校园俨然成了一场小型的世博会。在这些丰富多彩的展示活动中，同学们对各国文化有了更具象、更生动的认识和了解，逐步认可、尊重多元文化的存在。

再次，在语言应用中融合多元文化。

语言是通往文化核心的一把钥匙。作为外国语特色学校的学生，比起学好一门外语，更重要的是学会在语言的使用中实现文化理解和思维提升。经典电影配音大赛就旨在引导学生在对优秀影视作品的再度演绎中加深文化理解，实现中西文化的融合。除了对经典外语影片的配音外，同学们还要选取优秀国内影视剧片段进行译制，如何将精简又蕴含深意的汉字翻译成平铺直叙的外文且不失原来的风味，着实是对学生文化融合能力的考验，短短 5 分钟的《甄嬛传》配音片段，背后是对本国文化特色的理解和对外国文化及语言习惯的了解。可以说，只有在尊重、理解的前提下，取其精华、去其糟粕才能实现多元文化的融合。

最后，在剧本编演中评价多元文化。

戏剧能让人产生思想的共鸣，情感的互通。课本剧就是把课文中叙事性的文章改编为戏剧形式，通过戏剧语言来表现人物性格特征，表达主题的艺术形式。把课文改编成英文戏剧，不仅是锻炼学生熟练应用外语的能力，同时也要求学生对作品表达的内涵有深刻的理解和认同。

（三）为学生创造机会零距离接触外国语言和艺术，在真实的生活情境中学习英语

1. 让英 / 美剧走进课堂

随着《普通高中英语课程标准（2017 年版 2020 年修订》）的完成，其中的关键词"学生发展核心素养"成了英语教育探讨的热点。其定义为学生学习外语的目的，不仅是学习到一项语言技能，同时应注重通过外语学习加深对外国文化的了解和借鉴，促进学生自身价值

观、人生观的发展和综合人文素质的提高。因此，研究美剧引入英语课堂对于促进文化差异理解的作用，不仅帮助学生的语言学习，更是希望通过先前的学习有利于他们参加各种海外游学活动。

首先，与只有文字的课本相比，美剧或者英剧更加生动和形象；其次，它们是英美国家人们生活工作等各个方面的缩影，能形象生动地体现社会生活的方方面面，是文化意识传播的一种重要途径。美（英）剧作为欧美西方影视方面的主力军，在全世界都有着多种传播途径。这些电视剧常常能展现欧美文化的各个层面，包括日常生活、工作状态、礼仪交际、宗教信仰、风土人情以及他们的价值观、人生观和社会观等。通过美剧可以感受中西文化的差异，包括体态、行为举止、生活方式及思维观点等方方面面。教师在英语课堂引入美剧，与时俱进，讨论时事，能够减少学生与教师之间的疏离感，加强教师与学生之间的情感交流，有利于教学效果的提高。

观看美剧前，教师应该提供事先准备的文化背景知识介绍，适当补充相关的阅读材料，同时批注语言难点、生词、专业词汇等，给学生布置相关的预习工作。另外，要确定本集学习的具体目标，列出明细。因为美剧毕竟是以故事为主线，视听结合，如果目标不明确的话，学生在课堂上的关注重心就在情节上，而非背后的文化意识，导致达不到预期的教学效果。

在美剧观看过程中，适当暂停并且穿插设计好的学习或者探讨任务。教师先挑选好适当和典型的剧集让学生集体观看，并在这期间根据剧集中的人物情节点，分析西方的语言习惯、生活习惯、社会习惯以及背后的各种文化意识。或者针对某个具体主人公的性格进行剖析，安排学生模仿剧集片段，讨论同样的人物设置在中文文化意识下所产生的可能结果。培养学生之间的观后讨论交流或者辨析是这个阶段的重点。

美剧欣赏讨论之后，教师要及时适当地布置笔头作业，以此巩固文化意识理解的输出。可布置学生针对剧中某些有争议的话题写出自己的看法，比较中西方同样题材的电视剧中同样事件的不同处理方法。或者针对某剧情的主题体现的中西方文化差异进行总结评论和反思。这些方式都可以有效提高学生的中外文化差异认识度和思辨能力。

以多种形式，对学生进行形成文化差异理解的检测和评价。例如，小组表演，是根据本节课已学内容，设置不同的情境，让学生表演出来，同时提醒学生要表现出不同文化的差异，并且鼓励在英语表演中使用已经学过的比较地道的美语表达。小组表演结束之后相互点评。

以美剧《摩登家庭》的教学为例。课例来自上闵外高中英语教师任梦云。

之所以选择这部剧，是因为：

第一，美剧《摩登家庭》篇幅短但语料丰富，每集时长多为20分钟，长度适中，能够合理安排时间并进行相关任务和活动。这部美剧源于美国日常家庭生活，语言丰富，表达地道，能够涵盖语言学习中语音、语调、语速、感情等几大要素，在老师适当的任务布置之后，学生能在观看情节的同时轻松获取这些语言输入，接近"语言习得"的状态。

第二，《摩登家庭》描述了三组家庭的故事，他们同时又构成一个美国中产阶级大家庭。摩登家庭中三组家庭的核心联系是克莱尔、米切尔和杰构成的亲子关系，同时克莱尔拥有一个丈夫菲尔及三个孩子——海莉、艾利克斯和卢克构成的五口之家；米切尔拥有一个与同性爱人卡梅隆及他们领养的越南女孩莉莉构成的三口之家；杰拥有一个与来自哥伦比亚的年轻貌美的妻子歌洛莉亚及她与前夫的孩子曼尼所组成的三口之家。这三组小家庭除了克莱尔的家庭是通常意义上的"普通家庭"外，杰和米切尔的小家庭都具有一定的特殊性，并且反映了美国家庭组成的一些文化层面的"特殊性"。

第三，这部剧的每一集都记录了三组典型美国家庭生活中的点点滴滴，以独特的视角讲述了他们之间复杂的日常生活和情感世界，反映出现代社会美国人的生活状态及家庭文化。《摩登家庭》里处处体现了民主平等，这种民主平等，不仅体现在同龄人之间、男女之间，更体现在老与少、长辈与晚辈之间。学生在比较中国的《家有儿女》

和美剧《摩登家庭》的时候，就能深刻体会中国家庭是受儒家教育思想浸润，家中的长幼尊卑是非常明显的，虽然《家有儿女》的关系也比较融洽，但更多的是家长的命令和孩子的执行命令。

第四，相互理解与支持贯穿于《摩登家庭》的剧情。该剧十分贴近现实生活，每个人都是优点与缺点并存的，都有可爱的和不愿为人知的一面。当某人的人性弱点暴露在其他人面前的时候，大家除了激烈或些许的责备，更多的是谅解、关怀与支持。曼尼在班级里总是不受欢迎，被孤立排斥，他的母亲歌洛莉亚总是想尽办法鼓励他。歌洛莉亚总是试图让儿子充满自信，用她的话说"我无条件支持曼尼，要让孩子们知道你信任他们，这是最要紧的，你要告诉他们有翅膀，他们就会相信自己会一飞冲天"。再比较《家有儿女》中，刘星是一个非常调皮、具有创造力的孩子，但是他妈妈刘梅在谈到去参加刘星的家长会的时候，回来表示"想找个地缝钻进去"。当然在比较这些现象的同时，学生也会进行更深层次的讨论，比如文化差异背后的原因，以及他们的看法。这种教育层面的差异是中美文化对比时经常被讨论的问题。美国的家长相较于中国的家长在与孩子的家庭关系上处理方式及角度的不同，也是教育观念及方式上的差异所导致的。

第五，《摩登家庭》融合了各种人物在不同情景下各种生活和境遇的可能性，很容易找到与阅读材料相关的内容，配合书本的学习。比如，谈到家庭中孩子的隐私问题，剧集中会充分展示普通美国家庭父母和子女间关于隐私问题的矛盾冲突和解决，在结合课本或者相关阅读文本来理解这个问题的时候，学生就更能充分理解和体会，同时学生也会分享他们家庭生活中类似问题的出现及其解决方式。

另外，与电影及其他多媒体资源相比，美剧更具有实效性。例如《摩登家庭》必定有与节日相关的内容，很容易向学生展示该节日的文化特征和习俗。学生可以在轻松的气氛中学习到与节日有关的文化知识。作为教师，我们一直在强调兴趣是最好的老师，强调我们的课堂要尝试寓教于乐。高中学生年龄在 14—18 岁左右，处在对新鲜文化、新鲜事物好奇的阶段，紧张而繁忙的学业压力，使得他们真正去体验英美文化的机会非常有限，而美剧能让学生最低成本地感受了解西方文化，抓住了学生的兴趣、充分利用好资源，就能更好地抓住学生学习和教师教育的机会。

在做好美剧《摩登家庭》的观看与对话的同时，外加适当相关题材的中文电视剧，相对比来观看，更能提高学生对文化差异的敏感度。在选用中国的《家有儿女》进行对比研究时我们发现，学生在掌握语言运用和熟知背后的文化差异之后，能够学会在跨文化交际中恰当得体地表达。

这样的实验进一步表明，语言学习的根本目的不仅是信息的交流，更多的是文化理解下的价值观的交流和融合。《摩登家庭》体现着鲜明的美国文化，是让学生在相对比较轻松的语言学习环境下，分析、理解该国社会文化的重要资源，对我们进行跨文化理解起到十分重要的作用。在语言学习的同时，理解语言背后的文化，并以客观的心态对其中蕴含的文化事项进行正确分析，取其精华，通过老师正确讲解和引导，以达到美剧对于高中生英语学习和文化差异理解的积极促进作用，最终达到我们对学生英语核心素养的培养。

2. 舞向未来，成就孩子们的舞蹈艺术之梦

作为一所外国语中学，上闵外的育人目标是培养"言有物而行有格、具有民族情怀和跨文化交流能力的优秀人才"，是培养一群具有美丽心灵、优雅气质的文化人。为了实现这一教育特色，我们设计了基于"文化理解"的教育模式，也就是说，通过学生洞悉知识与技能背后的中外文化，成为一名内外兼修的文化人，同时，我们希望，学习成为孩子们一生的习惯。

源自美国全美舞蹈协会（NDI）的舞向未来是一种热情奔放、放飞自由、充满青春活力的西方艺术形式，其核心教育理念是：让舞蹈与美成为学生生命的一部分。

上闵外的"舞向未来"项目学习借鉴全美舞蹈协会（NDI）"进校项目"经验，经过项目组的努力，形成了以舞蹈为体，将音乐、舞蹈、体育、美术等融合的中西合璧的课程体系。

在课程内容上，"舞向未来"坚持以中国文化为核心内容，与NDI 的舞蹈理念相结合，创编了具有校本特色和文化底蕴的舞蹈课程体系。项目组每年确定一个教学主题，如"四大发明""美丽中国·少年梦""多彩校园""梦想起跑线"等。在教学方法上，形成了"你先我后""少说多做""旋转教室"等教学方法，尊重和关注每一个学员的发展。

自建校以来，"舞向未来"项目就整体进入上闵外，成为所有学生的必修课。上闵外舞蹈课程的设计思想是"塔尖式培养＋塔基式普及"，目标是为国家培育具有美丽心灵、优雅气质的内外兼修优秀人才。

这门课程的目的在于：首先，挖掘艺术育人功能，提升学生整体的综合素质。通过独特的舞蹈教学提高少年儿童的艺术修养，激发他们的进取精神，逐渐提升他们的自信心与团队合作等能力。其次，在国际交流中取长补短，分享先进艺术教育成果。通过中美艺术教育交流，借鉴可取的教育理念与经验，促进本土教育实践的改革创新。

上闵外"舞向未来"项目通过如下的课程结构来完成我们的教育目标（图 7-13）：

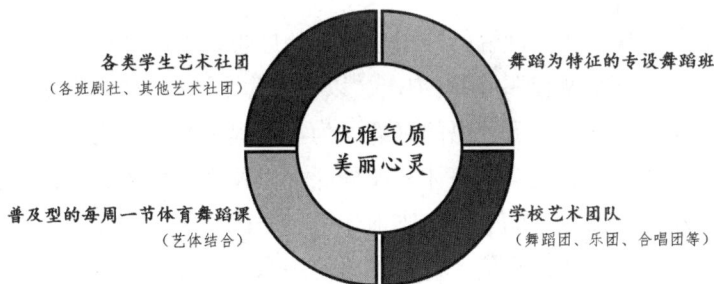

图 7-13　上闵外舞蹈课程结构图

舞向未来在上闵外取得了极大成功。

首先，舞向未来艺术教育是适合于所有学生的，受到了上闵外学生的欢迎，让上闵外充满活力，上闵外学子成长为具有优雅气质、美丽心灵的优秀学子。

2016 年春天，初创的上闵外初高中只有 125 位学生，便由 102 位学生组成了高中与初中三支舞蹈队参加比赛，并分别获得闵行区第 12 届学生艺术节舞蹈比赛的表演舞与集体舞的第一名，并代表闵行区参加了上海市的比赛，获得上海市二等奖。2017 年 4 月，上闵外 36 人的舞蹈团应邀到美国进行访问演出，学生们优雅的气质、文明的行为、好学的举止获得了接待学校师生的极大好评。几乎每一届高三毕业生中都有学生因为参加舞向未来艺术团并在中外舞台进行演出与访问的经历获得国际名校的青睐。

"舞向未来"也使上闵外的学生在各类艺术比赛中硕果累累。上闵外初、高中舞蹈团多次在闵行区学生艺术节、上海市学生艺术节获得一等奖，多个舞蹈节目在全国校园春晚进行展演并获得金奖。学校获全国艺术教育"最具影响力名校"称号，舞蹈团成员在由团中央举办的"一带一路文化小使者"评选活动中被评为文化小使者等。

"舞向未来"，让上闵外的教育充满青春活力，也让上闵外在教育国际化上迈出了可喜一步！

（四）组织短期海外留学，为学生提供深度体验式学习经历，在真实的环境中学习语言

根据"基于文化理解的外语教育"的思想，上闵外设计"海外短期留学文化体验课程"。课程突出"以学生为本""以体验为主"的理念，旨在提高学生学习外语的兴趣，为学生提供真实的语言环境与文化环境，使学生有机会亲身体验海外课程以及当地学生、居民的各项日常活动，并通过互动交流向当地学生、居民介绍中国文化，从而进一步提高学生的文化自信，提升外语使用水平；开拓眼界，体验多元文化生活，进而培养学生包容、理解的跨文化交际理念，增强学生跨文化交流沟通的能力，为培养复合型、应用型、涉外型的高级专门人才奠定坚实的基础。

学校与英国、加拿大、美国、澳大利亚等国家的优质学校结为姐妹学校，双方达成师生互访协议。学校每年组织部分同学赴海外姐

妹学校进行为期 2—3 周的短期留学，期间学生住在学校宿舍或当地居民家中。学生在姐妹学校中采取完全插班式学习，与当地学生结为"伙伴"，根据自己小伙伴的课表，与其一起全天候参与学校的课堂学习及社团活动。学生与当地学生混班上课，完全融入当地学生的课堂学习与课外社团活动，并利用周末时间参与社区活动或参观博物馆等。通过完全浸入式生活体验，帮助学生提高外语使用能力，充分了解当地文化及生活习俗，增强国际交往能力。

学生在短期留学期间需完成学习日记，记录学习过程及感受，并选择自己感兴趣的主题，通过访谈姐妹学校师生、当地居民，以及实地走访、参观等方式，对中、外学校和学生学习生活做简单对比，并以文字形式记录下来。

学校每学期组织游学感受分享会，邀请部分优秀学生进行游学经历及主题研究成果分享。学校带队老师和姐妹学校的接待老师及学生也会对学生在短期留学期间的表现进行评价。

为全面了解和评估学校课程及活动对培养学生跨文化沟通能力的作用和效果，学校针对全体学生进行了一次问卷调查。该问卷共分为五部分，包括跨文化沟通相关知识、跨文化互动情意倾向、跨文化互动时的自我胜任感、跨文化沟通行为表现能力和跨文化敏感度的呈现，其中就包括了"海外短期游学体验课程"的影响。调查结果显示，有过海外短期留学经历的学生，比起没有相关经历的学生，整体上具备了更好的跨文化交际能力。通过对部分参与短期留学课程的学生和教师的访谈，得出的结果也充分证实了这一点。部分访谈记录摘录如下：

英语周老师：我们的孩子和这里的寄宿生一样住在学校的宿舍里，每个孩子都被分配到一个 buddy（伙伴），每天同进同出，一起上学、放学、上课、吃饭、运动、联谊，24 小时全方位融入当地孩子的学习生活中。在整整 14 天的学习生活中，孩子们无时无刻不在体验着中西方课程的差异、课堂的差异、师生关系的差异、饮食的差异等，也在每天的体验中不断挑战自己。孩子们在和小伙伴的交流中，也感受到文化差异带来的思维碰撞。从一开始的胆怯、怕说错，到后来的和澳洲小伙伴的谈笑风生，不断克服语言上的障碍，树立自己说英语的自信心。在学习互动中，她们也不知不觉地向外国小朋友传递了中国的文化。通过这次游学实践，我深刻感受到规范的、有组织、精心策划的游学课程给孩子们带来的益处。游学绝不是享受，而是一种感受，是人生的体验；孩子们在国外亲身体验风土人情、接受异域文化氛围熏陶，也为他们增加些许生活的磨炼，提高独立自主能力；为孩子人生旅途上增添一笔无形的财富，增长阅历和见识、培养全球化角度的思维习惯；留给孩子一份终生难忘的记忆，充分感受人与自然和睦共处的无尽乐趣。

赵同学：这里采用走班制，这与中国是十分不同的，大家下课了就去各个教室。……在 Scots PGC，我不仅锻炼了口语，学到了许多知识，还了解了澳洲文化，交到了许多澳洲朋友。总之，这次的澳洲游学绝对不虚此行。

德语赵老师：在学术课上，学生们永远不会觉得时间过得太慢。在化学课上，学生穿起了实验白大褂，戴起了防护眼镜，意犹未尽地做了酸的实验；在艺术课上，在操场上，学生拿着白粉笔自由地创作，或者拿着废弃的材料，合作创作出一个魔幻的建筑；在数学课上，学生从汉诺塔玩具中推算出次方的运算规律；在生物课上，学生学习了消化系统，并模拟了食物在消化系统中的旅程；在电脑编程课上，学生在游戏中学习如何编程。课堂不再是一个个枯燥的知识点堆积，学生全身心参与其中，探索每门课中的奥秘。

……

可见，在短期留学课程中，学生获得的不仅是知识层面的收获，他们的主动学习能力和创新能力也得到了提高。学生在学习、生活中体验异域文化，并对本民族的文化进行比较、进行思考，在文化理解和跨文化交流中素养提升和幸福成长。

三、多元而精细的外语课程及教学评价

上闵外积极探索"以学生为本、基于过程的真实性评价"方案，

下移管理重心，激活微观主体，学校围绕《中国学生发展核心素养》具体要求，以培养学生人文底蕴、科学精神，引导学生明晰社会责任、勇于担当，发展学生实践能力、创新思维，帮助学生学会学习、健康生活为核心，以"三重"原则（即重基础、重过程、重能力）为抓手，以体现学生主体性为目标，将学生的核心素养培养落实于每一节课、每一个教学环节、每一次体验活动之中，全面提高学校教育教学活动效益。

对于课程实施效果的评估，由课程研究所、课程教学部于每学期末通过：①查阅课程资料、学生调研问卷、师生个别访谈等方式；②每学年举行一次上闵外"特色拓展／社团课程成果展示"活动，对于引进课程的实施效果及学生学习成果进行评估，并对于该课程是否继续采用、哪些方面需进行调整等提出管理建议。

对于学生的学习效果评估，基础型课程要求切实落实基于课程标准的教学与评价，加强评价的多维化、多元化操作，重视表现性评价。

（1）评价的多维化。一是对各类课程本身进行观察评价：在实施过程中分析评价课程目标的科学性和合理性，并及时作出必要的修改与调整。二是对学生的评价：不仅要关注学生对与课程有关信息的获取，更重视学生在知识、技能、合作能力、民族精神教育与生命教育等多方面的发展。三是对教师的评价：要关注教师在实施这一课程中的态度、水平和绩效的考核评价。

（2）评价的多元化。主要采用教师的评价、学生的自我评价、学生之间的互评相结合的评价体系。在具体操作过程中，一是加强学生的自我评价和互评，同时让家长也来参与课程评价活动；二是在学习活动的情景中评价学生，根据不同学生进行个性化评价；三是帮助学生学会自我评价。从学科育人的需要出发评价学生，促进学生的主动发展。

（3）课堂教学评价。以"教师课堂教学改进"为抓手，重点评价教师组织课堂教学的能力、学生参与学习的主动性、有效性和教学目标的达成。

（4）教学质量评价。一方面，建立学校、教研组（备课组）、教师三级评价管理机制，教务处重点实施教学质量的宏观监控、评价和反馈工作；教研组实施、管理、评价本组所任课程的教学过程和质量；教师围绕教学目标、学情制定课时要求，恰当处理教学内容，精心组织教学，精心设计练习，提高所任教班级的教学质量。另一方面，实施层级质量分析制度，其中，教师在每次测试后认真做好书面试卷分析及下一阶段的措施；教研组（备课组）在每次测试后，由教研组长（备课组长）负责召集本年级学科组会议，分析测试情况，商讨今后教学中的具体改进措施；分管教学领导、教务处每学期至少召开两次（期中、期末各一次）质量评价专题会议，分析全校教学情况及明确下一阶段的要求。

（5）练习的布置与作业的管理与评价。以学科教学目标和教学重点为切入点，要求教师精心设计分层练习，以教研组、备课组为单位组织编写校本练习集，以提高作业的有效性、选择性、层次性与针对性，以满足不同能力层次学生的需求。

教务处通过学生问卷和抽查等方式，合理控制教师的作业总量，提出作业辅导、批改、订正、反馈的相关要求和措施，制定重点作业的分层要求，提高作业的针对性和有效性。

（6）学生评价。评价以过程性目标和表现性目标为重点，强调学生在活动过程中自我体验、自我表现、建立自信；引导学生自我评价、同伴互评，评价以学生自我体验的记录为主，淡化考试评价的单一性，努力实践多元评价。

活动体验型课程评价重视学生学习的参与性、过程性、真实性和规范性，既注重学生的全程参与度，同时关注学生学习成果的质量，及在学习活动中的表现。

学校在外语学科推进"基于学科核心素养"的评价方案，探索建立了"基于外语学科核心素养"的学生评价体系。

上闵外的外语教育要求基于标准但高于外语课程标准，注重的不仅是工具性的语言训练，更重要的是人的基本素质培养。基于此，根据国家"中学生核心素养要求"及学校的发展特色与培养目标，上闵外制定了具有本校自身校本特色的"基于外语核心素养培养"的学生评价方案，以此引导学校外语教育教学改革，提升外语教育教学质量。

以下是上闵外"基于外语核心素养培养"的学生评价方案。

1. 学生外语学习能力与学习效果评价

以国家《课程标准》规定的内容为主，以校本特色课程为辅，把口语纳入学生最终的学科考试成绩，采用过程性评价与终结性评价相结合的方式，从听、说、读、写四方面全面评价学生的英语掌握水平和应用能力，从而挖掘学生英语学习潜能，进一步培养学生开口说英语的习惯，帮助学生提高语音语调，为学生最终能准确、流畅地用英语进行口头交际打下坚实基础。

本项目学期总评成绩满分为100分，分为平时成绩、期中考试成绩、期末考试成绩，比例分别为20%、40%、40%。如学生学期总评成绩不合格需进行补考。平时成绩由任课教师根据学生课堂表现、作业完成情况及随堂小测验表现给予评价。期中、期末为学校统一组织的考试，由外语学科各相关课程成绩按比例构成（表7-3）。

表7-3　期中、期末学习效果评价分值表

（总分为100分）

课程	统编英语	阅读探索	英语口语	二外选修	总计
分值比例	35%	40%	20%	5%	100

牛津英语试卷组卷满分为100分，其中需包含对5% SSP阅读的考查与5%对课外阅读效果的考查。

2. 学生国际理解力与跨文化沟通能力评价

以学期为单位进行评价，评价内容包括："西方文化"课程表现、参与校内外语类活动表现、参与各级外语类竞赛表现及海外游学表现。满分为100+20分，具体如表7-4所示：

表7-4 学生国际理解力与跨文化沟通能力评价表

序号	评价内容	分值比例	具体说明
1	多元文化课程	40%	学期总评满分为100分，其中平时课堂表现占20%，课堂presentation占30%，期末考查/研究报告占50%。
2	校内外语类活动	40%	共分四项活动： ① 外语小报评比：1—10分； ② 英语阅读摘记评比：1—10分； ③ "国际文化节"/上闵外"达人秀"：共20分； ④ 积极参与：5—10分； ⑤ 获奖：11—20分； ⑥ 积极参与其他文化交流类活动：额外加分2—5分。
3	校外外语类竞赛	20%	① 积极参与：4—8分； ② 三等奖：8—12分； ③ 二等奖：13—16分； ④ 一等奖：17—20分； ◆ 参加市级以上竞赛获奖：额外加分5—10分。
◆ 4	海外短期留学体验课程	20%	◆ 此项为额外加分项，评价内容为： ① 学生海外游学期间的日常表现：总计10分，由带队教师及homestay家长进行评价； ② 在对方学校参与课堂学习的表现：总计10分，由对方学校进行评价。

基于日常评价结果，每学期期末形成完整的学生个人的"外语核心素养评价报告"，供教师、学生及家长了解学生外语能力及素养发展状况，以便于在下阶段学习中进行针对性调整。

3. 学生英语口语交流能力评价方案

在语言交际中，流畅而纯正的口语是体现英语学习品质的一个重要方面。为此，我们尝试突破以往考试评价方式的束缚，逐步改变仅以学科笔试分数作为考试成绩的测评体系。将学生的口语交流能力评价纳入学科评价体系，真正将英语的语用功能落到实处，体现出我校外语教育特色。学生口语交流能力评价采用过程性评价和终结性评价相结合的方式，平时成绩为日常早读及课堂发言表现情况，期中、期末分别组织统一口试。

各年级口试内容及评价标准如表 7-5 所示：

表 7-5　上闵外学生口语考试评分表

序号	题型及分值		评分标准	得分
1	Recitation（30分）	A（21—30分） B（11—20分） C（1—10分）	① 准确流利。每错一处扣1分（此项至多扣10分）；停顿、重复每处扣1分。 ② 语音语调，地道优美。每处错误扣1分。 ③ 内容准确。背诵流利、语音语调优美，问题较少的考生考虑给A档分数；背诵不全或者错误较多者，考虑给C档相应分数。	
2	Reading（20分）	A（16—20分） B（11—15分） C（6—10分） D（1—5分）	① 语音语调正确，朗读自然流利，且有节奏感。 ② 语音语调基本正确，且朗读还比较自然流利。 ③ 语音语调不够正确，朗读不够连贯，有一些错误。 ④ 语音语调较差，朗读不连贯，错误很多，影响意思表达。 ★ 单词发音错误，每错一处扣1分（此项至多扣5分）	
3	Quick Response（20分）	A（16—20分） B（11—15分） C（6—10分） D（1—5分）	① 共5题，每题4分，回答完全错误每题至多扣4分。 ② 语法错误扣1分。 ③ 回答反应时间过长每题扣1分。超过一定时间未答出扣4分。	
4	Free Talk（30分）	A（21—30分） B（11—20分） C（1—10分）	① 内容（10分）：审题明确，围绕主题表达。 ② 词汇资源（5分）：词汇使用错误每处扣一分，最多扣5分，有亮点词汇或短语，每处加一分，最多加两分。 ③ 流利度和连贯性（10分）：每处停顿（超过5s)，扣一分，最多扣10分。 ④ 语法的应用和准确度（5分）：语法错误每处扣一分，最多扣5分。	

第八章

基于文化理解的 LPRS 教师专业发展模式

教师专业发展研究是一个永恒的话题。中外关于教师专业发展的研究为数众多，并且随着时代演变不断赋予新的内涵、新的特征。教师专业发展往往伴随着哲学、心理学、脑科学、信息技术、IT 智能等时代元素与时俱进。基于知网强大的数据，以"教师专业发展"为主题及关键词做检索，可以发现，目前有关教师专业发展的研究，其关注领域主要集中于教师专业发展阶段的研究、模式研究、价值取向研究、适切性研究、内容研究、途径研究以及影响因素的研究等方面。还有大量的学科教师专业发展的研究，这已经是狭义上的教师学科专业发展的研究。

以上各领域研究成果颇多，对于教育政策制定者及行政管理者多有指导借鉴作用，但与此同时，这诸多的研究往往是行政视角、学者视角，过于理想化、理论化，最后易演变为从上而下推行的各种层面的教师培训。虽不乏有极好的培训政策、配套措施以及培训内容，但由于种种原因，许多一线教师最后并未受益于培训，教师专业发展也只是完成学分而已。

教师培训毫无疑问是教师专业成长的重要途径之一，但正如罗超《论教师培训的"高原现象"与应对策略》一文所说，自上而下的教师培训组织体系、培训内容学科化设计、培训课程的对象设置成"物"的接受、未形成教师个人培训组织的闭环系统等因素，都制约着教师借助教师培训获得专业上的发展。

一方面，自党的十八大以来，伴随着对教师专业性的认定，对新时代教师建设国家出台了不少法规政策。作为新时代教师队伍建设的纲领性文件，2018 年 1 月《中共中央、国务院关于全面深化新时代教师队伍建设改革的意见》将新时代教师队伍建设改革的目标确定为"培养造就党和人民满意的高素质专业化创新型教师队伍"。2019 年 2

月《中国教育现代化 2035》进一步明确提出，"建设高素质专业化创新型教师队伍"就是要"努力建设一支有理想信念、有道德情操、有扎实学识、有仁爱之心的教师队伍，更好地承担起传播知识、传播思想、传播真理，塑造灵魂、塑造生命、塑造新人的时代重任"。2022年 4 月，教育部等八部门关于印发的《新时代基础教育强师计划》明确提出要"加强高质量教师队伍建设"。另一方面，我们的教师专业发展还停留在传统的自上而下的培训意识之上，离教师队伍建设目标仍路途遥远。虽说也有教师学习共同体、教师专业发展研修坊、名师工作室等尝试，但也只限于少部分教师。

上海师范大学国际与比较教育研究院王洁、宁波的《什么因素在影响着教师的专业发展？》一文比较具有代表性，他们进行了"中国中小学教师专业发展测评"指标体系的研究。这项研究关注的内容包括教师专业发展状态、支持条件及其相互关系，其特点表现在三个方面：①评估范围不局限于"教学"场域中的教师表现，而是扩展到教师工作的"全景"，即学校中与同事一起共事的教师、走出学校和同行一起互动的教师。②评估维度涵盖专业表现和专业感受两个方面，重视两者之间的相互依存关系及影响因素。其中，专业表现侧重评估教师外在的行为方式，专业感受侧重评估教师内在的心理活动（情感、态度、价值观等）。③评估关注教师所获得的专业支持条件，包括教师的个人特质（人际交往能力、组织管理能力、学习与研究能力等）、家庭、学校、教育行政与当地经济文化环境等因素。这一测评非常接近教师的真实状态，为教师专业发展策略制定提供了更为具体真实的参照。就这些因素进行分析并加以积极利用，将有助于教师的专业发展。其中，该项目研究表明，学校氛围应该成为提高教师专业发展水平的重要手段。而学校氛围体现在学生、教师、学校治理、家长支持四个领域。该研究也表明，校长和家长是教师工作中的重要群体，后续研究应该特别关注这两个群体对于教师专业状态的影响。同时，教师的专业状态并非教师生命历程中的全部内容，他们的生活状态同样值得关注。

基于以上研究成果，上闵外从一所外国语中学的实际与师生的特征出发，从"文化理解"视阈提出"LPRS 教师专业发展模式"。"文化理解"侧重的是营造良好的上述所言的学校氛围、教研氛围，在这个特定的场域中放大、加强教师之间的正向激励作用，强化教师专业发展的内驱力，从而促进教师的发展，这与外国语中学所倡导的中外文化的融合思想是一致的。而"LPRS"（Learn-Practice-Reflect-Summarize）则是一种可操作可复制的专业发展模式，也符合人的认知规律，即在学习—实践—反思—总结的螺旋循环提升中实现教师的专业发展，其中也包含教师专业发展的具体内容、策略途径、检测评价等要素。

第一节　基于文化理解的 LPRS 教师专业发展模式的概念及理论

（一）文化理解与基于文化理解的教师专业发展

首先我们来看看教师专业发展的内涵。国内外关于"教师专业发展"内涵的研究可谓纷繁多样；研究者从各自研究视角提出了对其含义的认识与理解。

从国外相关研究来看，比较有代表性的定义有：①英国学者戴（C·Day）认为，教师专业发展包含教师从经验中学习及从有意识、有计划地直接或间接地作用于个人、小组和学校的有助于课堂教学质量提升的活动中获得的发展。利用该过程或与其他过程一起，使教师回顾、更新、增强他们作为教育变革的动因和对教学道德的目的投入；使教师批判性地发展知识、技能和情绪智力，促进他们在职业生涯的各个阶段进行有品质的专业思考和实践。②霍伊尔把教师专业发展界定为：它是在教学职业生涯的每一阶段，教师掌握良好专业实践所必备的知识与技能之过程。③佩里将教师专业发展视为一种成长，如增强信心、提高技能、对所任教学科知识的持续更新拓宽及深化、对自己在课堂上为何这样做的原因意识的强化。

就国内研究而言，有如下主要观点：①从教育学维度来看教师专业发展，其内涵是教师个体的、内在的专业化提升过程。从本质而论，教师专业发展就是教师不断学习新知识、提高专业能力以实现专业不断发展的过程。②叶澜等人认为，教师的专业发展可看作是教师专业成长或内在专业结构不断更新、演进及丰富的过程。③教师专业发展，又称作教师发展或教师专业成长，它既是教师须终身学习的过程，又是教师持续解决问题的过程，还是教师在职业上的理想、道德、情感、社会责任感等逐渐成熟、提升与不断创新的过程。④旨在促进在职教师专业成长的活动安排，均属于教师专业发展，它不仅包括各种正式的学习、培训活动，还包括各种非正式的、融入日常专业实践的有意识的学习、培训活动。⑤教师专业发展是指教师个体逐步达到、符合教师专业标准要求的一种历程，其内容涵盖了专业知识、专业技能、专业情意、专业自主、专业价值观、专业发展意识等。

综合上述研究，教师专业发展包括了两方面的内涵：一是强调过程性，即教师作为一名专业人员，在专业理念与师德、专业知识、专业能力等方面始终处于不断变化、完善的动态过程中；二是强调自主性，即教师作为一个教育教学的专业人员，要经历由不成熟到相对成熟的发展历程，是教师自主的发展过程，所有外在的培训等措施都是服务激发教师的自主发展，否则就是无效措施。

其次，从文化理解角度来看看我们外国语中学教师专业发展的特点。

我们提出的文化理解，首先认为我们每一个成年人均具有稳定的文化图式，这种稳定的文化图式主要来自其成长过程中经历过的人类的文化模式与他人的文化图式。其次我们认为，人的改变，本质上是其文化图式的改变，其文化图式在与其他个体的文化图式或社会的文化模式、知识结构图式及其背后的文化模式等接触碰撞交流时，个体不断改变自己已有的文化图式结构，以适应其他文化图式或文化模式，并形成新的个体文化图式的过程。这个过程就是我们提出的文化理解。

现代外国语中学的教师专业成长，为什么具有文化理解特征？基于文化理解的教师专业发展与传统的教师专业发展又有何不同？

对一所外国语中学来说，我们的教师来自世界各地，根据文化理解的理论，由于我们的教师来自不同的地方、生活在不同的文化模式中，其文化经历不同，因此我们的教师的文化图式是不同的。根据金·杨（Young Yun Kim）的文化"适应理论"，教师只有在文化适应的过程中不断改变自己已有的文化图式，才能使自己得到发展。

同时，我们认真研究一下当下"信息化＋AI"时代的特征，就会发现，教师原有的文化图式与其他人的文化图式、社会文化模式、未来社会等存在着巨大差异。因此，实现教师专业发展有效性的关键在于文化理解的过程。

从上面的论述中也可以看到，当下教师专业成长主要是由内而外的改变过程，即教师已有的文化图式在与先进的教师专业图式发生交流碰撞的过程中，首先改变的是其内在的教育价值观与对教育的情感等，然后引发其对应教育行为方式的改变，久而久之，这些行为成为教师的新的行为习惯，从而形成了新的教育文化图式，即教师实现了专业发展。当然，在这样的过程中，教师的这些新的行为习惯也会完善、丰富初始的那些教育价值观与情感。

由此可见，基于文化理解的教师专业发展，是由内而外的一种教师发展范式，对于成年人来说，是一种有效的教师专业发展路径。

根据上述论述，不难得出基于文化理解的教师专业发展范式有如下几个特点：

1. 基于文化理解的教师专业发展范式具有道德性

文化理解本质上是德行。德行者，道德品质与道德行为总称也。作为内心之德，文化理解以意识的形式存在，是以与他人交流的形式调节人们行为的内在力量。作为外在之行，文化理解意味着对他人的言行保持一种开放性、宽容性，或必要的"一致性"。特别是当教育者自觉深入了解教育对象或自身时，这种文化理解本身就是责任感，是职业道德水平高的表现。理解别人是责任感的表现，深入理解自身同样是责任感的表现。任何有社会责任感的人都在不断地发挥自己的潜力，尽力为社会作贡献，而这种发挥潜力的过程就是深入理解自己的过程。作为以立德树人为宗旨的老师，尤其会不断追求自我专业的发展提升，从而助力学生的成长。

2. 基于文化理解的教师专业发展范式具有感情性

文化理解不仅需要适宜的感情做基础，而且文化理解本身就是一种感情。其一，文化理解帮助人们消除彼此误解，使人与人之间的感情深厚起来。其二，文化理解特别是善解人意呈现给人们的得体言行，使人赏心悦目。而且文化理解的主体在理解并宽容别人时，自己内心也充满良好的情绪，从而有益于身心健康。其三，真正的相互理解与自我理解都是一种赏识与悦纳，都有助于教师在环境和谐和自我内心平衡的状态下自觉自发提升自我专业水平，从而实现教育教学的高效性。

3. 基于文化理解的教师专业发展范式具有创造性

如前所述，在绝对的意义上，文化理解是视域的相对突破融合，是人的文化图式的改变，也就是创造。

4. 基于文化理解的教师专业发展范式具有实践性

从文化理解的定义我们可以看到，文化理解既是心理活动，又是实践活动。无论师生之间的理解还是自我的理解，最终都要见诸实践行为。因为脱离实践活动，作为理解对象的人的具体真实变化的言与行就会极大地减少，他的整体文化道德修养与行为便难以把握，理解就会变得抽象、空洞和静止起来。可见，实践的理解才是真正的理解。换言之，心理上的或口头上的理解都处在非常有限的层面，不具有彻底性。因此，文化理解视域下的教师专业发展一定是在各种实践中实现的。正如"知行合一"一般，知是行之始，行是知之成。

总而言之，文化理解观是一种教育道德观、发展观、创造观与实践观，是关于理解者自身与理解对象的生命意义在认识、感情和行为上共同实现的过程。

二、LPRS 教师专业发展过程

LPRS 教师专业发展模式：LPRS 分别为 Learn、Practice、Reflect、Summarize 四个英文单词的首字母，它们是教师专业发展模式的四大要素。

- L——Learn（学习）

由美国"人是如何学习的：学习科学与实践"委员会发表的《人是如何学习的 Ⅱ：学习者、境脉与文化》报告指出："所有学习者都是在特定的文化背景中以特定的文化方式成长和学习的。尽管人类拥有基本相同的大脑结构和经验，如与家庭的关系、年龄的分段等，但所有这些都受到个体经验的影响。对于所有人而言，学习不会以相同的方式发生，因为文化影响从出生就开始产生，学习与文化相互交织。""每个学习者在其一生中会形成一个独特的知识和认知矩阵（Array of Knowledge and Cognitive Resources），这一矩阵是受到学习者的文化、社会、认知和生物的背景的相互影响而形成。"

终身学习在科技突飞猛进、信息大爆炸的当下已不是可选项，而是必选项了。不学习必将引发本领恐慌，必将加速进入被淘汰之列，也更无从教书育人。向书本学，向生活学，向同事学，向专家学者学，向学生学，皆有可学之处。学信息科技，学专业知识，学理论前沿，学教改精神。可学的东西很多，要明确目标，制定规划，选取当前迫切需要解决的问题入手逐个突破。

就在进行该项目研究的两三年间，伴随着新课标新课程新高考的全面推进，大单元、大概念、情境学习、任务驱动、项目式学习等各种新事物新概念不断涌现。跳出教育来看，以 ChatGPT 为代表的人工智能突飞猛进，也给教育带来了深远的影响，从知识本位向素养本位推进已经是刻不容缓。不学习，不仅不能给现在的学生以应对未来的素养，而且自己都将很快被甩在时代后面。

基于文化理解的学习，更为强调在特定的场域中以互补互助互利式开展学习。

- P——Practice（实践）

为何要学习？因为在实践中遇到困难。学习效果如何？要到实践中去检验。从实践中来，又回到实践中去，实践出真知。实践者是研究的主体，研究问题来自教师的实践，研究在实践中进行，边实践边研究，研究结果改进实践。

同时，之所以要实践，也是由教师专业发展的知识特性所决定，教师专业的知识更多是体验性的知识，只是掌握学科本体知识和教育理论，不足以成为一名合格的老师。同时，根据波兰尼的理论，教师也需要在实践中将默会知识明确化，提升专业发展。

- R——Reflect（反思）

反思是对自我实践过程的反省思考，其实质是将自我这一主体作为客体来研究，对主体在实践过程中所依赖的观念、所运行的思维方式、所采取的策略方式以及目标确定与达成等的全面思考。反思是实践沉淀的过程，是主体和主体之间、主体和客体之间相互作用的过程。这个阶段也就是著名教育心理学家皮亚杰提出的"同化"或"顺应"的过程，在教师的思维结构或认知图式中，在教育实践中，通过"同化"将外来的刺激或知识输入，顺利地融入已有的图式结构中，这是同化的过程。与之相反，如果外来的刺激或知识输入，和自身已有的图式结构相冲突，此时要么创造一个能够把刺激置于其中的新图式，要么改造现有的图式，使刺激能够符合于它，这就是顺应的两种形式。因此顺应其实是新图式的创造和旧图式的改造。当然，这两者都会导致已有图式的变化和发展，这种变化和发展便是教师的专业发展。

反思是有明确对象，并且指向问题的有效解决，促进下一步实践完善优化。陈向明在《实践—反思性行动研究的意涵和路径》一文中指出，"根据发生的时段，反思可以分为三种类型：行动前反思、行动中反思、行动后反思。"并进一步指出，"教师的反思通常发生在行动中，因为教育教学工作的复杂性和不确定性需要教师快速作出判断和行动。如果时间允许，教师也可以在行动前对自己的工作规划方式进行反思，行动后对导致行动后果的整体过程进行反思。"

　　除了从发生时段分类，也可以根据反思的内容加以具体分类，比如基于问题的反思、基于目标制定的反思、基于目标达成策略的反思、基于目标实现的反思、基于目标实现过程中问题的反思等。

　　离开反思的学习和实践往往是无意识的，是机械低效的。进行教学反思能够充分激发教师的教学积极性和创造性，有助于教师逐步培养和发展自己对教学实践的判断、思考和分析能力，从而为进一步深化自己的实践性知识，直至形成比较系统的教育教学理论提供有效的途径。教学反思有助于教师教育知识的优化重组，有助于沟通教育教学理论与教育教学实践，迅速提高教师专业水平。通过教学反思，教师可以发现教育教学中存在的问题，寻找解决问题的有效方法，对教育教学活动进行重新计划、检查、评价、控制和调节，从而提升教师教学监控能力。一般而言，反思的内容及流程形成以下闭环：遇到了什么问题—做何思考及行动—为何如此思考和行动—效果如何—如何检测评价效果—这表现了自己什么样的实践知识—这个知识是如何形成的。

- **S——Summarize（总结）**

　　总结是在反思的基础上，最终达到"同化"和"顺应"之后，皮亚杰所说的"平衡"的状态。按照理解教育和波兰尼的观点，将在教育实践中形成的默会知识升华为明确知识，因为来自默会知识的明确知识才能对教师未来的教育行为起到指导和引导的作用，有利于教师的专业向更高层次发展。但需要注意的是，"总结"不是教师专业发展的结束，而是一个阶段的节点。适时总结才能提炼经验，明确方向，规避问题，提升效率，才能让下一次学习、实践和反思不是停留在原处，而是不断螺旋上升，不断成长。

　　LPRS 四要素共同发力，助力教师在基于问题、解决问题中不断提升，共同构成 LPRS 教师专业发展模式。见图 8-1。

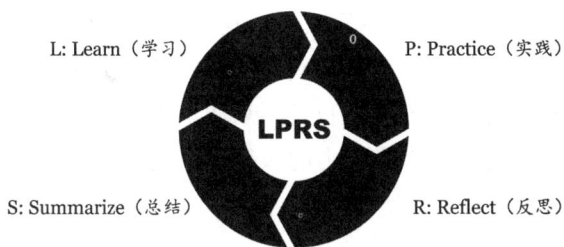

图 8-1　LPRS 教师专业发展模式

三、基于文化理解的 LPRS 教师专业发展范式

综合借鉴以上几方面的论述，我们给出以下定义：基于文化理解的 LPRS 教师专业发展模式就是借助教育行政部门、学校、个人所创设的一个个特定场域，通过内外因促使教师个体或教师群体在主动学习、实践、反思、总结这样一个循环螺旋上升式的过程中不断形成对教育教学新的个体文化理解图式，从而不断提升专业能力的一种发展模式。

文化理解是教师专业发展的一项重要前提因素，也是教师专业发展的目的之一。只有充分理解自己的既有文化图式，并以开放心态吸纳其他文化图式优势，教师专业发展才能由被动进入主动，由自发进入自觉。LPRS 则是教师专业发展的具体举措，也是教师成长的必经之路。当有文化理解加持，LPRS 的效果才能得到更为有效的发挥。

当今社会处于一个知识爆炸的时代，新的事物不断井喷式产生，旧有事物不断接受验证，要么成为经典，被不断赋新赋能，要么就如时代浪潮中的一朵浪花，很快因滞后而被淘汰、被彻底推翻。毫无疑问，科技所带来的种种变革都将在教育方面得以渗透体现，如以 ChatGPT 为代表的智能时代的到来对教育的冲击。教师的专业发展固有属性便是动态的、与时俱进的，这意味着教师在既往生活中所形成的文化图式与未来知识图式一定会发生碰撞和冲突。要解决这个问题，各种主体，如教育主管部门、学校管理团队以及教师本人要创设各种平台、各种条件鼓励教师或鼓励自我积极主动学习，充分地创造与想象，并使自己的文化图式与新的知识、新的文化环境不断进行理解、融合，这样才能不断发展自己，从而培养适合未来发展，具有正确价值观、必备品格和关键能力的未来建设人才。

第二节　基于文化理解的 LPRS 教师专业发展模式的实践策略

一、以课例研究为载体的"三反思二实践"策略

文化理解视域下的 LPRS 教师专业成长模式告诉我们：只有让教师在特定的文化场域中通过教育教学实践中的学习、实践、反思才可能真正促进教师的专业发展。而教师最熟悉与亲近的实践是课堂教学。为此，我们通过"以课例研究为载体的'三反思二实践'策略"来促进教师的专业成长。

（一）课例研究

教师专业知识更多的是体验性知识，是源自教育实践的专业知识。我们无法想象一个满腹经纶但没上过一天课的人是一位优秀的老师。促进教师专业成长最好的方式是研究、解剖一个个鲜活的课例，寻找成功与失败的原因，从个案中寻找教育的一般规律。

课例研究是以某一具体课为研究对象，以某一问题为中心，以教师自己为研究主体的一种教育实践研究形式。课例研究必须回答三个问题：这个课例做什么（就是进行教学预设）？怎么做（设计怎样的教学策略）？为什么这么做（进行教学反思）？课例研究的目的是探索教学规律，提高教学效率，促进学生成长。因此，课例研究不仅是对本课例的反思研究，还必须通过教师个人在反思讨论中做行为自省与调整跟进，这样才能让教师在理念与行为上同时提升。在这样的过程中，有专家的引领效果更好。

（二）以课例研究为载体的"三反思二实践"策略的主要步骤（图 8-2）

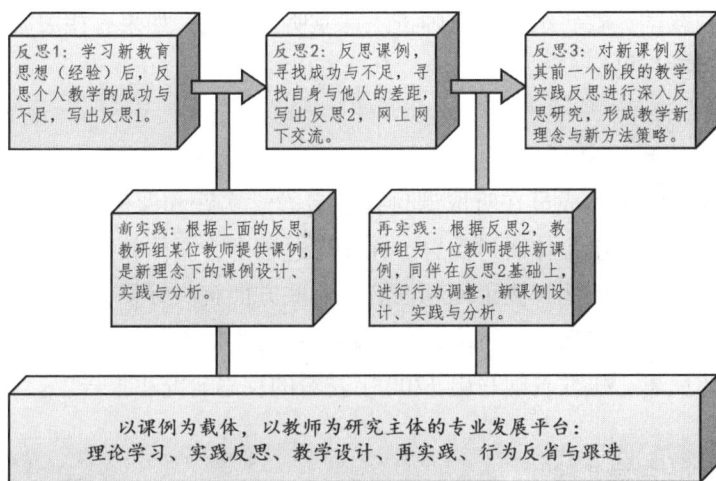

图 8-2　以课例研究为载体的"三反思二实践"策略

1. 第一次学习反思

教研组每一位教师学习相关先进的教育思想或教育经验，每一位教师反思个人已有教育经验及行为与学生发展需求、新教育思想或他人优秀教育经验间的差距，形成有针对性的具体教育想法，并写出个人的书面反思。

在此基础上，教研组组织集体学习反思活动，全体教师反思当前本学科的课堂教学情况，结合新的教育思想与教育经验，找出当前课堂教学中存在的主要问题，然后研究教材与教学，商量探讨，提出尝试用什么教学策略解决目前课堂教学的问题。在形成共识的基础上，确定教研组中的一位教师。该教师根据教研组集体反思的结果与自身的教育风格，选择相对应的教学内容，进行教学方案的设计，准备执教相应的具体课例。

2. 第一次教学实践

担任课例教学示范的教师根据集体"反思一"的结果，提出相关课例设计，教研组集体听取该教师的课堂教学（课例）设计思想，一起完善该课例教学设计，形成教案。在此基础上，该任课教师具体执行课例教学，教研组全体教师进入课堂听取课例，如果有相关教学专家一起参与更好。

3. 第二次反思学习

教研组全体成员在听取课例执教者教学实践和课例反思说明后，首先进行教研组集体研讨反思。在反思过程中，全体教师要回答好三个问题：这个课例解决了问题没有？哪些方面解决好了，哪些方面还有欠缺？今后如何努力解决这些问题？在此基础上，教研组写出第二步集体反思，执教教师写出 1200 字左右的反思研究小报告。

4. 第二次教学实践

在上次课例实践与反思的基础上，针对存在的问题，组内另一位教师依据同一教育思想与教学模式设计新课例，开展同一问题的课例实践，并阐述设计思想与课后反思。

5. 第三次反思研究，形成一定共识

教研组全体人员在听取第二位教师新课例实践课与相应的课例设计思想与反思后，再次进行全组的课例反思研究。在这次反思研究过程中，如同第二次反思，需回答上次课例研究提出的三个问题，解决相关问题，达成较为一致的观点。在这样研究反思基础上，教研组形成今后该组教学方法策略的基本指导性意见，并要求教研组每个成员在今后的教学实践中进行教学行为跟进。当然，教研组要针对这一轮以课例研究为载体的"三反思二实践"策略写出整体课例研究报告，每名组员要写出相应的自我反思报告。

在以上五个研究环节完成后，教研组要在课例研究的基础上，通过组内的通力合作，形成反映学校特定教育思想的、基于教研组特点的研究课题与教学改革研究方向，并要求组内所有教师面向学生与教育未来，进行教学行为跟进与后续研究实践。

（三）以课例研究为载体的"三反思二实践"策略管理

以课例研究为载体的"三反思二实践"策略涉及的教师集体研究反思实践活动有五至六次，我们在设计这样的教师教育实践研究活动时，考虑到效率与实际教学工作的情况，每次活动持续六到七周，每学期开展一次。为了使这样的研究实践活动更有效，在实际操作过程中，我们特别注意了如下几个问题：

首先，每次这样的教育研究实践活动都有专题，针对问题提出科学的、有前瞻性的教育策略方法，而且最好要连续做几次。

其次，要在教师们对即将进行的教育实践基本达成共识后才能开展研究实践活动。

最后，内因问题解决了，还要创设外部氛围。在前面的论述中我们知道，教师的传统教育方法由于受身边的教育文化与自身经历的限制，变得根深蒂固，很难改变。为了帮助教师改进已有的教育方法，接受并实施新的教育策略方法，除了在认知上接受外（内因），还需要持久的外力作用（外因）。

二、以真实案例为触发点的叙事研究策略

教师们置身于校园，几乎可以说无时无刻不处于各种教育教学现场，都会耳闻目睹各种各样鲜活的教育教学案例，比如说教室上课时某位成绩平平、极不显眼的学生不同寻常的思辨发言，办公室同事边批改作业边交流到的某些共性问题、个性问题或是某位学生不同学科课堂上判若两人的表现状态……每一个看似寻常不经意的细节，对于一位有心的教师来说，都将是一个个活生生的真实案例，后面都可能涉及诸多的值得探究的深层文化因素。对此加以关注，以真实案例为触发点开展叙事研究，都将有助于教师的专业发展。

（一）叙事研究的内涵

教育叙事研究主要是教师以叙事的方式表达对教育的理解和解

释，以及了解教育和向别人讲述其所了解的教育的最重要途径之一。没有教育的滋养，没有教育事件产生的根由，所叙之事就无从叙起。叙事是为了研究，没有对教育事件质的揭示，叙事本身就失去了意义，也就谈不上叙事研究了。叙事是对教育主体（学生、自己、同事等）既有文化图示的一种再现、还原、重构、输出。

叙事研究强调与教师教育经验的直接联系，并应用叙事来表述教师的教育经验、教育行为以及作为学校群体或个体的生活方式。教师与同事交流教学经验，与班级干部谈话，了解班级情况，尤其是在讲述教学中发生的一些逸闻趣事时，都是在叙事，教师每天的生活事实上是与叙事交织在一起的。叙事研究比较容易被教师所掌握和应用。在叙事研究中，教师要倾听自己内心深处真实的声音，反思自己和挖掘自己。教师需要在不断的反思中实现成长，反思的主要内容则是教育教学实践。而叙事研究是一个推动教师学习、实践、反思与总结的重要载体。

由此可见，叙事研究首先要有事可叙，这就意味着教师必须要有扎实的教育实践过程；其次，教师要对教育理论有一定的了解与理解；再次，叙事者对所叙之事要反思、能反思，否则也无法从所叙之事中找到教育的规律和背后的文化图式；最后，这份叙事研究反思必须继续付诸教育实践。由此我们也可以看到，这样的过程其实是教师在已有教育经验的基础上，通过理论的学习反思寻找教育规律的过程，也是教师专业成长的过程。

（二）提高叙事研究质量的策略

1. 以教师的教育生活故事为研究对象

教育叙事研究是教师从教育实践出发，从校园生活出发，从真实教育事实出发，从自然教育情境出发所进行的教育研究。这种研究的显著特征在于"实"，它是教师在教育活动中，对实事、实情、实境和实际过程所作的记录、观察和探究。教师的叙事研究所叙之事就是教师的故事，是教师在日常生活、课堂教学、研究实践等活动中曾经发生或正在发生的事件。

教师的生活故事是平凡的，更是丰富的。教师所经历的事件会在自己脑海中留下深刻的记忆。在每一个教师的内心深处，都有一些片段是不可磨灭的：教师生病时学生表现得格外乖巧，送别毕业生时与学生依依不舍，毕业的学生回到母校看望老师，等等，这些生活故事对于教师个人具有重要的意义。在叙事中让学生感受到教师灵魂深处的颤动，诱发学生发自内心的感动，它胜过任何说教，具有强大的感染力。

2. 研究已经发生和正在发生的教育事件

　　教育叙事研究所叙述的内容是已经过去和现在发生的教育事件，而不是对未来的展望；它所报告的内容是实际发生的教育事件，而不是教育者的主观想象。教师叙事研究所叙述的应是某个人或某件事的故事，所叙述的故事必须是教师亲身经历的，即教师参与其中并引起了某种改进。因此，教育叙事研究获得某种教育理论或教育信念的方式是归纳而不是演绎。教育理论是从过去的具体教育事件及其情节中归纳出来的。

3. 教育叙事的内容具有"情节性"

　　教育叙事研究不只是关注教育的"理"与"逻辑"，而且关注教育的"事"与"情节"，关注教师工作中具有特别意义的人和事件。所以，叙事研究不是记流水账，而是记述有情节、有意义的相对完整的故事。比如，教师在与某个学生的交流过程中，学生由对教师采取排斥态度，到敷衍教师，直至最后能敞开心扉与教师交流，在这个过程中教师一定会有很多的心得体会，在整个交流过程中也会有值得回味的事情发生。教师要比较详细地介绍教育问题或教育事件的发生与解决的整个过程，留意一些有意义的具体细节和情境，在叙事研究的报告文本中引入一些原汁原味的资料，比如学生的作品、某位学科教师对这位学生的评价等，使叙事显得真实、可信并富有情趣。

三、以龙头课题为统领的大小课题群驱动策略

　　教育科研能力提升是教师专业发展的重要内容，是教师队伍建设的重要抓手。所谓龙头课题，是指以学校整体发展为依托，为带动学校整体工作的开展而确立的课题。它由课题确定研究的主要目标引申出一系列的子课题，涵盖研究的多个方面。龙头课题具有全局性和指导性的特点，它着眼于比较宏观的命题方向或思路，定位在学校整体和外部大环境的连接点上，涉及学校发展的整体思路，对学校的整体发展具有重要引擎作用。

以上闵外为例，建校之初，学校校长便以其多年的办学经验以及丰富的科研经验，思索着要做一个龙头课题。龙头课题，多源于现实办学困境、存在问题的尝试解决，也源于办学经验与办学特色的深入探究、总结提炼，对于一所新办学校而言，龙头课题必然是着眼于办学方向和办学特色的前瞻引领。

上闵外校长多方咨询上外、华师大的教授以及市区基础教育诸多的教育大家，反复听取意见，不断完善聚焦，最终带领教师发展中心科研室及相关部门教师积极筹备一个龙头课题：《基于文化理解的中学外语教育实践与研究》，该课题最终在 2016 年被成功立项为上海市教育科学研究项目。

在关注该课题本身之外，我们还在思考如何发挥该龙头课题引领学校教师发展的作用，如何让全校教师了解、理解并在教育教学实践中以实际行动参与该课题，如何将该课题与校本培训有效结合，达到统一思想、强化教师对学校发展目标认同感以及执行力的作用。

基于以上理解与思考，教师发展中心以龙头课题为抓手，充分发挥管理力、指导力、研究力，从宏观上进行相关架构布局，尽最大可能将各部门行政领导、年级组、教研组动员参与其中。架构图见图 8-3。

作为龙头课题，事关学校发展全局，有着前瞻性，起理论引领作用。同时，龙头课题必须是基于德育实践、课堂教学实践、校本课程的开发与应用等相关教育教学实践才能得以推进丰富。在厘清龙头课题研究方向、细化相关研究领域后，龙头课题组从德育和教学两条线，拟定相关的子课题选题，供年级组、班主任、教研组、学科

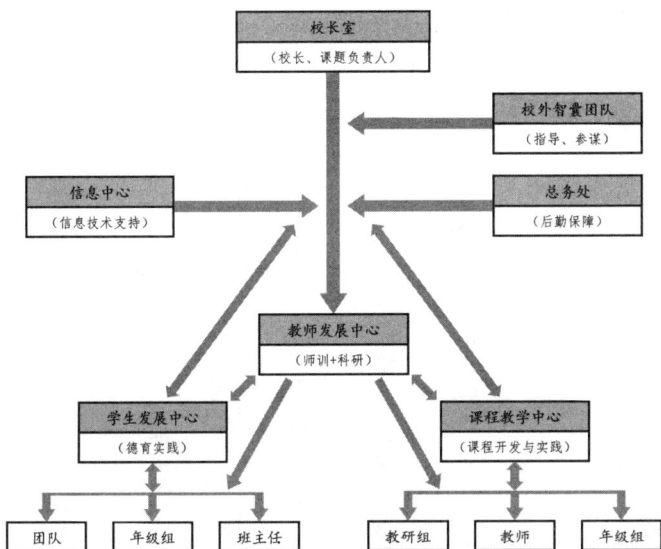

图 8-3　龙头课题架构图

教师选择及参考，教师发展中心参与相关子课题的具体指导。德育方面，由学生发展中心牵头，进行"基于文化理解的德育实践"子课题研究，在该子课题下又有"基于文化理解的学生生涯导师制实践研究""基于文化理解的仪式教育实践研究""基于文化理解的主题月实践研究""基于文化理解的学生短期海外留学实践研究""基于文化理解的学生社会实践研究"等子课题，并发挥年级组和班主任的德育功能，分工逐步推进。课程教学中心则进行"基于文化理解的校本课程图谱的开发与实践""基于文化理解的学科课堂教学实践"等子课题研究，前者申报立项为区级重大招标课题，后者则在各教研组由点及面推行。外语组作为学校特色教研组，在上外及上外附中专家的指导下，从不同的角度积极投入课程开发与实践，在校本课程建设及教学课堂实践等方面发挥了引领作用。语文组《基于文化理解的高中语文课堂改进策略研究》、数学组《基于文化理解的高中数学课堂改进策略研究》也被立项为区级大课题。其他组室也都基于此进行相关的区级课题及校级课题研究。龙头课题下的子课题群见表 8-1。

表8-1　龙头课题统领下的子课题群

龙头课题	一级子课题	一级子课题总负责	一级子课题具体实践	二级子课题	区校级立项编号	结题等第
基于文化理解的中学外语教育实践与研究 & 基于文化理解的中学教育论坛与实践策略	基于文化理解的校本课程图谱的开发与实践	校长室	教师发展中心　课程教学发展中心　学生发展中心		QD2017062	良
				通过戏剧表演课程提升中学生外语核心素养的实践与研究	QY2016140	良
				美剧引入高中课堂对促进文化差异理解的研究和应用	MXKT2016474	一等奖
	基于文化理解的课程与教学实践	教师发展中心　课程教学中心	外语教研组	高中英语阅读教学中基于跨文化意识培养的研究	MXKT2016494	二等奖
				中学德语课程中跨文化意识培养之研究	MXKT2018146	二等奖
				"英语核心素养"在高中阶段对学生生涯指导的实践研究	MXKT2017102	二等奖
				中学德语教学中本土教材和原版教材使用比较之研究	MXKT2016763	二等奖
				高中英语课堂词汇教学中基于跨文化意识培养的研究	MXKT2018375	三等奖

（续表）

龙头课题	一级子课题	一级子课题总负责	一级子课题具体实践	二级子课题	区校级立项编号	结题等第
基于文化理解的中学外语教育实践与研究 & 基于文化理解的中学教育理论与实践策略	基于文化理解的课程与教学实践	教师发展中心 课程教学中心	外语教研组	借助英语晨读解决学生语音问题的实践研究	MXKT20182388	三等奖
				中学生第二外语学习动机影响因素及干预研究——以法语为例	MXKT20182358	一等奖
				在高中起始年级开设英语文学赏析课对牛津教材阅读课教学的促进作用研究——以《相约星期二》原著赏析为例	MXKT20182472	二等奖
			语文教研组	基于文化理解的高中语文课堂教学改进策略研究	QY2017259	良
			数学教研组	基于文化理解的高中数学课堂教学改进策略研究	QY2017258	良
			艺术教研组	关于如何将数学史融入课堂教学的研究	MXKT20182434	三等奖
				基于"舞向未来"校本化实施的教师专业素养培育的研究	QY2018691	良
			体育教研组	基于文化理解的中学校园网球文化建设的实践与研究	QY2017496	良
				探究礼仪教育在网球教学中的推行意义	MXKT20182203	三等奖

295

（续表）

龙头课题	一级子课题	一级子课题总负责	一级子课题具体实践	二级子课题	区校级立项编号	结题等第
基于文化理解的中学外语教育实践与研究 & 基于文化理解的中学教育理论与实践策略	基于文化理解的德育实践	学生发展中心	团委 大队部 年级组 班主任	基于学生成长的初中综合实践活动改进与研究	QY2018895	合格
				基于文化理解的仪式教育实践研究	SMW2016005	一等奖
				基于文化理解的主题月实践研究	SMW2016006	一等奖
				基于文化理解的学生短期海外留学实践研究	SMW2016007	一等奖
				基于文化理解的学生社会实践研究	SMW2016008	二等奖
				基于文化理解的学生生涯导师制实践研究	SMW2016009	二等奖
	基于文化理解的师生发展信息技术支撑体系实践	教师发展中心及信息中心	信息中心及相关课题负责人	基于中学生学科核心素养的评价的数据采集与分析研究	QY2017251	良
				数据驱动下的教育评价与学校课程教学改革的研究与实践	区教育智慧项目	三等奖
				基于大数据的学业质量精准分析的实践研究	第三届长三角征文	一等奖
	基于LPRS教师专业发展模式的实践研究	校长室及教师发展中心	教师发展中心 信息中心	基于文化理解的LPRS教师专业发展三年行动计划信息技术平台支撑系统研究	SMW2020003	一等奖
			教师发展中心	文化理解视阈下的LPRS教师专业发展三年行动计划实践策略研究	QZ2019122	结题中
		教师发展中心	教师发展中心	基于文化理解的LPRS教师专业发展三年行动计划实践策略研究	SMW2019002	一等奖

助推教师队伍的建设，教师培养初见成效。一支优秀的教师队伍是学校健康发展的根本保证，教师队伍建设是学校持之以恒的着力点。对于上闵外这样一所新办学校，随着规模的扩大，在创办的前几年，每年都有 30 多位新教师以不同的身份加盟，有 985、211 大学刚毕业的研究生，有市区各学校的在职优秀教师，还有少数来自外省市的优秀教师。不同的地域、不同的身份、不同的教育理念，都需要一个抓手将教师的教育思想、教育实践统一到学校的特色发展中去。龙头课题在最大程度上梳理了当下教育教学的大背景，明确了学校今后发展的方向及特色，细化了具体的教育教学实践抓手及路径。并且，为了更好地帮助大家理解和实践，学校围绕龙头课题的校本培训、专题研修以及专家学者讲座为大家提供了相应的理论支撑和实践指导。学校在设计龙头课题的推进路径时，把教师有针对性培养纳入其中。除了全员参加专家引领、专题研修外，还充分发挥骨干辐射和分层研修的作用。这些骨干分散在各教研组与各课题组，以点带面，起到了积极促进作用。为了照顾不同的群体，还实行分层研修，形成职初教师研修、班主任研修、骨干研修等分层研修策略。围绕龙头课题进行的各项培养，以任务驱动的形式促进加快了教师的成长，形成我校教育教学实践的共识。

在学校建校第六个年头，上闵外已有 2 位学科带头人、12 位骨干教师、17 位区级骨干后备、12 位校级骨干教师，形成了比较合理的教师梯队建设。其中有 5 位教师入选成为区级学科中心组成员，这些教师绝大多数都参与了龙头课题或相关子课题的研究。一批新毕业的大学生因参与有具体任务驱动的课堂实践，成长迅速，连续两年有见习教师从闵行区近千位见习教师中脱颖而出，代表闵行区进入市级年度见习教师决赛，并获得二、三等奖。也有青年教师代表闵行区进入市级青年教师大奖赛，并取得极好的成绩。

在龙头课题的引领下，课程开发与实践成为龙头课题的重要落脚点及助推者。六年实践，作为龙头课题的子课题，"基于文化理解的课程图谱开发与实践"已取得初步成果，在国家新课改的背景下，围绕学校办学特色及办学目标，我们已经初步形成了与学生核心素养相对应的"国家课程——国家课程校本化实施（校本特色课程）——实践体验类课程（生本特色课程）"三级课程体系，并在实践中逐步丰富。广大教师参与其中，课程意识得到强化，国家课程校本化实施得以在课堂推行。

借助于课题的研究以及课程开发等，教师在教育实践中不断反思与总结，形成了教师专业发展的新模式和新样态。建校十年以来，学校教师共立项上海市级课题 6 项、闵行区大课题（含重点课题）44 项、闵行区小课题 122 项，合计 172 项。以课题的引领，践行着"LPRS"的教师专业发展之路，形成我校教师专业发展的新路径，深化学校育人理念和育人方式的变革，助推了学校的高质量发展。

四、以浸润体验为主的校本培训自主开发策略

文化理解视域下的 LPRS 教师专业发展模式更为强调通过相关场域的搭建，激励教师自主自觉浸润体验其中，并在该场域形成视域的融合，从而不断构建新的文化图式，推动自我专业的发展与提升。

具身理论也同样强调现场学习、直接参与、具身体验等过程体验在教师学习实践中的积极作用。许芳杰在《具身理论视角下教师现场学习力的核心要义及提升路径》中做如此论述：具身理论揭示出了学习过程中身体体验属性的价值，为理解教师的现场学习力提供了一种可能的理论视角。具身理论视角下的现场学习力在本质上是教师在教育现场的行动参与中表现出来的能动觉察状态，具有临场感、情境性与生成性的特征。为提升教师的现场学习力，在教师学习中要注重教师行动的直接参与，强调教师的具身性体验；创设具体教育情境，引发教师学习的替代体验；在行动中建构知识，关注教师学习的过程体验。

基于此，学校的校本培训在创校之初便朝此方向努力前行。拒绝自上而下一厢情愿的校本培训，强调基于教育教学真实问题的研究、

彰显个人发展特色的交流展示等重在调动教师参与体验的校本培训。学校形成了具有特色的一些品牌项目，如尚鸣讲坛、智慧教师工作坊、项目式学习共同体、海内外浸润式体验等。

（1）尚鸣讲坛。尚鸣讲坛的主讲者粗略划分有六类。一是各级行政官员。比如市教委、市教科所、区教育局等领导，侧重于对国家、市区各种教育政策、教育规划等的解读引领，起着提高站位、开阔视野、明确方向、统一思想的作用。高位政策制定或参与制定的领导亲临学校现场加以解读，能让老师们获得更为准确的政策信息，强化参与意识。二是各类专家。他们可以是高校博导硕导之类的教授副教授，也可以是教育学院学科教研员，还可以是基层学校学有专攻、攻有所成的一线学科老师、班主任老师。这类专家往往起着上接政策研读，下接政策落地指引的作用，能给一线教师以具体的业务指导。三是学校行政领导。更多是结合学校实际情况，研究上位政策的校本化实施，做学校发展愿景规划和教育教学改革实践指导等。四是本校一线教师。重在挖掘一线教师教育教学的优秀经验，以及个人兴趣爱好特长，并提供平台去交流分享，从而带动激发老师将问题深入化、经验显性化，推动教育教学反思实践的系统化理论化。五是家长代表。家长来自各行各业，有知名大学的教授，也有普通平凡的劳动者，学校希望能通过该讲坛，倾听家长的研究成果、人生感悟以及对教育教学的理解，从而实现有效的家校共建，促成文化理解。六是学生代表。现在的学生是数字时代的原住民，他们获取的信息也更为多元，思想也更为活跃，在某些方面甚至还有很深的研究，让这些学生走上讲坛，是多元评价的一个体现，可以激励学生学有专攻，获得更大的自信，也能为教师认识学生提供别样的视角。

在这六类主讲群体中，一线教师最为常见，分享的领域也最为广泛。加上寒暑假的校本培训，每个学期多达二三十位教师走上讲坛，几年下来，大部分老师都能走上讲坛做分享，而分享即学习，分享即成长。尚鸣讲坛这一策略起到了特定场域中教师的自我教育、自我激励作用，在这样的氛围中人人都是学习者，人人都是参与者。校园文化氛围和谐融洽，我校教师成长非常迅速。

（2）智慧教师工作坊。智慧教师工作坊是教育集团化办学的一项举措，意在以教育集团内成员单位某些学科带头人为主持人，组建集团内各学科教师工作坊，冠以"智慧教师工作坊"，意在集众人之智成大智，提升工作坊成员的教书育人能力和素养，并形成以点带面的校内及区域内的辐射引领效果，整体提升区域内教师专业水平。智慧教师工作坊两年一期，每个工作坊集中围绕一两个专题加以攻关，攻关目标明确，成员分工明确，措施明确。除了工作坊内部的活动有序组织外，每年组织一次各学科智慧教师工作坊全员集中参与的汇报活动，邀请专家、领导听取各工作坊年度工作开展情况，并加以点评、讲座等指导。

集团内智慧教师工作坊的积极意义在于突破学校内单一教研组备课组活动文化交流碰撞不足的弊端，打破单一学科教研思维方式相对固化的局限，同时，也有效避免了更大范围内（如区、市级教研）因参与度低而体验不足的问题。智慧教师工作坊聚焦区域发展中的困难，直面问题的解决，在问题的解决过程中发挥大家的智慧，实现问题的解决和个人的提升。在过去的两年，作为年度圆桌论坛的主持人参与其中，就教师专业发展等问题和各工作坊的主持人及学员以及与会专家领导做了充分的交流，与会教师及线上同步观看的老师受益匪浅。

（3）项目式学习共同体。项目式学习共同体也是我校教师专业发展的一项重要举措。项目通常有两种来源，一是上级部门下发给学校做动员申请的；二是教师在自己的教育教学实践中基于真实情境和问题驱动而主动向学校申请且获得学校立项并给予相应支持的。基于这些项目而组建的学习共同体称之为项目化学习共同体。根据项目学科特性，学习共同体可以粗略分为单一学科项目化学习共同体和跨学科项目化学习共同体。后者较前者有着更为复杂的学科背景和文化背景，在该学习共同体中所产生的引导往纵深思维发展的正向激励更为持久有力，也更容易形成新的文化理解图式，因而更为适合未来社会发展的趋势。《义务教育课程方案（2022年版）》要求各门课程原则上要用不少于 10% 的课时设计跨学科主题学习。以我校"未来之城"项目学习共同体为例。

　　我校开设 STEAM 课程，并以项目化学习的方式推进和检验。在最近几年一直组建"未来之城"项目学习共同体，参加"未来之城"设计项目，多次在国内获特等奖，并代表中国到美国参赛。该活动面向全球中小学生，要求学生以团队为单位，通过项目制的学习方式，设计一座未来 100 年后的城市，最终城市设计过程和成果通过项目计划书、城市描述论文、城市物理模型、展示答辩和虚拟城市报告五种方式呈现出来。组委会每年发布不同的城市挑战主题，如人口老龄化、能源危机、交通困境、垃圾分类等与现代城市和社会息息相关的问题，要求学生在城市设计中重点考虑针对挑战主题的解决方案，解答当今世界的核心问题：如何通过我们共同的努力，让世界变得更美好？

　　要想完成这样的一个项目并且在众多的作品中脱颖而出绝非单学科知识所能解决，也非几人之力可以企及，必须综合物理、化学、地理、政治、美术、跨文化理解、语言表达等学科知识，充分考验团队的批判性思考能力、合作沟通能力、创意能力、信息技术和数据资源获取能力、动手能力、公众场合演讲能力等。基于此，以科技老师为该项目的负责人，组建包含物理、化学、美术、外语等多学科老师以及各年级申请入选的学生为该项目学习共同体。该项目打破了班级年级学科的界限，充分调动激发了各学科参与老师的积极性和潜能，不仅是学生收获很大，参与的老师也会获得提升。

　　（4）海内外浸润式体验。海内外浸润式体验也是一种能强化教师新的文化图式产生的途径。为了凸显文化理解力，学校与海内外多所学校结为姊妹友好学校，每学年在正常学习期间，专门留有用于短期留学的 20 天左右的课时安排（不包括寒暑假的游学），在老师的带领下前往结对校做浸润式学习，与当地师生同吃同住一同学习。以下是周老师带队参加海外游学的一些感触，同时也包含了学生的一些感触。

基于文化理解的游学课程实践与研究

——澳洲游学实践感悟

一位担任过哈佛大学的校长曾经说过，一个人生活的广度决定他的优秀程度。从小开始的一种旅程便是扩展我们生活广度的起点。有一句话——LIFE IS NOT A DESTINATION, BUT A JOURNEY（人生不是一个终点，而是一场旅行），这既适用于不断成长着的孩子，也适用于需要不断新生的成年人。

教育不仅限于课堂，课堂之外的时间里，孩子们可能更加忙碌：上补习班、才艺课、外教课，网络课程……各种形式的课外教育，扩展了孩子们的知识面，同时也给孩子们带来更多压力。但当你问孩子，"利用课外时间去学习额外的知识和技能，抵触吗？"他们的回答却是"不！"我曾经在班级里做过一份调查问卷，64%的孩子表示，希望"与父母和朋友到处旅行，开拓眼界"；80%的孩子希望"多看自己喜欢的书和资料，拓展知识面"；50%的孩子乐于去上外面的兴趣班，28%的孩子想要"参加实践活动，培养自己的社会实践能力"。在各种多媒体手段丰富的时代里，孩子们仍然更希望通过"行万里路""读万卷书"的方式去进行自己的课外学习，这反映出了孩子对社会实践的热情，这与"现在孩子喜欢沉溺于虚拟世界"的看法形成了鲜明对比。

海外游学是积极的教育，是打破传统学科教学的跨文化跨学科的教育，是面向世界与未来的教育，是培养"拥有民族情怀的世界公民"的精英教育，这正是我校的教学理念！

五月，游学课程正式展开，作为身处其中的一名实践者，我不禁感触良多。

今年，学校开辟了5条游学线路让孩子们自由选择。而我作为带队老师之一，被派到了澳大利亚布里斯班 Scot PGC College 这条线，亲眼见证了孩子们的成长与收获。

一、游学就是"游+学"的实践

我们行程从游→学→游，"游"前后加起来有一周时间，"学"有2周时间。

先说"游"，此番行程，孩子们去的时候是从悉尼到布里斯班再到学校，回来从学校去黄金海岸，再回到布里斯班。一路上，孩子们在悉尼的邦迪海滩与海鸥追逐玩耍，感受到美好的自然和人文环境，动物和人类的和谐相处。去著名的悉尼大学参观，带着羡慕的眼光观摩了她们的毕业典礼，并和大哥哥大姐姐欢快合影。默默许下自己未来奋斗的目标。乘着游船游览悉尼港，领略了雄伟的悉尼歌剧院，不禁赞叹建筑师设计的精妙！

在布里斯班的博物馆，孩子们看到了各种奇珍异兽的标本，对生命的发展史又有了全新的认识，在街头看着艺术家们在涂鸦墙上渲染自己的艺术才华，以及各种行为艺术家的精湛表演。

我们被黄金海岸舒适的气候和美丽的海岸线吸引的同时，也看到这里的人对自然环境的珍惜和自然资源的保护。来到危险角，孩子们知道了新南威尔士和昆士兰州在这里相交，也了解了曾经库克船长在这里立下了功劳。

在天地农庄，孩子们可以近距离接触慵懒的考拉，更可以喂食袋鼠，和袋鼠宝宝们亲密合影。欣赏了精彩的剪羊毛表演，认识了澳大利亚8种不同的羊的品种，对于澳大利亚这项传统的技能有了更深刻的认识和了解。

这种游览，与异国文化的近距离接触，给孩子们带来了深深的触动。这才是真正意义上的"游学"，在游中学，在游中思，在游中悟；用双脚丈量历史，用双眼探寻文明，用双耳倾听故事，用心去感悟情怀，用大脑去思维差距，用经历和思考装满行囊。

再重点说"学"，我们去的 Scot PCG College 位于布里斯班以南一个名叫 Warwick 的小镇上，是一所拥有百年历史的寄宿制学校。学校涵盖小学、初中、高中三个学段。学校的覆盖面积相当大，除了校舍，还有健身中心、图书馆大楼，学校还拥有一个硕大的农场和菜园，由于一部分学生是来自周边一些农场主家庭，学校还专门给这些有需要的孩子设有农业技术课。

我们的孩子和这里的寄宿生一样住在学校的宿舍里，每个孩子都被分配到一个 buddy（伙伴），每天同进同出，一起上学、放学、上课、吃饭、运动、联谊，24 小时全方位融入当地孩子的学习生活中。

在整整 14 天的学习生活中，孩子们无时无刻不在体验着中西方课程的差异、课堂的差异、师生关系的差异、饮食的差异等。也在每天的体验中不断挑战自己。

她们要逼迫自己尽可能听懂老师课上的讲解，并和小伙伴一样去完成老师布置的作业。因为是走班制，她们每天要带着课本走进不同学科的教室，感受到不同学科的特色。她们感受到了浓浓的教室文化，感觉教室的每一面墙都会说话：有学生的作品展示，有学科要点的总结，更有激励学生、树立她们自信心的语言。在课堂上，不管你的回答是对还是错，是完美的还是有瑕疵的，总能得到老师正面积极的回应。她们体验了在国内几乎无法体验的野营活动，学到了如何在危险时自救的方法，如何克服困难，磨炼意志。她们走入农场，了解澳洲农业科技，第一次与牛羊来了一场亲密接触。她们在和小伙伴的交流中，也感受到文化差异带来的思维碰撞。从一开始的胆怯，怕说错，到后来的和澳洲小伙伴的谈笑风生，不断克服语言上的障碍，树立自己说英语的自信心。而在学习互动中，她们也不知不觉地向外国小朋友传递了中国的文化。

二、孩子们的真实游学感受

下面的话摘自孩子们的一些体会和感受：

　　时间如梭，将近两周的时间很快就要过去了。我们在 Scots PGC 也留下了许多美好的回忆。交了许多外国的好朋友，也学习到了很多。这一次旅游不像以前那样，只是为了娱乐休闲。这一次，我们真正融入了他们的学习和社会。这所学校是走班式的，学校很大，一开始我们去哪都要跟着我们的 buddy。渐渐地熟悉了这里，也可以自己一个人去上课了。在这里，我提高了我的口语能力，在外国人面前说话也不再胆怯。这里的学生都十分热情，充满了活力，看起来都很阳光。一开始都主动向我们问好，这种热情着实给初来乍到的我来了个"措手不及"。我希望能和他们做永远的朋友。——Sukie 陈同学

　　马上就要离开 PGC 了，感觉很不舍。在这里收获了许多友谊和不同的经历。同学们都很热情，很友善，帮助了我很多，我也从她们那里学到了很多，马上就要离开她们，这一别，也许就是永别，真的十分舍不得，不愿面对。这里的学习生活和中国完全不同，是很难忘的回忆。不想走啊……——Annie 诸同学

　　两周的时间转瞬即逝，明天就是在 Scots PGC School 的最后一天了。在这两周里，我们锻炼了自己的交际能力和适应能力，也对国外的学习生活深有体会。不仅学有所成，而且交到了不少好朋友。这次旅行并不只是走马观花，也对澳大利亚这个美丽的国家有了更多感受。Nice to meet you, Australia, and my friends in Scots PGC!——Jessica 阎同学

　　很快，我们就要与待了两周的 Scots PGC 告别了。学校采用走班制，这与中国是十分不同的，大家下课了就去各个教室。那里的同学热情又友善。一开始我总是找不到路，但同学们总会帮助我。在 Scots PGC，我不仅锻炼了口语，学习了许多知识，还了解了澳洲文化，交到了许多澳洲朋友。总之，这次的澳洲游学绝对不虚此行。——Tina 赵同学

　　在 Scots PGC College 里也待了两个星期了。我感受最深的

是这里的上课形式。在这里，每个课间，同学们都在说笑，不会像在中国一样拼命赶作业。上课的时候，课堂气氛非常活跃，不会很闷。这里走班的方式让我这个路痴很尴尬……每次走班都会晕。虽然我并没有在这两周的学习中学到很多，但是我锻炼了英语口语。在这里，每一天都过得很充实。如今我们马上就要离开这个学校了，我难免有些对这里的朋友和老师的不舍。这里的生活是难得的记忆……——Angela 王同学

……

只有真实地接触这一切，才会有如此触动人心的感受和感悟。

三、游学带给我的思考——对孩子们成长的重要性

1. 提高语言能力和交际能力

游学可以让孩子们融入真实的语言学习环境，不管是住在寄宿制学校或寄宿在普通的外国人家庭，和他们生活在一起，交流学习和生活的方方面面，不仅提升孩子的英文表达能力，也锻炼了他们的沟通和交际能力。

2. 扩大眼界，拓展知识面

体验不同的文化，有利于孩子们更深切地认知自己的民族和国家；沉浸于非本土社会生活观察研究，有利于非母语能力的提高和对课堂知识的再发现；游学的经历，有利于孩子们视野的开阔。通过丰富多彩的游学活动，感知时代脉搏，培育动手能力和创新能力，陶冶情操，修养品格，达到"读万卷书、行万里路"的境界。

3. 培养独立的人格

中学时期是孩子们人生中寻找自我、建立自信、培养独立人格的黄金时期。游学让他们有机会脱离父母，经历一段独立生活的日子，在这个过程中，孩子会碰到各种问题，必须靠自己独立思考解决。而这种能力，是他们在以后的人生中不可缺

少的品质。

4. 接触，体验并理解多元文化

探访世界上不同国家文明的历史遗迹，体验不同文化所带来的生活感受，丰富自己的文化和道德价值观。让学生接受国际化的教育熏陶，熟悉语言，更深入了解国外多元的文明形态，学习其民族优秀的文化传统，开阔眼界和拓展人际关系。

结束语：

通过这次游学实践，我深刻感受到规范的、有组织、精心策划的游学课程给孩子们带来的益处。游学绝不是享受，而是一种感受，是人生的体验；孩子们在国外亲身体验风土人情、接受异域文化氛围熏陶，也为他们增加些许生活的磨炼，提高独立自主能力；为孩子人生旅途上增添一笔无形的财富，增长阅历和见识、培养全球化角度的思维习惯；留给孩子一份终生难忘的记忆，充分感受人与自然和睦共处的无尽乐趣。在经历了这些体验之后，孩子们会思考，会感受，会理解，会表达，会领悟，这不是游学的意义吗？

当一个人把自己的所遇与内心的所思结合起来，就会明亮眼眸，充盈精神，体验生命，改变人生！

大量的短期留学互访案例说明，教师获得的不仅是知识层面的收获，他们的主动学习能力和创新能力也得到了提高。老师们更善于在陌生的文化场域发现问题、分析问题，用自己的方式去解决问题。而学生在学习、生活中体验不同文化，也更容易建构新的、全面丰富的文化图式，从而实现在文化理解和跨文化交流中的素养提升和幸福成长。

五、以三年行动计划为抓手的跟踪评价策略

除了创设各种特定场域，让身处其中的老师们能自我主动构建新

的文化认知图式外，也要以相对明确具体的任务评价检测来作为一种外驱力，推动教师专业成长。为此，基于《中学教师专业标准》相关内容的解读，我们拟定了《基于文化理解的 LPRS 教师三年行动计划》，细化专业检测指标，对教师专业成长进行跟踪评价。具体而言，教师在拟定自己的三年专业发展计划前，先是借助于专家同伴的意见和建议以及对自己的认识理解在学科本体知识、教学能力、研究能力、团队合作能力等方面做一个自我诊断，基于此诊断随后对自己未来三年的专业发展做一个整体设计，接着将整体设计从教学成绩、试题命制、课题研究、校本课程开发、校本教材编写、选修课开发、公开课执教、论文发表、经验交流、学生竞赛辅导、读书情况、专著出版、职称提升、学历提升等 15 项目标加以具体化。接着按学期对以上目标逐一如实填写完成情况，并从超额完成、基本达成、差一点点达成三个选项中选择一项做整体自评。最后提交教研组一起交流做出评价并报相关对接领导给出学校评价，组内评价和学校评价更多的是基于教师本人相关目标的达成度，对未能完成的加以帮助分析原因何在，完成了则予以鼓励，挖掘亮点，成效特别显著的则加以经验宣传。

通过以上三年行动计划设计的简要说明，可以看到，学校意在通过此方案，促使教师对本人不断认识理解，以三年为一个周期做专业发展的中期整体规划，且通过具体发展目标的自我拟定给出具体的努力方向，并借助自评、组内互评、学校评价等评价机制作正向引导激励，助推教师专业发展。该行动计划中的评价更侧重于过程性评价和定量评价，而非总结性评价和定性评价。教师们可以根据自己所处的职业发展阶段，做出适合自己的目标拟定。比如刚刚参加工作的职初教师和成熟骨干教师在目标拟定的过程中就会呈现不同的要求，职初更侧重于抓好教学常规、多听课、上好组内课校内课、站稳讲台等，成熟骨干教师则要追求实践中理论的总结提升，往专家型教师发展，要多上校内、区内乃至市内公开课探究课，发挥示范引领探究等作用。

借助于三年行动计划，也便于学校清楚掌握教师整体发展情况，发现榜样，关注薄弱，并适时从学校层面做出回应、调整、激励等措施，该行动计划的整体设计遵循文化理解的相关阐述，以提供场域促使教师不断学习、实践、反思、总结，并在如此循环螺旋上升的过程中不断提升自我，是基于文化理解的教师专业发展的极好举措。学校办学过程中已经经历了 1.0 版的试行稿到 2.0 版的修正稿，再到如今 3.0 版的线上电子版。完成了由线下手写纸质版到线上网络电子版，逐步实现更为便捷的网络跟踪，可以随时在平台上调阅教师个人发展信息，并实现多方面的互动效应。

六、以读书写作为助推的成果提炼策略

学校自建校初便积极引导教师开展专业阅读和专业写作，并予以便利并提供交流展示平台。具体而言，便是借助"尚鸣·思行杯"暑期读书写作活动加以实践。学校每年六月份会给每位教师提供两本书，一本是学校层面统一推荐加以学习的，一本是教研组各自推荐的本学科较有影响的著作。两本书要么是经典之作，如雅斯贝尔斯的《什么是教育》、怀特海的《教育的目的》、苏霍姆林斯基的《给教师的建议》，要么是当下教育教学教改热点话题或是学校重点研究领域，如格兰特·威金斯和杰伊·麦克泰格撰写的《追求理解的教学设计》、科拉·巴格利·马雷特等编著《人是如何学习的 II：学习者、境脉与文化》以及学科核心素养、单元教学设计等类书籍。

学校组织教师统一阅读或个性化阅读，利用暑期，结合教育教学实践加以撰写读后感、学科论文、德育论文等。开学后聘请评委分门别类加以评选奖励，推荐一些优秀教师在论坛等场合加以分享，推荐老师优秀作品到各种刊物上加以发表，同时，将这些作品加以汇编成册，人手一本发给大家互相学习。该活动从建校第二年起至今已经进行到第八届了，汇编作品达到近百万字。

读书写作对践行基于文化理解的 LPRS 教师专业发展模式意义重大，但凡教育教学大家都是在读书、实践、写作中成名成家，并形成辐射影响。

图 8-4　上闵外教师读书感悟文集

附录：第七届"尚鸣·思行杯"暑期读书写作方案

上海外国语大学闵行外国语中学
第七届"尚鸣·思行杯"暑期读书写作方案

一、指导思想

2022年4月，随着《义务教育课程方案和课程标准（2022年版）》的颁布并于秋季学期开始施行，"双新"理念实现了由高中到初中乃至小学的全面贯通。如何实现"双新"理念的全面落地？如何促进"核心素养"在基础教育课堂中的有效衔接？都是值得中小学一线教育工作者思考的问题。

作为一所初高中一体发展的高品质中学，希望广大教师将自己的读书思考与基于理解的办学理念相结合，遵循我校LPRS的教师专业发展模式，更好地秉持"明德笃志、学贯中外"的校训，践行"诲人不倦，越而胜己"的教风，营造"好学力行，博学善思"的学风，创建"志远自强，卓然自立"的校风，特制定暑期读书写作方案。

二、活动内容

（一）撰写文章

写作类别：（1 和 2 两类，全体教师必选其一参加，也欢迎两项都参加。3 类可选可不选，但欢迎年级组长、班主任、承担全员导师制职责的导师来稿）

1. 教学反思类论文。根据 2021 学年的教学实践，选取某一主题研修实践或某一课堂教学实践，尝试作细致的反思总结，要求主题明确，过程清楚，策略明晰，有问题剖析，有经验总结，如能结合相关理论阐释更好。

2. 基于大概念的教学类论文。学习《基于大概念的教学设计优化》一书，围绕新教材新课程的全面推行实践，撰写基于大概念的教学相关论文或教学设计。

3. 教育反思类论文。根据 2021 学年的教育实践、全员导师制实施、班级管理等，选取某一主题研修实践或某一具体教育案例，尝试作细致的反思总结，要求主题明确，过程清楚，策略明晰，有问题剖析，有经验总结，如能结合相关理论阐释更好。

要求建议：

1. 阅读今年（2022 年）统一推荐的《基于大概念的教学设计优化》，以及各教研组推荐的书籍，结合自己的教育教学实际加以撰写。

2. 提交论文一定为本人原创作品，请勿照搬网文提交，请勿大篇幅引用网络或其他报刊杂志中的相关资料。

3. 过往提交的德育、教学论文请勿重复提交，过往的课题结题论文请勿重复提交，过往参评发表的文章请勿提交。

4. 字数不少于 3500 字，以五六千字为佳。

参加对象：

1. 2022 年 6 月前在职在岗的全体教师。

2. 欢迎 2022 年度见习教师及新加盟的在职教师积极参加。

（二）评优表彰

邀请校外专家组成评审委员会，对文章进行匿名编号评审（初评和复评），选出获奖作品，并对获奖作品进行表彰和奖励。

（三）交流发表

1. 举行组内及校级"尚鸣分享会"。

2. 分类结集印刷刊发。

3. 推荐优秀文章到《闵行教育》《闵行教育研究》《现代教学》等杂志。

三、时间安排

截稿时间为 8 月 23 日（以邮箱收到为准）。

四、写作要求与交稿方式（略）

五、评奖与奖励方法

1. 评奖方法：

综合评奖，兼顾文理科的获奖比例。

2. 奖励方法：

两类文章各按照 2:5:3 的比例评出一等奖、二等奖、三等奖若干名，予以相应奖励，并记入业务档案。

第三节　基于文化理解的 LPRS 教师专业发展模式的案例分析

任何理论或模式的提出，都是源于实践的总结和提炼。在近几年的教育实践的基础上提出的文化理解视域下中学教师专业发展的 LPRS 模式，既是对过往"三反思二实践"的提炼与发展，也是适应信息时代教育变革的需要，从之前的关注课例研究上升到对教师专业发展理念的叙事。文化理解视域下的"LPRS"模式，由"学习""实践""反思""总结"四个节点，形成一个不断螺旋上升的发展态势，凸显了教师专业发展的持续性，理论和实践相结合，教师在反思、总结中获取体验性知识的不断发展，同时，借助于课题的研究、课程的开发等，将默会的知识明确化，最终实现教师专业发展的最大化。

一、由"外语教学"到"外语教育"的转向

作为一所外国语中学，外语教研组老师的专业发展和教研组建设，是学校办学特色凸显的重要支撑和载体。在十年的办学实践中，学校外语组经历了由"外语教学"到"外语教育"，由注重语言技能训练到注重"文化理解"理念的转变。

2015 年建校之初，受传统外语教学氛围和学业评价的影响，学校外语教研组相对侧重于"外语教学"，注重语言技能的训练。这一特征，在此一时期学校外语组申报的闵行区课题中体现得比较明显，比如王老师的《有效使用词典进行高中英语词汇教学的策略研究》、胡老师的《借助英语晨读解决学生语音问题的实践研究》、颜老师的《新高考改革背景下对中译英测试的命题研究》、罗老师的《以〈相约星期二〉原著为语言材料开设英语选修课对英语阅读的促进作用研究》等课题，充分体现了当时外语组教师结合学科本体知识，侧重语言训练、语言技能的外语教学倾向。

但在当今全球化时代，对于一所外国语中学而言，仅止于"外语教学"无法满足学生的需求，只强调语言训练，会割裂语言形式与语义及功能的联系，用这种教学方法培养出的学生可能学业上能取得满意的成绩，却不符合"双新"背景下核心素养的达成要求。所以，由"外语教学"转型为"外语教育"成为外语教研组老师们所思考的一个全新方向。2018 年，在校长的引领下，学校申报了上海市教育科学研究课题：《基于文化理解的中学外语教育模式建构的实践与研究》，开始思考外国语中学教育的理念转向。在"文化理解"的理念指引下，学校外语教研组老师重新审视外语教育的内涵和特征，围绕学校的大课题，积极开始了子课题的研究，此一时期外语组老师走出了只重视语言训练的窠臼，老师的视野走向了更高层级的"文化理

解"，比如韩副校长的《全球胜任力培养目标下中学跨文化能力培养的校本课程开发研究与实践》、王老师的《融合课程内容与语言内涵的中学外语跨文化教学模式的实践研究》、陈老师的《高中英语课堂教学中跨文化意识培养研究》、赵老师的《中学德语课程中跨文化意识培养之研究》等。

外语组老师在这两个阶段课题研究方向的转变，正是凸显了"LPRS"的教师专业发展模式的特征，借助于课题研究，将默会知识明确化，提升教师的教学水平和育人理念。学校老师在教育理念革新的情况下，通过"学习"—"实践"—"反思"—"总结"的过程，由"外语教学"到"外语教育"，由注重语言技能训练到注重"文化理解"理念的转向，将外语教育的品质和内涵提升到一个全新的高度，适应新时代素养导向的教育变革。

二、由 1.0 的"画图法"到 2.0 的"具象法"进阶

外语教研组由"外语教学"到"外语教育"的转向，体现着一种自上而下的教育理念的革新，从而引起教学方式的变革。生物教研组的专业发展方向，则与之相反，由"画图法"到"具象法"的进阶，体现出学生自下而上的学习困境，这倒逼教师在课堂实践中去探索全新的教学方式，革新教学手段。

新高考实施的背景下，《生命科学》教材内容没有改变，但课时由 10 课时缩减为 4 课时，在课时减少、素养导向的高考改革背景下，如何提高生命科学课堂效率和质量是迫切需要解决的问题。另外，从学科专业来看，学科名词术语更晦涩难懂、知识点繁杂，需要记忆的东西多，生理过程比较微观抽象，学生只是依靠死记硬背，无法将科学实践与现实生活建立联系，学不能致用。所以，以包华老师为组长的生物教研组，开始探索"画图法"在课堂教学中的应用，她们申报了闵行区课题：《基于理解的课堂教学背景下"画图法"在生命科学教学中应用的实践研究》，同时为了改变课堂的沉闷气氛，调动学生的课堂参与度，生物组老师开始了聚焦学生活动的研究，比如赵 A

老师的《基于大概念的高中生物项目化学习实践》、赵 W 老师的《创设真实情境落实生物学科核心素养》《基于问题解决的高中生物课堂学生活动设计研究》、周老师的《基于课堂理解的活动型生物课堂初探》，这是建校之初生物课堂的 1.0 版本。"画图法"的推出，配合学生活动的开展，调动学生兴趣，画出生命科学基本概念相关的图形或图案（例如细胞图、细胞器结构等），帮助学生掌握生命科学直观的基本概念，形成生命科学观念，取得了非常好的效果。

　　但生物教研组并不止步于此，2020 年开始，以包老师为组长的生物教研组，开始尝试并研究课堂教学中利用"具象法"对生命科学知识体系进行构建，对生命科学原理过程进行演绎，希望更好地帮助学生理清生命科学知识脉络，更直观地帮助孩子们理解教学的重点，让学生在借助"具象法"的学习过程中学到的知识，要比通过教师的讲解获得的知识更加易理解、接受，对学生的影响也会更深刻，这成为生物课堂的 2.0 版本。所以包老师等人又申报了《高中生命科学"具象法"教学建构与实践的循证研究》，将特定知识模块中原本看不见的、抽象的学科知识的逻辑关联、结构脉线以及思维路径，转化成为具象化的、贴切的图形表，从而达到生命科学知识与思维逻辑架构的高度融合与统一，体现聚合思维、交叉思维等，有利于建构良好的知识体系同时丰富了学生的感性思维，使学生的记忆更加牢固，也有利于学生的立体思考。

　　生物教研组教师团队，由"画图法"（生物课堂的 1.0 版本）开始激发学生的学习兴趣，建立学生对生物学习直观印象和初步思维模型，到后来"具象法"（生物课堂的 2.0 版本），将原本看不见的、抽象的学科知识的逻辑关联、结构脉线以及思维路径，转化成为具象化的图形表，实现知识与思维的统一，彰显了教师专业发展的持续性特征。

三、由"陪伴"到"陪育"的升级

　　高中阶段的学生处于心理意识中的成人感和外在行为上的幼稚感

并存的时期，这一时期也是引导学生建构知行同一性的关键时期。在德育方面，高中生的很多"不合规"行为，往往都是"明知不可为而为"，这也是他们知行不同一的表现。反复的道德说教，对于高中生是最低效的教育方式，因为他们从小到大最不缺的就是道德上的灌输，他们需要的是能令他们"心悦诚服"的引导方式，只有这样，才能将德育的效果发挥到最佳。

学校建校之初，结合寄宿制学校的特点，德育团队成员率先提出了"陪伴"的德育方式。班主任践行"陪伴"的理念，不是作为一个管理者，而是学生活动的参与者；不是旁观者，而是学生成长的见证者；不是灌输者，而是学生思想的共情者。在"陪伴"中，实现对学生的生涯向导、思想引导、心理疏导。后来，随着高中育人方式的变革，上海市教委发布了《关于推进中小学全员导师制的试点工作方案》，在"陪伴"的基础上，学校出台了《全员导师制实施方案》，构建全员、全程、全方位的育人工作体系。依据"教师人人是导师、学生人人有导师"的理念，促进每一位学生的健康成长，"陪育"一批具备国际视野和民族情怀、兼有 VAG 特质的新时代公民。历经几年的发展，学校在德育方面的举措初见成效，涌现出一批闵行区金奖班主任、上海市优秀班主任、长三角班主任评选一等奖等班主任队伍，学校也先后荣获了"闵行区中小学行规示范校"和"上海市行为规范示范校"等荣誉。

2021 年，在"陪伴"的教育实践基础上，结合"文化理解"的理念，学校将"陪伴"的教育实践引导向"陪育"的教育理念，系统梳理"文化理解"与"中学德育"的内在联系。

我们知道，高中生在过往的十几年的生活学习过程中，已经形成了自己独特的行为方式与相应的价值理念，即独特的文化图式。尽管从社会及其发展来说，这种文化图式还要完善与丰富，但理论与实践都表明，高中生往往对外界要求的改变说"不"。因此，我们需要基于"文化理解"（Understanding）的理念，引导学生走向自主（Independence），达成与目标文化图式的交流融合，在这样的过程中，学生逐步改变原有的图式。"陪育（Company & Care）"和"体验（Experience）"就是最重要的路径与方式。我们的育人，不仅仅是规范学生的行为，更是让学生认同这种行为背后的价值观。让学生在认同的"行"中强化"知"（行是知之成），最后达到知行合一，追求"文化理解、知行合一、行稳致远"的育人特色。

2022 年 10 月，学校德育团队申报了闵行区重点课题研究项目：《基于文化理解的中学德育"U-ICE"育人模式的实践研究》，并成为闵行区的重点课题研究项目。学校德育由"陪伴"走向"陪育"的探索，进一步提升了学校的德育实践建设，也逐渐成为学校高品质发展的新引擎。

四、由"双基"到"三维"再到"素养"的迭代

2017 年新课标颁发，意味着我们正式由"三维"时代进入"素养"时代。如何面对新课标、新教材、新高考所带来的一系列挑战？事实上，初听到诸如核心素养、单元教学、情景化教学、跨文化素养、跨学科融合、整本书阅读等概念，大家还是有些紧张，但当把新课改精神摸透后，大家似乎是长吁了一口气。因为很多东西，我们学校之前便在基于文化理解的办学核心思想统领下一直在做。因为文化理解强调的便是提供场域，创设情境，强化体验，让学生主动参与，积极建构自己的知识体系、形成自己的关键能力，培养正确的价值观和必备品格等。

以上闵外语文教研组王老师为例，在核心素养发布前，他便在学校文化理解的办学思想引领下带领学生开展《论语》整本书的阅读，并取得了较好的成效，其实践经验也加以总结并发表在《闵行教育》杂志上。以下是开展该活动的一些方案设计说明（节选）：

> 2015 年 10 月起，我在高一年级启动《论语》整本书的阅读尝试。之所以选择《论语》作为整本书阅读对象，是出于以下几方面的思考。
>
> 首先是学校办学的定位。我所在的学校是一所以外国语为鲜

明特色的中学，其核心办学思想是"理解、融合、国际化"，旨在培养具有民族情怀和国际视野的世界公民。学校建校不久便申报并成功立项了一市级课题——《基于文化理解的中学外语教育模式的实践与研究》，在一所以外国语特色为发展方向的学校，作为母语的中文教学貌似难以与外语学科相提并论，相比于一般学校更应该是处于弱势地位，而且事实上诸多的外国语中学也存在这个现象。但究其根本，外国语中学母语地位不但不应削弱，反而更应加强，否则，极易培养出长着中国面孔却只习惯于外国思维的"外国人"，更无从谈及弘扬民族优秀文化了。从文化理解视阈来看，有着"中国圣经"之称的《论语》无疑是一个教材之外的最好载体。

其次，本人一直关注着教育及教学的一些热点问题，并能做出自己的思考判断。这几年教育界最热门的话题是"立德树人与核心素养"，语文教学方面则关注的是"整本书阅读"以及"学科核心素养"，另外还有"思辨读写"。应该说，这些热点词汇都是针对当下教育教学存在的问题应运而生。我非常认可这些教育教学专家学者、一线优秀教师的理论阐述及实践尝试，同时，也在思考以哪些经典的整本阅读来服务于育人目标，来落实核心素养。本人对《论语》颇为偏爱，曾经在不同年级尝试《论语》拓展课，研读下来，越感孔子之可爱、《论语》之博大，但作为一周一次的年级选修拓展课，对其学习难免存在说教及概念化的现象，学生往往关注的是孔子及其弟子的一些事，而非其言及隐藏其后的文化内涵思辨意识，这样，对孔子及《论语》还是隔膜得很。换而言之，如果离开文本的触摸，而是将自己的理解不假思索地放在他人对论语的理解之上，这永远处于隔靴搔痒隔岸观火的肤浅状态。本人非常赞赏李零先生的读法，"我读《论语》，是读原典。孔子的想法是什么，要看原书。我的一切结论，是用孔子本人的话来讲话——不跟知识分子起哄，也不给人民群众拍马屁"。（李零：《丧家狗：我读〈论语〉》）钱理群先生也曾说："如果今天我们口喊经典阅读，年轻一代或者大众，却都不读原著，只读别人的解释，这就会误事，会造成比我们想象的更加严重的后果，说不定比不读更坏。"（钱理群：《如何对待从孔子到鲁迅的传统——读李零〈丧家狗：我读《论语》〉》）基于以上原因，我选择《论语》作为整本书阅读对象，并进行了《论语》课程方案的设计及实践。

● 课程价值定位及课程目标的确定

孔子思想及《论语》在两千多年的中国历史中，虽然绝大多数时候都是主流的意识形态，浸润流淌在民族的血脉之中，但也有着命运的起起伏伏。即使是在 20 世纪至今一百多年，也有着时而被高举，时而又被打倒的数次反复。这固然有政治因素在其中，但与其本身的某些思想与时代落伍脱节也有着莫大关系。选择《论语》的整本阅读，自是要保持一种警惕性与批判意识，而非将学生简单当成容器。我对其价值定位是基于传统文化的理解，培养现代公民意识。对孔子及《论语》我们采取鲁迅先生所说的"拿来主义"。

这一价值定位落实到具体的课程目标中，则以即将出台的修订版课标提出的语文学科核心素养为重要依据，也即"语言建构与运用""思维发展与提升""审美鉴赏与创造""文化传承与理解"四项核心素养。出于个人对《论语》的阅读理解，我对这四项核心素养做了简化明确。具体描述如下。

1. 语言建构与运用

能借助工具书读准字音，并能背诵一些经典语句；

能积累一些成语，如犯上作乱、巧言令色、文质彬彬、己所不欲勿施于人、怨天尤人、血气方刚、色厉内荏、慎终追远、既往不咎等等；

……

2. 思维发展与提升

能借助概念的辨析及语录具体情境（如"孝""直"等）了解彼时中国传统文化的价值观以及彼时人们的生存状态与生活方式；

能积极主动调动阅读经验与人生体验，形成认知冲突并尝试加以解决；

......

3. 审美鉴赏与创造

能在吟诵中初步感知文字之美、语言之美、形象之美、情感之美、思辨之美、智慧之美等；

......

4. 文化传承与理解

能借助语录的学习，真切感受孔子及儒家思想的本来面目，体会儒家文化的博大精深、源远流长，传承中华优秀传统文化，理解并认同中华文化，形成热爱中华文化的感情，提高道德修养，增强文化自信；

......

● 课程规划及实施

《论语》一书虽一万多字，但内容已包罗万象多有涉及，且距今久远，认真解读起来也颇需费一定的时间。本人规划用一年的时间和所带班级学生一起加以阅读。在规划实施时充分考虑到以下几个结合：

......

基于文化理解的 LPRS 教师专业发展模式自初步提出并有序推进，距今有五年时间，因为有"文化理解"这一学校核心文化的创设引领，有"LPRS"这一符合教师专业成长规律的循环系统支持，有许多在这一系统内高效运行的具体策略，还有学校行政团队和教师团队的追随践行，随着实践研究的不断深入不断丰富，学校教师专业发展态势良好，学生多元全方位成才，学校呈现出勃勃的发展生机。

作为一所年轻的学校，学校教师整体年轻，成熟有经验的老师相对较少，职初教师比例极大，随着办学规模的扩大，平均每年都有十几位刚毕业的大学生加入我校教师队伍，学校依靠 LPRS 专业发展模式助力教师成长，学校教师专业水平整体得到迅速提升，越来越多的优秀老师在区域内崭露头角并发挥辐射引领作用。我校区级骨干队伍不断扩大，学科带头人实现了从零位到 2 位再到 4 位的变化，学校设有区级后备干部培养基地、班主任名师工作室、学科种子基地。学校教师共立项上海市级课题 6 项、闵行区大课题（含重点课题）44 项、闵行区小课题 122 项，合计 172 项。教师们参与面广，几乎人人都参与，问题意识强，科研能力高。另据不完全统计，近五年学校开设区级以上公开课多达 60 余人次，开发各类校本课程 50 余门，辅导学生在艺体、科技、学科竞赛等方面的比赛中屡屡获一等奖，也多次代表区、市乃至国家参赛，获得国内国际金奖等。

在短短的十年办学过程中，学校办学质量稳步提升，社会口碑极佳，已经形成了非常鲜明的办学特色，也取得了非常优异的成绩，在区办学质量年度考核中均获得一二等奖，获得了市文明单位、市绿色学校、市区行规示范校、区艺术联盟盟主校、区科技特色校等诸多的荣誉，并因此成为集团学校的领衔校，形成区域内经验的更大辐射。学校也被评为 2021 年闵行区教师队伍建设优秀校。

在办学经验的梳理中，学校近四年连续出版三本由华东师范大学出版社、交通大学出版社出版的具有较高学术价值和可操作性可迁移性的学术著作。

这种教师专业发展范式重在理论指导下的实践研究，在文化理解的视域下思考如何围绕 LPRS 四要素协同发力激励教师的专业发展。在最初的实践中不少教师将教师的专业发展等同于各级管理部门组织的培训，作为一种外在任务的驱动，而忽略了课堂才是教师专业发展的主阵地，强化问题意识、反思意识、实践意识才能有效内驱成长。借助于此研究，教师的主动参与意识、研究意识、成长意识得到增强，教师整体水平提升非常快，在区域内各种获奖人数甚多，教学成绩稳步提升，且成绩来源也由时间累积所致变为科学增效。

但不容否认的是，LPRS 四要素每一要素都是一片深海，还需要细化研究，要探寻出各要素内部的建构，目前的研究还是粗放的、不成体系的。比如 LPRS 中 S（总结），我们借助于三年行动计划表引导大家根据各自的整体计划及罗列目标完成情况做总结，请组内老师一起评价，请分管对接行政加以了解交流，但之后这种总结很多情况下就是笔头的、口头的，并未落到下一阶段的实践中去。其他几要素也同样存在手段不多、反馈指导不及时或难以持续的现象。

学习、实践、反思、总结这一发展模式本身是遵循人的认知规律的，可以说适合各行各业。问题的关键在于能否扎扎实实将各环节做到位。而实际上人是环境产物、是文化产物，受所处环境的影响，受自己既有文化图式的局限。教育教学管理者更为重要的就是去营造一种好的文化氛围，提供更多的场域，鼓励大家以开放的心态去交流去体验，从而实现视域的融合，重构或是更新自我文化图式。同时，以目标远景责任担当等去激活教师的发展潜能。

怀特海在《教育的目的》一书中，开宗明义地说道，"学生是有血有肉的人，教育的目的是激发和引导他们的自我发展之路。"教师何尝不是有血有肉之人，管理的目的也是为了千方百计激发和引导他们的自我发展之路。当老师发展了，学生自然得到发展，学校自然得到发展，国家也同样自然得到发展。就目前来看，备课组和教研组所施加的影响过小，区级层面施加影响过远，学校层面施加的影响才最为有效。学校要最大程度理解教师的内在成长需求，并予以关注激励，创设文化理解场域。

此外，对于教师而言，要想在专业发展之路上走得更远，必须有追求卓越的心态，强化自己的职业道德和职业尊严，以开放、谦虚、进取的姿态不断提升自我专业能力，给学生、给各种学习共同体成员以积极的影响。

第九章

现代外国语中学后勤服务支持系统的建设

一所成熟的优质的学校一定有完备的服务支持系统来支撑其运行与发展，主要支持系统包括教育资源的支持与人员支持。对于现代外国语中学来说，我们认为有如下五类：首先是符合外国语教育需要的各类设施的支持；其次是适应外国语教育的各类支持人员，且是具有现代服务育人意识的各类支持人员；其三是校内外各类支持外国语教育的教育资源，包括信息资源；其四是完善的现代学校服务系统；最后，也是最重要的，是外国语中学教职员工的教育观念的支持。最后一类，在前面各章中已有论述，特别在外国语中学文化这一章中已有深入论述，故本章只综合论述前四类服务支持系统的建设。

第一节　现代外国语中学的后勤服务支持系统

现代外国语中学的后勤服务支持系统，有一般学校的共性，既为教师的教育与学生的学习生活提供后勤保障服务，也有外国语中学的个性，即外国语中学是中外文化融合的地方，是中外思想碰撞的场所。所以，现代外国语中学的后勤服务支持系统必须满足这两方面的需要。

上闵外自十年前建设以来，一直在探索具有上述特点的后勤服务保障系统。

一、后勤保障服务人员的构成与其现代服务素养的形成

根据上面的论述，外国语中学的这类人员主要包括：对外（外事）联络人员、信息技术人员、医疗卫生人员、图书信息人员、后勤保障人员、财务会计、人事档案人员、校园美化人员、工程师、校园

维护保安人员、宿舍管理人员、食堂服务人员、专用教室管理人员、教务人员等。

学校除了严格按要求遴选上述人员外，更重要的是，让这些人员理解外国语中学的特点，从而为其服务工作做好准备；更要让他们认识并拥有服务意识，并具备"服务育人"的素养。

我们知道，作为人的自然属性，每个人都希望能得到他人的服务。而在学校，特别是外国语中学，一定要树立领导服务教职员工、教师服务家长学生、职工服务师生等现代服务意识，而这种服务意识，是抛开个体的自然属性形成的，是现代社会属性的重要内涵。

上闵外作为一所外国语中学，在学校治理的过程中，对从事服务支持保障系统的教职员工，从三个维度来提升他们的这种素养。其一，加强培训，提高他们的认识，意识到自己是一所外国语中学的教职员工，必须具备现代服务意识与能力。其二，通过对岗位的高标准要求，在高标准要求的工作过程中形成行为的习惯，从而提升教职员工的现代服务素养。其三，通过与师生的对话，认识到自己的不足，不断提升自己的服务水平，满足学校与师生发展的需要。如信息人员，必须不断通过与师生的对话，发现师生的新的需求，从而提供满足师生发展需要的服务。

二、以大后勤服务支持系统来支持外国语中学的有效运行

如何使学校的大后勤服务支持系统更有效？

我们根据现代学校教育管理原理，结合外国语中学的特点，以大后勤服务的基本思想为指导，主要从职工服务管理、大后勤日常学校秩序制度化管理、大后勤校园环境文化服务三个维度来支撑起学校的大后勤服务管理系统。

（一）大后勤职工服务管理

学校后勤服务管理是学校管理者与被管理者一起运用一定的原理、方法和手段，通过一系列特定的管理行为和领导活动，促进全体

成员自觉努力工作，以达到学校后勤服务工作目标的过程。在这样的过程中，学校的教职员工既是按一定规章制度实施后勤服务的人员，同时也是后勤服务管理的主人；后勤服务工作不仅是为一线教师与学生提供物质保障，同时也是促进师生发展的育人工作。

当然，学校后勤服务管理是教育管理的一种形式，是教育管理的一般本质在后勤管理中的一种表现。上面已提到，由于学校后勤工作部门主要是为学校教育与师生成长活动提供后勤各类保障的机构，故它的主要任务是为学校教育与师生成长活动提供服务，要有服务育人的意识。因此，有效的学校后勤服务管理的任务就在于动用各种管理手段，通过组织、指挥和协调后勤教职员工的活动，来创造一个远比每个个人活动力量总和要大的后勤保障力量，以便高效率和高质量地完成后勤工作任务，进而保证单位职能工作的顺利开展。

根据学校后勤服务工作的这个特性，我们提出了"大后勤服务"的思想。即在学校后勤服务过程中，一方面，为了方便学校师生员工，将学校后勤服务一体化，让教职员工能享受一站式的服务，并把学校提供的后勤服务产品、渠道、内容细分化、深入化；另一方面，学校提供后勤服务的人员要有一个思想：对学校教职员工提出的服务要求落实"首问制"，不回避困难，一竿子负责到底。所谓"首问制"，就是当学校师生员工向学校后勤服务人员提出服务要求时，该后勤服务人员不得回避，或自己提供服务，或帮助师生员工一起寻求服务，直到该服务项目完成为止。

在今天这样一个信息化时代，"大后勤"还要努力做到让学校后勤服务产品网络化与信息化，提高服务效率。

所以，要实现大后勤服务目标，学校后勤服务部门的全体教职员工要实现统一思想、协同工作、同舟共济、统一评价，从而提升后勤服务效率，实现服务育人。

（二）大后勤秩序制度化管理

1. 校园日常秩序制度化服务支持的认识

校园服务工作所遇之事，需要有个判断，轻重缓急，行事依据等，事先得有一个思考论证，为什么做、如何做，可以从秩序性、安全性、全局性、长远性、教育性等角度去思考判断，这样工作所到之处就具有稳定的特性显现。

如果过分依赖个人裙带关系、人身依附关系，采用任意、主观、多变的管理方式，那就不适合现代学校组织管理的要求。现代学校组织由于规模较大、内部分工细、层次多，更需要高度的统一，需要有准确、连续、稳定的秩序来保证教育、教学，学校、家长、师生之间的协调一致，从不同的侧面保证教育目标的实现。

在制度化管理中，职务是职业，而不是个人身份，所有管理行为都来自规章、制度的规定。制度化管理摆脱了传统管理的随机、易变、主观、偏见的影响，具有比传统管理优越得多的精确性、连续性、可靠性和稳定性，达到个人与权力相分离。

2. 后勤管理制度概念化推进

每项工作特别是虽琐碎但很重要的一些行为性制度，上闵外采用后勤制度概念化形式推进，比如安全首问制、场馆预约制、设施设备收尾制等易记易懂的概念，这些概念很快就根深蒂固、植入人心，保护了师生的安全，保证了校园的良好秩序，保全了学校财产的完备。这样的概念化制度容易接受容易付诸行为，实践证明是有效的，具备相当的稳定性。从某种角度讲，这种概念化制度的推行本身更符合人性特点，从效果上说制度的快速有效的实施，被制度制约的群体得到了益处，使制度化快速趋向人性化，这也符合现代外国语中学应当具备的约束和自由兼得的管理系统、管理素养和管理目标。

（三）大后勤校园环境文化服务

1. 关于校园环境育人的认识

上闵外所理解的校园环境育人包含服务环境、管理环境、空间环境三方面，前两个可以称为校园人文环境。将来学生总是要走入社会生存的，在学校这个小社会环境中，学校努力建设空间环境，让学生从生态和视觉上的所见中，在理解和吸收教育内涵的同时，更注重学生与校长、老师、职工交往中所获得的服务感受，懂得做事做人的准则，注重管理过程中种种规范要求的建立和修正，使学生获得集体性、大局性、安全性、秩序性、预见性等团队归属和公民意识。学校除了基本的学科育人以外，服务育人和管理育人更是环境育人的重要因素。因此校园环境育人不仅仅是单纯狭隘的自然空间的环境育人。

2. 上闵外校园环境育人体系

（1）目标与理想育人。

上闵外提出要让我们的学生成为具有 VAG 特质的未来中国人！我们的学生应具有优秀的品德操行——Virtues，高品质的学术素质——Academic ability，厚实的跨文化素养——Globalization。这三个词，就是 VAG。

作为一名具有 VAG 特质的上闵外学子，首先要爱国、爱党、爱人民，具有诚、信、礼、义、勇、孝等中华民族传统美德。同时，也须兼具西方文化中的诚信、希望、善良、正义、勇敢、宽容等优秀品德。应拥有扎实的学业知识与技能，具有渊博的知识素质，具有创新的意识与能力，同时须在通晓中华文化的基础上，具有了解、理解、欣赏其他民族优秀文化的素养。

（2）服务育人。

主要指上闵外总务部门在就餐服务、就寝服务、就医服务、安保服务、校车服务、保洁服务、设施设备提供等职工人员与学生的相处态度、相处语言、相处行为等方面努力营造尊重、理解学生的服务氛围，职工以微笑、合作、规范、高效的方式做人做事，职工如是，学生则如是。

（3）管理育人。

主要指上闵外大后勤部门在就餐管理、就寝管理、就医管理、安保管理、校车管理、保洁管理、设施设备管理等方面，要求学生思考安全性、秩序性、集体性、责任性等，从中获得诚实、守信、善良、正义、宽容等优秀品质，所有发生的现象或事件都围绕这些角度去管理和变革。

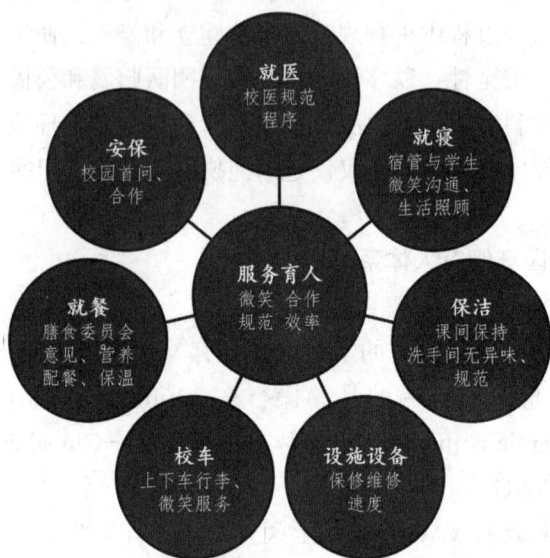

图 9-1　上闵外后勤部"服务育人"规范要求

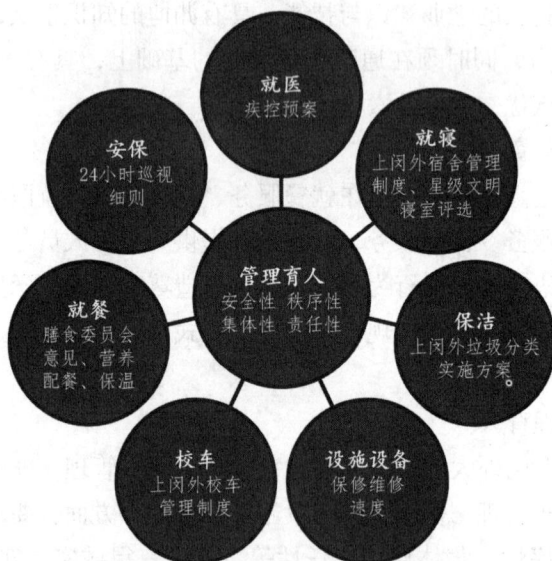

图 9-2　上闵外后勤部"管理育人"规范要求

（4）空间育人。

面向未来，上闵外对学生的教育不再仅仅发生在教室的学科教学内，校园各个角落和校外空间都在逐渐成为没有边界的开放的育人环境。空间育人环境的变化，将会连线正式育人和非正式育人，对学生教育产生重要而深远的影响。

上闵外校园空间呈现了各类中西方文化艺术，如建筑、雕塑、美术、舞蹈、绘画等，这些文化艺术与教育学之间的空白地带，通过校园空间环境来进行连接、融合，使各类中西方文化艺术成为教育的资源和方式。

图 9-3　上闵外后勤部"空间育人"建设布局

第二节　现代外国语中学后勤服务支持系统的主要内容与策略

在大后勤服务理念的支持下，上闵外开始了大后勤服务支持系统的实践探索，大大提高了上闵外的后勤服务质量，为学校与师生的发展提供了有力保障。

一、大后勤服务管理系统的主要内容和实践

（一）服务理念

（1）目标：微笑、规范、合作、有效地开展服务工作。

（2）内涵：服务理念就是生活理念，人人都要生活，人人都需要服务。注重微笑服务，体现服务态度，体现服务者自身的价值审定；注重规范服务，体现服务的程序性和严谨性；注重合作服务，体现服务者内部协同作战的能力、营造良好的服务氛围和较强的执行力；注重有效服务，提高服务的质量和服务水平。

（二）服务实践

上闽外职工服务过程评价方案

（1）指导思想。

为了提高学校服务质量、服务效益，使学校教育、教学、教辅三线工作和谐合作共同发展，本学期始对职工团队实施具体的常规工作过程评价管理。

（2）服务宗旨：微笑、合作、规范、效率。

（3）评价次数及使用。

每学期3次，期初首月、期中考试后、期末，每年度共6次。上半年数据用于服务奖、下半年数据用于年终绩效奖；数据按评价汇总为依据产生。本方案自2018年3月起执行。

（4）评价项目。

表 9-1 上闽外职工服务质量评价表

评价项目	内部常规（40分）				师生评价（30分）	主管部门评价（30分）		合作事务（10分）
	入校年数（5）	会议出席（10）	在岗情况（5）	办公环境（20）	师生满意度	执行力（15）	合作力（15）	
打分规则	0.5分递减	每次2分	每次2分	每次5分	按30、25、20、15分打分	按15、10、5、0分打分	按15、10、5、0分打分	见（5）、（6）项

330

（5）加分事项。

加分列项及加分额度：

a. 交流材料、学年度小结上交（每次2分）。

b. 对学校有贡献的，上报被上级部门认可的（每次3—5分）。

c. 合作意识强，援助其他部门突击工作的（每次按时、天计算：8小时内每天加2分；8小时外每小时加0.5分）。

d. 期中、期末及其他大型考试援助。

e. 校内、校外大型活动援助。

f. 公共安全卫生等重大执行活动援助。

g. 各部门对口接受上级评比活动援助。

h. 寒暑假、其他节假日统筹工作援助。

加分程序：需要加分的职工，填写加分事由单，上交总务处核实确认。以此单作为凭证，不填者视作放弃。

（6）减分事项。

减分列项及减分额度：

a. 工作过程中出现失误和事故的（每次3—5分），严重者取消服务奖和年终一、二等第奖。

b. 工作效率低下，消极怠工者（每次2分）。

c. 不请假脱岗者（每次2分）。

d. 小组内部不团结，产生是非矛盾的（每次2分）。

e. 上级部门对口检查受批评的（每次3—5分）。

f. 重要事情如安全等事件隐瞒不报、谎报的（每次3—5分）。

减分程序：由干事和主管部门提议经总务处核实确认。

（7）说明。

a. 本方案通过后必须执行一年以上，若有异议请保留到第二年完善。

b. 每次评价不公布，评价结果由5人工作小组签字确认后递交学校。

c. 如本方案的使用和学校的评价决定发生冲突，以学校决定为依据，本方案为参考。

（8）上岗外职工服务过程评价方案解读。

《上岗外职工服务过程评价方案》拟定和实践，是为了提高学校服务质量、服务效益，使学校教育、教学、教辅三线工作和谐合作共同发展，对职工团队实施的具体的常规工作过程评价管理。除了本岗位尽责以外，突发的需要援助的事务或大型活动，比如：教材分发、防疫排摸消毒、运动会保障等，需要全体职工共同参与的，记录在案评价加分，充分体现集体意识、合作意识、共建意识。

二、日常秩序制度化管理的主要内容和实践

1. 管理理念：就校园吃住用等方面讲求秩序性、安全性、全局性、教育性、长远性、预见性等。

2. 具体工作思维和制度建设：

① 后勤服务工作所遇之事，需要有个判断，轻重缓急，行事依据，事先得有一个思考论证，为什么做、如何做，可以从秩序性、安全性、全局性、长远性、教育性等角度去思考判断，这样工作所到之处就具有稳定的特性显现。具体见下表：

表 9-2　上闵外后勤服务工作思维

工作思维	秩序性	比如公务车预约、场馆预约、人员车辆出入校门秩序、校车秩序、宿舍开放时间等
	安全性	比如人员进出校门安全须确认身份、校车运行安全、食品安全、设施设备安全等
	全局性	比如资金使用的侧重点、专项申报的合理性、学校的发展方向等
	教育性	比如星级文明寝室的做法，保安晚上巡视校园安全财产并反馈，对外消防展板等
	长远性	比如体现校园文化建设的方向及设施设备的耐久性等
	预见性	比如开学前的准备工作预设、应对措施、补救等

② 拟定并在操作中不断完善的管理规定：上闵外空调使用管理规定；上闵外安全风险检查记录表；上闵外班级安全财产管理思路；上闵外保安安全检查情况陈述记录；上闵外校车运行管理规定；上闵外宿舍管理思路；上闵外星级文明寝室的评选思路等。

③ 其他日常维持制度：

• 安全首问制：除了保安 24 小时巡视记录反馈，职工安全分工

检查反馈以外，全体师生员工有责任和义务及时报告安全隐患。

- 场馆预约制：避免使用冲突、有序使用学校所有场馆，以小程序预约方式操作，提高了场馆的使用率。

- 资产保管制：学校固定资产谁领用谁保管，责任承担性使用。到了报废年限后更新。

- 领用物品档案制：办公用品的领用根据所需登记在案，每学期反馈一次，领用之前自行有个判断是否真的需要。

- 设施设备使用低碳制、报修维修跟踪制、收尾制：节约使用为纲，及时报修维修为线，使用完毕整理收拾为果。

- 损坏公物赔罚制：自然损坏及时报修，人为损坏视情节轻重赔偿和罚款。

- 拾金拾遗集中制：比如校服、红领巾、现金等散落校园导致校园环境凌乱，上交和认领同在宿舍值班室。

- 教职工工作餐补贴制：学校用餐更温馨，营造家的氛围。

- 教师住宿免险制、学生住宿星级制：教师宿舍不使用大功率电器，不产生厨房行为，消除火灾隐患；学生星级文明寝室体现宿舍文化建设，从文化建设角度督促和激励学生寝室生活的规范性。

- 食堂膳食委员会制、陪餐制：学生用餐通过膳食委员会积极听取各方意见，不断完善用膳环境、用膳营养、用膳安全等，学校行政、教师每餐陪同学生用餐，感受饭菜质量，零距离听取学生心声，方便学校及时完善餐饮运行。

- 校园卫生常规和突击制：除了常规的分工区域以外，开学或学期结束以及大型活动时，需要所有保洁员工突击完成卫生任务，快速而有效。

- 交通错峰求援制：开学报到、学期结束、大型活动等高峰时段，停车困难，实行分时段停车，并通过交警约定允许部分城市道路停车，解决家长停车困难问题，有序开展活动。

（3）日常管理实践案例——上闵外宿舍管理：

① 上闵外宿舍管理流程。

表 9-3　上岗外宿舍管理流程

管理类别	管理事项	管理流程				备注
学生规范	学生离宿请假流程	填写《上岗外学生出校门联系单》	班主任或家长签字	离校前交于宿舍值班室或宿管老师	单据学期末整理、存档	如果特殊情况班主任无法签字，先微信告知、事后补签
	作息时间	6:30前离开寝室	初中：21:00前进入门禁 高中21:45前进入门禁	初中熄灯21:30；高中熄灯22:00	期中期末考试前二周延长时间半小时	迟出宿舍迟进宿舍作违纪处理
	内务要求	以上岗外学生宿舍管理细则为依据	产生的数据是星级文明寝室评选依据	等于高干95分以上	提供给学生处班级考核使用	检查人：宿管老师
	纪律要求	以上岗外学生宿舍管理细则为依据	产生的数据是星级文明寝室评选依据	违纪一票否决	提供给学生处班级考核使用	检查人：宿管老师
宿管规范	作息时间	5:30起床	6:00-6:30督促学生起床内务整理、离开寝室	6:35检查各寝室内务	7:30走廊、公共浴室、公共卫生间保洁	视进纪次数、情节严重者，开出信誉累计单
					8:30开窗通风、卫生间消毒、饮水机事务	周二、周四向预初学生提供洗衣服务

（续表）

管理类别	管理事项	管理流程				备注
宿管规范	作息时间	9:30 资料计算、整理向班主任反馈	10:00 安全检查、记录、反馈、报修	17:00—18:00 开放寝室巡视、纪律管理、提醒学生离开寝室	20:15 和 21:00 按规定开启备调等准备工作	21:00 或 21:45 起关闭门禁、巡视、纪律管理	12:00—16:30 值上岗室上岗
	安全财产检查及整改流程	每天检查记录	宿舍组长、总务处、学校抽查	消防器材、电器设备、家具等	报修、查实自然或人为损坏	学校整改	杜绝安全隐患
	内务管理流程	督促学生内务整理	检查各寝室内务	傍晚向学生反馈内务情况		向班主任或有关部门反馈	以上岗外学生宿舍管理细则为依据
	纪律管理流程	按作息时间记录迟出宿舍或迟进宿舍合作违纪处理	17:00—18:00 开放寝室、巡视、纪律管理、提醒学生离开寝室	21:00 或 21:45 关闭门禁、巡视、纪律管理至 22:30	教育、开出信誉记录累计单	向班主任或有关部门反馈处理	严格要求。以上岗外学生宿舍管理细则为依据
	值班管理流程	值班时间：每天 12:00—16:30	负责来访和登记；接待来访和学生出入		记录在案，每月交于总务处、学生处查阅		

（续表）

管理类别	管理事项	管理流程					备注
宿舍规范	突发事件处置流程	生病；一般安全事故	报告校医；及时报告行政总值班；	就诊、决定、及时联系家长	联系护送组负责送达医院	记录在工作日志上	校园突发事件首问制及行政总值班负责处置
		重大安全事故	启动疏散方案	指挥学生按疏散路线逃生	及时报告行政总值班或拨打救助电话		
	宿舍管理例会反馈流程	每月例会制度	组长总结	提出问题	研究并确定初步方案	行政会沟通	
	宿舍管理日常记录	日常重要时间段各类情况描述	日常重要时间段各类情况处理记录	做到记录翔实	每月交于总务处、学生处查阅		
宿舍文化	星级文明寝室评选	见下面②					

② 上闵外星级文明寝室评选方案。

• 星级文明寝室评选方式

a. 满两次三星级晋升四星级，满两次四星级晋升五星级。

b. 三星寝室为起始文明寝室，以纪律和内务为评选标准。

c. 每月评选三星级寝室一次，连续两个月评选四星级寝室一次，每学期评选五星级寝室一次。

• 星级文明寝室评选要求

a. 当月没有违纪的寝室参评。

b. 当月每天内务检查等于高于 95 分的寝室参评。

c. 符合上述 2 个条件的寝室，将当月的总分累加由高到低排序。

d. 每楼层当月以 50% 比例为限评选三星级寝室；每楼层连续两个月内获三星级寝室自动晋级四星级寝室；每学期连续两次获四星级寝室自动晋级为五星级寝室。

e. 当月不管是几星级寝室，一旦有违纪现象将取消星级寝室称号。

• 星级文明寝室评选结果的使用

a. 提供给学生处作为班级考核和评比使用。

b. 单独作为宿舍文化的建设，每学期末由学校进行颁奖。

建立"上闵外宿舍管理流程"与"上闵外星级文明寝室评选方案"相结合的制度开展工作，收到了很好的效果，具有很强的标准性和复制性。楼层宿管老师专业背景有所差异，把宿舍管理的每日流程形成文本，宿舍管理老师依据此文本操作，具备统一性和可操作性。人员更新时只要学习此文本，很快就能进入管理角色，工作效益大大提高。此外，辅以星级文明寝室的评选，每楼层当月以 50% 比例为限评选三星级寝室；每楼层连续两个月内获三星级的寝室自动晋级四星级寝室；每学期连续两次获四星级的寝室自动晋级为五星级寝室，奖惩结合，使寝室学生团队具有内驱感、追寻感、归属感，从而达到个体和集体的自律，体现出稳定和良好的就寝环境。

三、校园环境服务的主要内容和实践

（一）校园空间环境服务的建设

1. 空间育人的认识

学校空间环境创设，首先要满足和符合学生发展的需要。在公共场所，标语和涂画内容创设中，要充分体现以学生为本的价值取向。体现学校办学思想和办学目标，以满足学生需求为前提，立足学校和学生实际，改变以政策、教育理念、思潮为宣传内容的标语和图画。这里的校园空间环境的创设内容严格意义上不仅针对学生，而且针对教育工作实践者，或是针对学校教育发展本身。

在学校走廊的墙壁上、广场上、教室里、大厅内等移步一景，到处能看到空间育人的项目，一切对于学生精神面貌的形成都具有重大意义。这里的任何东西都不应是随便安排的，学生周围的环境应当对他们有所启示，学校只有设计更具有特色性、针对性、艺术性、教育性、趣味性的标语、图案、景观等，才能真正发挥空间育人的功能作用。

一个学校鲜明的个性和魅力，最主要的途径就是通过视觉进行传达，并且能够在我们脑海中留下深刻印象的部分，所以学校空间育人环境应该彰显学校文化的特色、外国语中学的特点，植入中西方文化资源，然后进行定位。正如一位美国城市规划专家曾经说过的，"让我看看你的学校面孔，就能说出这个学校的追求是什么文化。"

2. 空间育人实践

（1）建筑风格。

上闵外英伦式建筑风格树立典雅大气的形象，符合外国语大学附中的文化内涵（图9-4）。

英伦风格建筑的底部多数使用砖砌墙形式，大多斜

图9-4　上闵外主教学楼

坡尖角屋顶。上闵外追求培养学生的气质就是男生具备绅士风度、女生具备淑女品质等高贵典雅的气质，建筑形象与育人目标内外融合，相得益彰。

（2）大厅浮雕。

浮雕风格为象征性的浮雕，其中包含中华民族文化元素和西方文化元素（图9-5）。

大厅正面墙上的浮雕设计内涵：中间为地球，世界地图；世界地图左上方为中国的长城，是世界

图9-5 大厅正面浮雕

七大奇迹之一，代表中国的形象与文化；世界地图下方为西方传统绘画中的小天使和中国古代壁画中的飞天，中西方传统文化产生互动；浮雕中的水波纹寓意着知识的海洋；埃及狮身人面像和古罗马角斗场代表着西方文明；鸽子代表和平；浮雕上部的文字：民族情怀、世界公民（National Sentiment, Global Awareness）表达的是上闵外的育人目标。

南北两面墙上浮雕的设计内涵：在律动的音符中展翅高飞，放飞梦想。浮雕上的海鸥象征着学子们，左上角的太阳上镌刻"SMW"三个字母，代表着学校，代表着学校梦想升起和实现的地方。律动的音符和左边的连成一个整体，上面有着博士帽和书籍、奖杯奖牌、荣誉证书、画笔调色板、科技标志、足球橄榄球等元素，寓意着学生在各个领域取得的成功（图9-6）。

（3）各类特色功能教室。

a. 模拟联合国教室

模拟联合国简称模联（MUN），是对联合国大会和其他多边机构的仿真学术模拟，是为青年人组织的公民教育活动。在活动中，青年学生们扮演不同国家或其他政治实体的外交代表，参与围绕国际上的热点问题召开的会议。代表们遵循议事规则，在会议主席团的主持

图 9-6　大厅两侧浮雕

下，通过演讲来阐述观点，为了"国家利益"辩论、磋商、游说。他们与友好的国家沟通协作，解决冲突；通过写作决议草案和投票表决来推进国际问题的解决。在模拟联合国，学生们通过亲身经历熟悉联合国等多边议事机构的运作方式、基础国际关系与外交知识，并了解世界发生的大事对他们未来的影响，了解自身在未来可以发挥的作用。

学校推动模拟联合国活动的发展，加强与世界各地中学生的交流，为学生提供学习探究与提升自我的平台，并致力于培养具有思辨精神和人文精神的中国公民与世界公民。

b. 西方语言中心

因为学校继承上外的校训："格高志远，学贯中外"，希望上闵外的学生能成为"言有物而行有格，具有国际视野的、文理相通的高素质人才"。一批像杨洁篪这样的外交家、有外语优势的优秀人才将从这里走出，所以我们建设了西方语言中心。

（4）国际文化节的空间布置。

上闵外教室布置及各类大型活动阶段性空间布置是学校空间育人的特色，根据不同的主题具有移动性、多样性特点，比如每届国际文化节，走近欧洲、走近美洲等年年样式不同年年地域文化内涵不同。以下以第三届国际文化节的教室布置为例。

案例：

上闵外第三届国际文化节——班级文化布置活动方案

1. 活动目的：

为了丰富学生的文化生活，进一步让校园各教室充满文化气息，展示学生的特长，提高审美能力。根据学校第三届国际文化节的安排，决定进行欧洲文化主题的班级文化布置评比活动。

2. 活动时间：11月28日—12月22日

3. 评比时间：12月22日游园会

4. 参赛对象：全校各班

欧洲各国年级划分

六年级（1—4班）	东欧：捷克①班、俄罗斯②班、波兰③班、匈牙利④班
七年级（1—4班）	西欧：奥地利①班、比利时②班、英国③班、德国④班
八年级（1—2班）	瑞士①班、法国②班
高一（1—4班）	南欧：希腊①班、葡萄牙②班、西班牙③班、意大利④班
高二（1—2班）	北欧：芬兰和丹麦①班、瑞典和挪威②班

5. 评比内容：

a. 墙面布置：黑板报、展板、特色文化角（墙）

b. 环境装饰：教室内外（门窗灯）装饰、绿化卫生环境、走廊文化装饰

c. 整体效果：每班制定富有本国特色的文化主题内容，努力营造充满欧洲文化气息的班级文化氛围

6. 评分标准：

上闵外第三届国际文化节班级文化布置评分细则

项目	评分标准	满分
墙面布置（30分）	① 黑板报：主题鲜明，内容充实，色彩丰富，整体效果良好。	10分
墙面布置（30分）	② 展板：新颖大方，色彩搭配协调，布局合理。	10分
	③ 特色文化角（墙）：与学科相结合，体现本国文化特色及内涵，别具创意。	10分
环境装饰（30分）	① 教室内外（门窗灯）装饰：装饰美观大方，和谐统一。	10分
	② 绿化卫生环境：课桌摆放整齐，地面无污迹，充满生机。	10分
	③ 走廊文化装饰：走廊装饰能体现班级特色	10分
整体效果（40分）	① 布局合理，布置大气得体，使人赏心悦目，整体效果良好。	20分
	② 体现欧洲文化内涵，形式新颖有创意。	20分
合计		100分

7. 活动评委：活动组委会

8. 奖项设置：

根据各班级文化布置，将评选出"最美教室"，同时还将评出"最具创意奖"，"最佳年级组"等单项奖。

项目	评分标准	满分
墙面布置（30分）	① 黑板报：主题鲜明，内容充实，色彩丰富，整体效果良好。	10分
	② 展板：新颖大方，色彩搭配协调，布局合理。	10分
	③ 特色文化角（墙）：与学科相结合，体现本国文化特色及内涵，别具创意。	10分

（续表）

项目	评分标准	满分
环境装饰 （30分）	① 教室内外（门窗灯）装饰：装饰美观大方，和谐统一。	10分
	② 绿化卫生环境：课桌摆放整齐，地面无污迹，充满生机。	10分
	③ 走廊文化装饰：走廊装饰能体现班级特色。	10分
整体效果 （40分）	① 布局合理，布置大气得体，使人赏心悦目，整体效果良好。	20分
	② 体现欧洲文化内涵，形式新颖有创意。	20分
合计		100分

图9-7 国际文化节教室布置

纵观所有办得有声有色的学校，其校园环境绝不是凌乱无序的，我们要使上闵外校园里的每一次服务、每一项管理、每一处空间都具备育人气息，使他们营造出一种能够产生教育作用的氛围，发挥教育的作用，这是一种更高层次的立体式育人模式。

（5）校园景观建设

如何让绿化景观表达出校园特定的场所品质，以积极向上、富有朝气和带有启迪性的环境氛围，激发学生生命的自觉灵动，是学校绿化工作中的重点设计。我们努力围绕外国语中学空间育人角度构思立意入手，在校园的景观绿地和学生的休闲绿地中，创造出人文与自然相结合的，突出环境感染力的十大小景观，使莘莘学子从环境中也能受到教育和启迪。

醉花荫·校门松石联益友

一进校园，迎客松伸出枝桠，迎接雨露，拥抱阳光，每天迎来送往我们的上闵外学生。她似一位好客的主人，与簇拥的郁金香等鲜花挥展双臂，热情地欢迎五湖四海的宾客来校参观访问。她还倚靠着一块巨型横卧的泰山石，寓意浓阴下"书山有路勤为径"，鼓励莘莘学子在求知的道路上不断求索、开拓创新、勇攀高峰。国内外姐妹学校到此，纷纷摄影留念，迎客松和泰山石构筑的"醉花荫"成了我校开放性办学，海纳百川的象征。

柔泉石·高山流水遇知音

悠然漫步，循声而往，来到柔泉石景观前，学校特意打造的"高山流水"之境。太湖假山石搭建出一位静静伫立，若有所思的师者形态；倾泻而下的泉水，则更寓意纯洁一如师生美好的心灵；一静一动，相得益彰，引得喜欢上闵外的知音们驻足欣赏。"高山流水"的典故也在校园广为流传。

快鹿苑·中央绿地处和谐

西行数步，中央绿地近在眼前，乔木和花卉相称，错落有致，互为装点。茵茵草坪上几头美丽的"小花鹿"或微仰着头，或侧耳倾听，树枝上正在攀爬的"小松鼠"左顾右盼，灵动异常。放学后，滞留的孩子在这里与"小动物"交谈，互诉衷肠，构成了一幅人与自然的和谐画面。

紫玉兰·玉兰花开向自然

一路往北，就能看到一株高大的紫玉兰迎风挺立，因其花语有对大自然的爱、友情之意，紫玉兰花开时节，在翠绿枝叶间，一朵朵紫色花瓣挂在枝头，走到树下便能闻到淡淡的清香味。微风过处，花瓣如玉，枝头纷落，如羽衣仙女纷纷下，正是"微风吹万舞，好雨近千妆"。

足迹墙·连廊墙壁见成长

再向前，便能看见操场边连廊东侧满满一墙的爬山虎，那么绿，那么嫩，叶尖儿朝下，均匀地铺着，一阵风吹过，荡起层层波纹，正像苏霍姆林斯基说的那样，好的教育能让校园里的每一面墙说话。这些爬山虎伴随着孩子们的童年成长，一脚一脚地往上爬，时刻激励着孩子们一步一步往前进。连廊西侧一块足印墙上的脚印是每天孩子足球训练的见证。每天孩子们追寻着脚印，观赏着爬山虎一步步向上，去感受坚持不懈的伟大力量。

莲动池·喷水锦鲤戏荷叶

莲动池环水置景，以水为胜，因荷得名。睡莲安于莲池、微动涟漪、朝开暮合、宁静安详。"莲漪夏艳"，最美是盛夏时节，睡莲花儿迎着太阳盛开，恰似小女孩莞尔一笑，让人心花怒放；其色彩斑斓，或红、黄、青、蓝、紫、或白如玉、或不同色彩相融，都是那样的高雅、喜人。莲动池也成了课间学生休憩的乐园。孩子们或两两结伴，坐在池沿观鱼聊天；或三五成群，赏莲戏水；或折条纸船，放飞心愿。集群是睡莲的天性，细细读取每一朵睡莲，各有风姿，汇在一起，形成一道浪漫的风景。

连藤廊·紫藤飘香映春光

紫藤深沉的枝蔓，无声地缠绕在横竖相间的木架上，无限地向上或向前延伸，缠绵的枝干延续着旺盛的生命。春风送暖，百花齐放，但孩子们每天经过无数次的紫藤却迟迟不见花的影子。某一日，惊喜地发现了她的绽放！那是紫藤最荣耀的时光，一架的紫色，一架的芬芳，扑鼻而来，沁人心脾，将校园装点得格外清香。孩子们路过时都放慢了脚步，抬头欣赏，收获着心情的愉悦与一身的花香。春去秋来，紫藤花期是短暂的，可美丽在心中却是永恒的。

（二）建立上闵外校园听证服务系统

1. 关于校园听证制度的解读

学校认为基础教育必须坚持深入开展社会主义核心价值体系教育实践活动，坚持贴近实际、贴近生活、贴近学生的原则，进一步在广大未成年学生中积极倡导"公正、包容、责任、诚信"的城市价值取向，不断加深他们对社会主义核心价值体系的理解与认同，努力强化他们的社会责任感和使命感，提高他们的道德文明素质。

校园听证制度的提出与实施，是在和谐校园创建工作引领下的一种创新的校园管理育人的形式，是提升学校管理育人的针对性和实效性的有力举措，更是培养具有民族情怀的世界公民的积极尝试。

2. 校园听证制度的主要内容和实施程序

校园听证制度，是指在学校规章制度的制定、实施和修订过程中，由学校教师、学生或家长等利益相关人提出听证请求，学生自主管理委员会协调，教职工、学生、家长和其他利益相关者参与，就拟制定的规章制度、措施决定进行公开辩论、共同协商，为修订、执行提供参考建议的制度。听证制度包括听证会的申请，听证会的召开，听证决议的形成和执行等。

在实施校园听证制度中，可以成立一个机构：在共青团领导下的以学生自主管理委员会为主体的听证机构。在校内设置三级听证制：班级听证、年级听证、学校听证。各级设有听证组，负责接受审核各级提出的听证申请。

听证程序：

（1）听证申请人向各级听证组提出书面听证要求，并提供相关听证依据材料；

（2）各级听证组经调查研究后上报学生处，三天内作出是否举行听证的答复；

（3）如举行听证会，须用书面形式提前3天通知听证代表，确定听证时间、地点并提供相关听证材料；

（4）听证会由听证会主席（学生自主管理委员会主席或团委书记）主持，听证会需做笔录，听证会主席与笔录员由听证组推荐产生；

（5）听证意见需听证代表三分之二多数通过才能生效。

听证会的召开，首先必须由听证申请人就自己主张的听证主题向相应的学生自主管理委员会提出书面听证要求，学生自管会调查研究后认为有听证必要的再上报，学校各部门三天内作出是否举行听证的答复。如决定召开听证会，会议由学生自管会主持并做笔录，并负责向相关职能部门协调反馈听证意见。听证会成员根据不同听证内容，由听证申请人、学生代表、家长代表、教师代表等组成。

3. 校园听证制度的初步尝试

我校住宿生就"空调开放时间"提出了听证申请，学生自主管理委员会收到听证申请后，召开了住宿生座谈会了解情况后向总务处上报了听证申请，总务处接到听证申请后的第三天发出召开校级听证会的公告。公告中明确了听证会召开的时间、地点以及参加对象（听证申请人，住宿生代表，总务处教师代表等）。听证会由学生自管会主席主持，听证申请人和总务处教师代表分别就是否修改原有的空调开放规定，作出了自己的解释；随后与会的住宿生代表也发表自己的意见，最后发言代表分别在听证笔录上签字。会后学生自管会及时将听证材料递交给总务处，由于听证会的意见合情、合理，最终总务处研究决定适当延长空调开放时间。

4. 校园听证制度的作用

（1）校园听证制度的实施，有力保障了学校相关管理中的学生参与权。

学校制度的制订，必须考虑到教育政策、学校实际、学生实际等多方因素。学生最大程度上参与到制度制订的过程中，确保制度制定和实施能够反映和代表学生的利益，从而更有利于规则的执行和学生的成长。

（2）校园听证制度的实施，大大增强了学生的规则意识。

处分是校园生活中不可避免的情形，处分是一种教育手段，是教育的惩戒。但是它最终的目的是教育学生和保护学生。因此，处分条例的学习、警示成为关键。听证会制度在处分学生的过程中给学生一个陈述和辩解的机会，不仅使处分公开化、透明化，且培养了学生的合理运用规则的意识。

（3）校园听证制度的实施，促进了校园人际关系的和谐。

听证制度的实行，使得相关制度制定的背景、原因都会在辩论的环节得到公开，让学生对制度的制定有了较深入的理解和认同，这种理解和认同，为制度的执行提供了舆论导向，也降低了执行制度的难度。由于听证程序是公开透明的，不管是合理的还是不合理的心理诉求，不管最终听证结果如何，学生都在不同程度上得到了或宣泄或满足。随着传统的威严式与行政命令式制度的瓦解，激发学生的抵触情绪和对教育者的否定性情感的诱因消失了，因而平时学习生活中不合理现象的埋怨少了，对同学、对老师、对学校的理解多了，校园人际关系更加融洽和谐了。在这个过程中学生也能够获得民族情怀和世界公民品质。

在校园听证实施的过程中，我们立足于孩子的终身发展，努力培养学生公民意识，主动参与，理性表达，遵守并合理运用规则等，让他们未来成为一个真正为未来社会所需要的，为社会进步作出贡献的世界公民。

第三节　现代外国语中学信息技术支持系统的建设

现代外国语中学的信息技术支持系统具有开放性、协作性、交互性、便捷性等特点，它采用新一代互联网技术设计建设，通过建设数字校园平台提高学校教育的信息化水平，并探索如何促进基于大数据模式下的教育管理与教育教学实现形式，逐步解决校园教学的全向交互、校园环境的全面感知、校园管理的高效协同、校园生活的个性便捷等问题，最终建成完整统一、技术先进，覆盖全面、应用深入，高效稳定、安全可靠的智慧校园。

外国语中学的信息技术支持系统围绕管理应用、教师应用及学生应用，通过"管理、学习、成长、评价"四个维度提供全面的系统服务：

A. 基于管理场景的学校基础信息服务系统

B. 基于教学场景的智慧课堂互动学习系统

C. 以教师为核心的教师专业发展支撑系统

D. 以学生为核心的学科核心素养评价系统

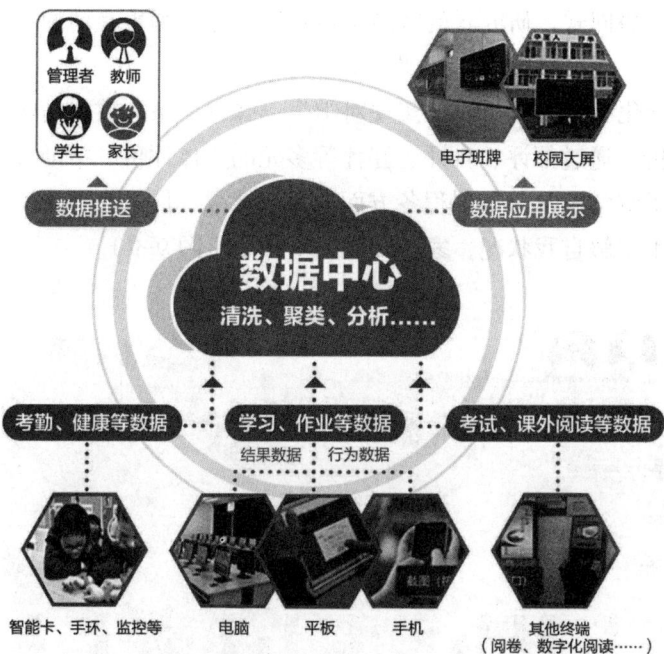

图 9-8　现代外国语中学的信息技术支持系统架构

1. 学校基础信息服务系统

　　基础平台系统实现智慧校园基础平台搭建，通过此平台提供教师基础信息管理、学生基础信息管理、用户认证管理、门户管理、资源管理、应用管理、第三方应用接入等基础功能与服务。

　　基础平台系统是外国语中学系统公共运行的环境，提供底层及集成服务，包括统一安全认证和基础数据共享同步服务。各类系统运行于基础平台之上。构建覆盖全校工作流程的、协同的管理信息体系，通过管理信息的同步与共享，畅通学校的信息流，实现管理的科学化、自动化、精细化，突出以人为本的理念，提高管理效率，降低管理成本。构建便捷、高效、健康的智慧环境和服务平台。

2. 智慧课堂互动学习系统

　　构建先进实用的网络教学平台，整合、丰富智慧教学资源，创造主动式、协同式、研究式的智慧学习环境，建立师生互动的新型教学模式。

智能化学习评价系统，实现对学生、课程一系列数据的收集、整理和分析，通过师评、自评、互评等多元的立体评价，帮助教师与学校及时了解学生学习、课程各方面的发展情况，促进教师掌握学生学情，学生了解自我状况，家长知晓孩子动态（图9-9）。

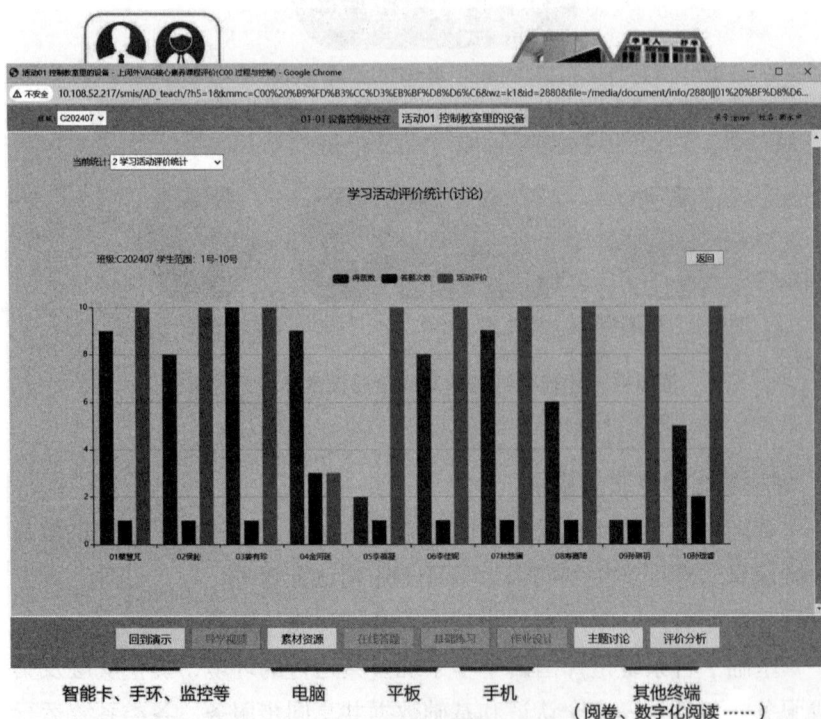

图 9-9 互动式课题学习系统即时评价

建立一个科学、有效、具有创新性的外语教学方式，通过交互式课堂学习系统、社区化课外学习系统、智能化学习评价系统打造一个基于"互联网+"的外语课程开放式学习社区。技术应用上，与教学深度融合，通过搭建学习社区、微课学习等为老师、学生、家长建立一个学习、沟通的工具平台；最终聚焦能构建培养学生面向未来综合素养的外语课程体系。

社区化课外学习系统可实现外语学习的社区化方式，社区化课程设计有密切配合课堂教学内容的微课、学习任务等，与课堂教学内容互相呼应、互为补充；此外系统支持多语种、多种类型的泛听材料、泛读材料、语言文化背景知识的对接，供学生在课下进行自主学习。同时，教师可以通过该平台对学生的学习进行监控，收获教学反馈，查找教学资源、布置学习任务、分享资料等（图9-10）。

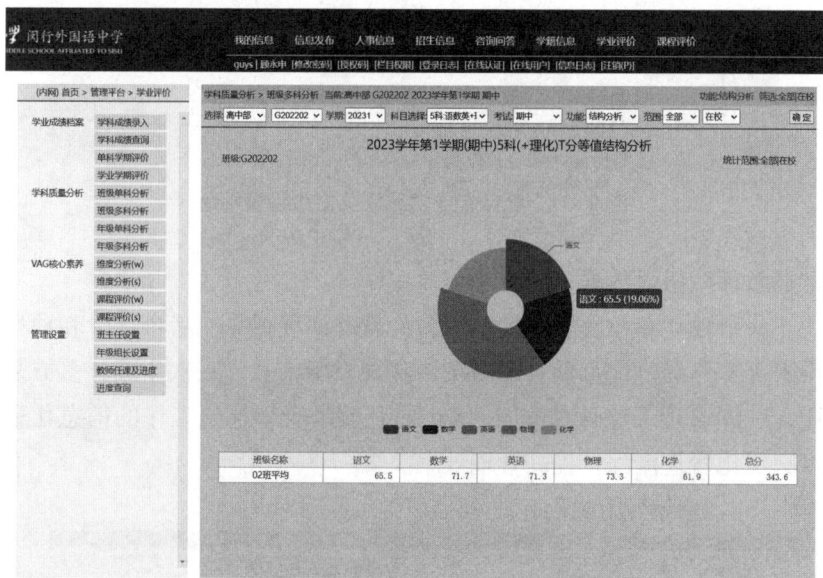

图 9-10　基于学科核心素养的学生学业系统

3. 教师专业发展支撑系统

外国语中学教师专业发展支撑系统通过整合利用信息技术手段，创新教师管理方式，从教师师德建设、培养培训、资源配置、管理评价方面入手，实现对教师队伍的科学、精准、高效管理，实现教师管理信息化，提升教师管理的效率与水平。

依托教师专业发展支撑系统，实现教师成长信息的"伴随式收集"，有效整合教师系统及相关教育管理服务平台生成的教师信息，

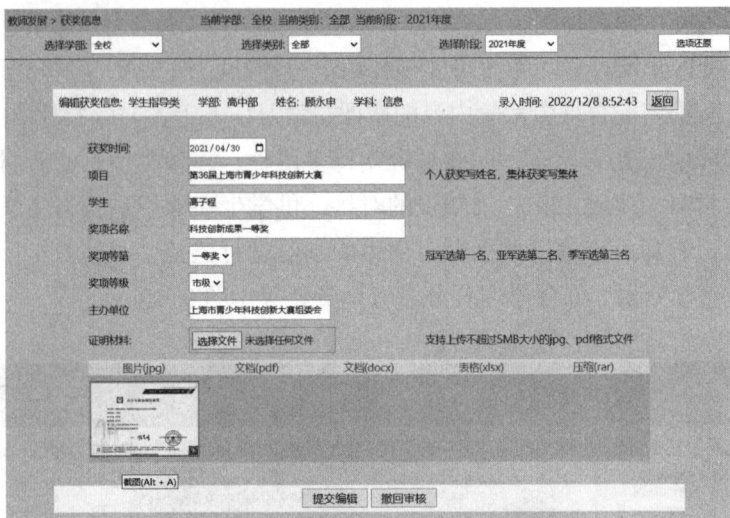

图 9-11　教师专业发展获奖信息管理平台

形成教师队伍大数据。

　　利用教师专业发展支撑系统，为教师评优评先、考核评价和项目申报等工作提供信息和管理服务，实现教师信息"一次生成、多方复用，一库管理、互认共享"，切实提升教师管理评价工作的信息化程度，优化管理流程，提高管理效率。

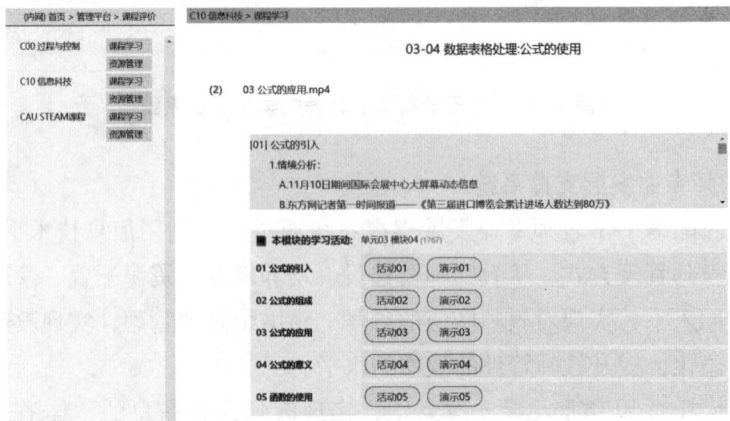

图 9-12　教师课程教学管理系统

4. 学科核心素养评价系统

学科核心素养评价是基于核心素养的学科评价，它通过评价手段确保核心素养培养任务的落实，并从学科评价的角度，落实核心素养的培养要求，促进学生核心素养的发展。学生发展核心素养具备核心性、普遍性、融合性和发展性的特点，学科核心素养是学生发展核心素养在特定学科的具体呈现。但由于学科之间的差异性，致使不同学科的核心素养体系包含不同的元素，具有不同的特点。由于各学科核心素养概念定义不够协调、学科对话存在障碍，各学科的学科核心素养内涵并不能很好覆盖支撑学生发展核心素养的整体框架。

因此需要从核心素养系统体系出发，以学校课程的整体设计推动课程的整合，统筹育人要素，实现不同学科共通的融合价值，实现课程的整体育人功能。

外国语中学学科核心素养评价系统是基于学科融合情境模式的英语核心素养评价系统，提升了学生学科核心素养评价系统的实用价值。

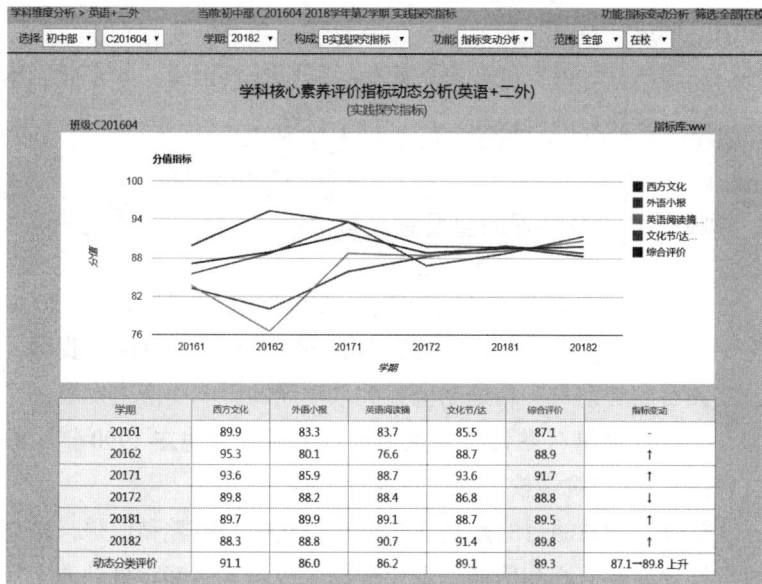

学期	西方文化	外语小报	英语阅读摘	文化节/达	综合评价	指标变动
20161	89.9	83.3	83.7	85.5	87.1	-
20162	95.3	80.1	76.6	88.4	88.9	↑
20171	93.6	85.9	88.7	93.6	91.7	↑
20172	89.8	88.2	88.4	86.8	88.8	↓
20181	89.7	89.9	89.1	88.7	89.5	↑
20182	88.3	88.8	90.7	91.4	89.8	↑
动态分类评价	91.1	86.0	86.2	89.1	89.3	87.1→89.8 上升

图 9-13　学生学科核心素养评价系统

学科核心素养评价系统是一种多元、多态的数据处理平台。各类原始评价数据采集于学生在文化学习、社会实践以及自我发展三方面领域对应的课程体系维度指标。通过加工、比较及分析，最终取得各类班级和学生在学科、跨学科核心素养方面的统计结果，从而为学生发展及教师改进教学提供评价分析依据。

系统采用跨平台互联网＋应用技术，除支持 PC 端应用外，还支持各类 PAD 或移动智能终端的应用，满足学校硬件软件系统配套需求。

第四节　现代外国语中学公共关系的形成

教育本身具有公共产品的属性，因此在教育领域内的部分管理工作，包括学校运营管理、招生管理、人事管理、行政管理等也具有一定的公共产品属性，这部分管理工作可应用公共关系管理的视角进行分析研究。外国语中学的"外"字属性，注定在建校、办学、治理的过程中，形成了自己独有的公共关系管理视角。既要有别于"内"的学校，又要凸显"外"的融合、理解、国际化等因素，鉴于此，本节对我校的公共关系的价值与形成进行了总结。

一、学校公共关系管理的重要意义与价值

公共关系最早产生于 19 世纪末、20 世纪初的美国，在 20 世纪80 年代初，作为改革开放后沿海城市的企业管理手段传入我国，教育公共关系的理论与实践是受公共关系发展的影响而产生发展的。在我国，陈孝彬最早对教育公共关系进行了研究。他在 1990 年主编的《教育管理学》中对学校公共关系进行了探讨。

学校公共关系的目的是建立学校在公众中的声誉和信誉，培育公众对学校教育的信心和信任，也让学校的教职工能够对自己的工作环境充满自信、让学生对学校的发展充满信心，从而使学校形成良性循

环，最终形成品质办学。一般的学校管理内容相对较为固定，内部不存在动力，外部不存在压力，更不需要开展公共关系管理工作。随着社会的发展，我国经济体制发生了翻天覆地的变化，市场经济逐渐融入中国特色社会主义体系当中，学校教育教学所面临的内外部的竞争压力越来越大，社会环境日趋复杂。为了实现自身的良性发展，迫切需要开展公共关系管理来更好地协调学校与社会之间的关系。对于上闵外这所成立时间较短的新办中学，能否迅速成长为区域内的优质中学，学校公共关系的管理在办学之初就显得尤为重要，实践也的确证明了上闵外在十年办学过程中公共关系的建立是成功的。

学校公共关系管理是学校的一种主动行为，学校公共关系的有效管理，有利于优化外部环境实现社会职能，也有利于优化改善学校内部环境实现管理职能。

1. 良好的公共关系有利于优化学校外部环境实现社会职能

第一，是学校更能适应新形势的需要。

上闵外地处闵行区北部，地理位置的劣势，对学校的发展是一大挑战。学校在竞争中发展，不可能脱离外部环境，应与当地的政治、经济、文化相联系，如：当地政府招商引资需要配套优质的教育体系、区域内国际学校林立，拥有良好的外语使用文化氛围……这些都有助于学校发展公共关系，树立良好的形象。而良好的形象能够将学校与市场的联系转化为学校的生存环境，政治、经济、文化等因素的影响将对学校发展起到更好的支撑作用。因此，学校应积极开展公共关系管理，树立良好形象，并将其转化为社会效益。

第二，为学校生源提供了有力保证。

学校一切管理活动的目的是学校能够更好地生存与发展。生源是学校生存的基本保证，而良好的学校形象预示着学校的办学水平、师资队伍、育人环境、教育教学质量以及科研能力的程度，因此，能够吸引更多优秀的生源。建设良好的学校形象能够保证教育消费者对学校需求的稳定意向，减轻外界环境不稳定造成的不利因素对学校的打击。

第三，有利于获得外界支持。

一所学校的发展，离不开人、财、物的获取。在学校的生存与发展中，常常会面临国家教育经费不足的问题，这就需要学校有自己筹集经费的能力。良好的学校形象更能够使得学校得到外界的信任和认同，从而吸引更多的捐资助学。更为重要的是，良好的形象有利于得到区域教育主管部门和当地政府的重视，因此，学校更容易获得政策的优惠和政府资金的支持。

第四，让每一位"消费者"满意不仅仅是企业的行为。

若把教育行为看作是经济行为，学生应当是学校的消费者。当消费者在选择学校的时候，如果能够获得市场上积极正向的反馈，消费者会更愿意购买学校提供的教育服务，从而提升学校在市场中的竞争力。当初次购买者对学校的情况还处于未知状态，并且收集学校信息困难的时候，往往要通过以往的消费者去了解学校的状况。作为在校的消费者，他们的满意度直接关系到之后消费者的决定，因此建立足够通畅的信息渠道和树立良好的学校形象，将能够使消费者体会到消费保障，从而更愿意到我校读书。

第五，促进学校正面形象，形成非议的免疫系统。

良好的学校形象会具有一定的知名度和美誉度，人们信任这所学校并给予它积极正面的评价。当面临危机的时候，良好的形象首先能够缓和危机带来的打击，人们更有可能站在学校的角度考虑危机的发生，为解除危机提供了时间的保证。因此，良好的形象是一种无形的资本，能够使学校在舆论中坚定立场，在发展中形成健康的免疫系统，支撑学校持续发展。

2. 良好的公共关系有利于优化学校内部环境实现管理职能

第一，增强学校内部凝聚力。

教职工和学生既是学校内部公关工作的对象和目标，又是代表学校进行外部公关工作的主体和实施者，是与学校自身相关性最强的一类公众对象。正确有序地开展公共关系管理，塑造良好的学校形象，有助于学校形成最大的向心力。学校的价值观若受到教职员工以及学生的认同，就会形成极大的凝聚力，员工会积极调整自己的价值观符合学校的价值观，主动协调个人与集体利益，使得内部环境团结统一。

第二，增强教师满意度，使教师们更加乐业敬业。

良好的学校形象，能够有效地增强教职员工的责任感和使命感，促使他们更好地完成教育教学或管理工作，对学校内部的行为规范起到积极强化作用，同时对师生形成一定的约束力。教职员工如果感到学校的形象越来越好，对其自身也会起到鞭策作用，更有利于校内各项工作的顺利进行，有利于学校的管理和保持较高效率，从而创造效益，进而为教职员工创造有利的工作环境，有助于教职员工获得心理上和精神上的满足，使他们更乐于奉献。

第三，增强校园文化氛围，有利于校园文化品牌建设。

学校本身就是文化的存在，文化立校乃时代取向。学校的文化是学校的内在灵魂，而良好的形象是学校的外在表现，两者是辩证存在的，既密切联系，又相互影响。一般来说，学校的文化品牌决定了学校形象的优劣程度，而学校形象的优劣又直接影响到学校文化品牌的建设。一所不论校园环境，校风校训，还是教育质量都很好的学校，本身就具有强大的精神感染力，师生长期接受熏陶，更加容易产生正强化，向学校的核心价值观靠拢，形成为学校目标奋斗的向心力。良好的学校形象，对内具有激励、凝聚、潜移默化、自律自省的功能，对外具有扩散、辐射、宣传的功能，学校能通过形象管理改变已有的固着状态，使学校更上一个台阶，同时能在激烈的市场竞争中求得主动发展。

第四，提升学生基础素养，有利于生成学生文化精神。

学生是学校公共关系中一类特殊的公众，既是内部公众，同时也是外部公众。良好的学校形象，有助于规正学生的人生观、世界观、价值观。正确的三观发展有助于学生形成相对稳定的行为方式和思维方式，在长期的学习生活中，使学生更加容易培养创新精神、实践能力和社会责任感，以高质量的学习来实现发展自身的愿望。长此以往，在不同届别的学生之间，通过传承和创新的力量，使得学生文化保持内在的精神相通，树立学生的文化精神。

二、我校公共关系的形成过程（运作路径）

公共关系管理能优化学校的内外环境，提高全面的办学效益。这不仅在理论上是行得通的，而且也是在现实中被证实了的。我校就是从公共关系目标的确立、公共关系意识的培养、公共关系的形象设计、公共关系的活动策划四个方面来实现公关管理的价值。

（一）确立"外国语"学校公共关系管理的目标

公关管理的目标就是学校通过公关工作预期要实现的一种良好的未来状态。确立公关管理的目标，可以提高公关管理的效率，指导学校的公共关系工作，实现办学最大效益。

我校建校之初，就把树立良好的、有特色的学校形象作为公关的管理目标。作为一所外国语大学的附属学校，外语必然是这个学校的办学特色之一。我校地处闵行区域的偏远处，要吸引优秀的生源，任重道远。在一个充满竞争的环境中，学校不可能仅仅依靠外语特色，我们在发掘、探索中逐渐形成了一体两翼的办学特色，即以外语教学为主体，以艺术／体育与科技作为两翼，在此基础上开设了大量有自己特色的课程。

（二）培养全校师生员工的公共关系意识

公共关系的理论引入在我国已经有十几年的历史，学校的公益性导致公关工作在学校是最不容易引起人们重视的。要在学校进行有效的公共关系运作，就必须首先普及公关意识，树立学校公共关系的思想观念和公关活动的自觉性、主动性，特别是招生、招聘、接待、对外国际交流等部门更应对此高度重视。

我校对学校公共关系的重要性有充分的认识，从筹备管理团队的建校初期就设立了公共关系的运作路径。通过招生规模控制、招聘名校师资、进行国际交换生项目、结交世界各地姐妹学校等方式完成了对全体教职工的公共关系意识培养。

（1）建校第一年缩减招生规模，初高中各保持两个班级，总共招生 125 人。通过这样的设置，学校实现了与众不同的宣传口径：班额的小班化符合外国语中学教学特点；师生比高，让老师能关注到每一个学生的概率大大增加，从而增强了教学有效性；初中招生实施一对一面试入学，口语测试必不可少，录取的学生语言功底较强，保障了小语种教学的实施。

（2）高品质的师资招聘需求，实现了教师队伍的优质沉淀。把应聘教师的层次定位在国内知名学府，如 985 或者 211 高校。上外、北外毕业的优秀大学毕业生成为我校外语教学主力军。通过建立一支名校教师队伍，让更优秀的教师言传身教自己的学生，更加开拓学生视野，提升学生学习目标。

（3）办学七年，实现了美洲、澳洲、欧洲、亚洲 16 次、800 多人次的国际交换生项目。我们已经签订的姐妹学校有：香港东华三院郭一苇中学，澳大利亚 SCOTS 中学、西蒙中学，英国的 KINGS 中学、Finburger 学校等，德国的洪堡中学，美国的 KOKOMO 中学等将近 20 所中学。对外国际交流极大地增加了当地学校与政府对我校的认知，我校优秀学生的才艺展示，更加为学校赢得声誉。

（三）科学设计学校良好形象

学校形象是学校总体面貌和特征的结晶，是学校文化所支配的学校的客观态度在公众心目中的主观印象。社会公众对接触到的、感受到的学校校园环境、师生仪表、教育教学过程、学校的精神面貌等在头脑中留下一定痕迹。

学校管理团队在校舍工程收尾阶段就介入学校的环境布局。学校主体颜色更换为哈佛红，让学校看起来更有学术氛围；推动学校建筑参加上海市工程类评奖，获得了上海市白玉兰工程奖；争取市绿化局项目，打造学校成为上海市花园学校……从以上诸多方面提升学校外在形象，打造南虹桥地区学术领域的标志性建筑。

学校社会形象塑造的实践内容是广泛的，它既包括学校建筑，也包括师生服饰、礼仪。学校教职工的工作装历经两次款式和颜色上的修改，学校的校服也为了更加贴切学校的主色调进行了调整。这些属于校园文化建设的硬件，是看得见、摸得着的东西，具有显性的特征。学校形象设计实践活动主要侧重于从可直接感知的学校视觉形象与行为形象策划和传播入手，对学校知名度与美誉度的认可程度的提升，使公众对学校办学特点与水平的感受的认同。这是外部公众由表及里地了解学校的过程。

"明德笃志、学贯中外"是我们的校训；志远自强，卓然自立是我们校风；诲人不倦，越而胜己是我们的教风；好学力行，博学善思是我们的学风……这些是学校内在品质的塑造，她是一个学校本质、个性、精神面貌的集中反映。

（四）公共关系的活动群策群力

在学校重要公共事务中引入教师、学生以及家长等多元主体的公共协商机制，引导社会、学生、家长进行积极评价。充分尊重教师、学生以及家长的治理权，发挥多元主体的治理作用。这就要求学校要建立起民主参与的治理机制，不断优化和完善"教代会""大队部""学生会""团委""家委会"等组织机构的职责和功能。

学校建校十年来，逐渐建立各部门各级管理制度，在制度形成的过程中，由各部门分管领导领衔，积极征求教职工意见建立，分别建立了行政事务部日常管理制度、后勤服务部管理制度、信息科技中心管理制度、课程教学部管理制度、教师发展部管理制度、学生发展部管理制度、人事财务管理制度、支部工会管理制度，形成了共计八个部分的制度管理汇编。在制度汇编形成过程中，全体教职工积极参与，定期召开教代会，他们既是制度的制定者，又是制度的约束者，有别于传统学校"专断式"的管理方式，实现了"共治式"管理。与此同时，学校管理者也在转变自身的管理观念及管理行为，增进了管理活动的民主性，实现了教师对学校、对工作条件、工作环境的积极评价。

另一方面，有了制度在前，校长的充分放权管理，不仅没有混乱，还让整个学校在自上而下的管理过程中，实现了最大程度的自主管理。校长放权给各个部门分管领导，分管领导也充分信任教师、学生。在学校日常管理活动、班级管理活动、校园文化建设活动等方面，充分尊重教师和学生的平等的管理权，让广大教师和学生能够积极参与其中。学校的一楼大厅入口成了学生展示的舞台：午休期间悦耳动听的钢琴声、一张张青春洋溢的生活照、一幅幅栩栩如生的画作、一个个具有上闵外鲜明特色的文创作品……在班级里，不同的特色班级制定不同的班规：博文班通晓古今的"诳言"；STEAM班异想天开的"狂想"；双语班伶牙俐齿的"诳语"；艺术班的曲幽舞雅的"狂显"……独一无二的班级标语、独树一帜的班级文化，充分发挥着学生对自己班级的热爱，让他们更加愿意分享自己热爱的母校。

　　一个家庭就是一个小社会，拥有不同的社交、生活的圈子。在学校重要公共事务中引入家委会的参与，形成多元主体的公共协商机制，保障多元主体在公共事务中具有投出关键一票的资格和权力，从而建构起学校管理者与家长的更加平等的管理关系与人际关系。唯有如此，在学校管理者与家长之间才能形成多中心性的治理秩序，推动学校的良善之治。学校每年都会举行开学典礼、校园开放日、国际文化节、民族文化月、达人秀、体育节、毕业典礼等各种全校性质的活动。学校主导，家长和学生共同参与，让学校的每一次盛会，成为一个个小家庭的分享，为学校的良性发展积累口碑。

三、我校公共关系特别之处

　　学校公共关系的特点是：第一，追求社会效益：如提高学校的认知度、美誉度、和谐度，得到公众的接受、认同和支持；第二，成本低，难度大：学校主要靠政府拨款、社会赞助，经费有限，开展公共关系活动的难度相对较大；第三，与公众的联系松散：与公众之间相对缺乏固定和指向性较强的利益关系，针对性和相关性相对弱些，这也是学校公共关系活动声势和规模相对弱小的原因。

　　我校针对学校公共关系的特点，结合我校办学过程中的实际情况，逐步实现了我校公共关系的特别之处：

1. 办事干练，具有开拓进取精神的领导形象

在许多场合，不同部门的领导就是自己学校的形象"代言人"，因此，不仅要求部门领导者在名声、资历、才华、知识、政策水平、胸襟上比一般人要强许多，而且领导人也应注意仪表，有出色的交际谈吐能力。尤其是我校的行政班子中，在筹备办学的行政团队中，外语教师的占比达 40%，充分凸显了外国语中学的特征。

2. "取法乎上，得乎其中"的高品质人事招聘要求

学校招聘了一批既有名校背景、又踏实肯干，同时具备良好外在形象的教师队伍。选择品牌的私人定制工作装，使用品牌的教学工具，定期的仪式教育，让我们的教师时时刻刻能够展现出积极向上的精神面貌、兢兢业业的工作作风。

3. 外事接待的中国风与传统接待的国际范

上海外国语大学在我校的办学过程中给予了极大的支持。无论是国际的学术交流，还是本校的师生涉外培训、游学，上外定期委派教授团队，对我校的外交礼仪做了全面培训。在与国外姐妹学校交流的过程中，我们会经常收到姐妹学校的校际礼物，结合我校的特色与中国风，我们先后定制了带有我校建筑图案的丝巾，有学校 Logo 的紫砂壶、紫砂杯，代表学校精神面貌的吉祥物等文创作品作为礼物回赠。

4. 新媒体的应用

新媒体时代，也是自媒体的时代，不再受时空的限制，发布第一手信息的人不一定是记者、社会组织负责人、学校的管理者或专业人员。受众的数量越来越大、层面越来越复杂。对比报纸等传统传播媒介，新媒体时代背景下的受众不再是被动接受媒体的信息。学校建校的第一天，我们就开通了微信公众号和学校网站，定期发布学校相关信息，逐渐累积关注群体，为学校发展赢得了第一批粉丝。我们通过网络空间也建立了贴吧、抖音公众号等媒介，把图片、文字、音频、

视频等有利于学校声誉的信息分享出去，使受众可以更全面、形象地了解学校，沟通方式也明显具有开放、多样的特征。

　　我校公共关系管理问题的提出是由于现实生存发展的需要，是我们在规划学校办学过程中的预见或者总结。公共关系管理可以帮助学校调整自身内部办学行为，树立良好形象；改善外部发展条件，创造舆论环境，一定程度上可以促进学校的发展。切实做好学校公共关系管理，紧随时代发展，努力培养更多优秀外国语人才，让我们的学校真正地成为外交家的摇篮。